Hadayatullah Hübsch
Paradies und Hölle

Hadayatullah Hübsch

Paradies und Hölle

Jenseitsvorstellungen im Islam

Patmos

Bibliografische Information der Deutschen Bibliothek
Die Deutsche Bibliothek verzeichnet diese Publikation in der Deutschen Nationalbibliografie; detaillierte bibliografische Daten sind im Internet über http://dnb.ddb.de abrufbar.

Printed in Austria
ISBN 3-491-72471-6
www.patmos.de

Inhalt

Vorwort

Die Frage nach der Jenseitsvorstellung des Islam wird dieser Tage immer wieder diskutiert. Grund dafür sind vor allem die Selbstmordattentäter in Israel, die lauthals als Märtyrer bejubelt werden, denen im Paradies alle nur erdenklichen sinnlichen Freuden zuteil würden. Von 70 Jungfrauen, die einem jeden Märtyrer zur Verfügung stünden, von Strömen aus Wein, die im Leben nach dem Tode genossen werden dürften, und vielerlei anderen leiblichen Köstlichkeiten ist da die Rede – wobei man sich stets auf Verse des Korans oder Aussprüche des Heiligen Propheten Mohammed beruft.

In den westlichen Medien indes ernten solche Ideen nur Spott und Hohn. Man mokiert sich über eine Religion, die derlei Wonnen verspricht, und hält sie für naiv und dumm.

Zudem erregt man sich über die islamischen Beschreibungen der Hölle. Kann, so wird gefragt, eine Religion ernst genommen werden, deren Gott so grausam ist, die Ungläubigen auf ewig im Feuer brennen zu lassen?

Andererseits wird von manchen Medien eine Interpretation der entsprechenden Koran-Aussagen, die von ihrem metaphorischen Charakter ausgeht, als esoterisch und weltfremd abgetan.

Was aber steht wirklich im Koran? Und was sagte darüber hinaus der Prophet Mohammed tatsächlich über die Beschaffenheit des Jenseits? Lassen sich die Bilder, die im Islam für Hölle und Paradies verwandt werden, rational entschlüsseln?

Sogenannte Totenbücher des Islam schweigen sich da aus. Und nur selten finden wir in Koran-Kommentaren eine den Verstand befriedigende Antwort auf Fragen, ob Hölle und Paradies nun materiell oder rein geistiger Natur sind und wie all die Verse zu deuten wären, in denen die von Allah offenbarten Worte des Korans vom Zustand des Lebens nach dem Tode künden.

In den folgenden Kapiteln haben wir nun den Versuch unternommen, detailliert zusammenzustellen, zu erklären und zu interpretieren, was die Lehre des Islam über das Sterben und den Tod, den Zustand des Menschen im Grab, das Jüngste Gericht und den Tag der Wiederauferstehung sowie das Jenseits aussagt. Wir untersuchen das islamische Konzept vom Teufel und diskutieren, ob Himmel und Hölle materielle oder seelische Orte sind. Wir fragen danach, ob wirklich jeder, der als Märtyrer bezeichnet wird, unmittelbar nach seinem Tod ins Paradies gelangt, was es mit den berühmt-berüchtigten Vorstellungen von den Huris (Paradiesjungfrauen) auf sich hat und ob die Hölle ewig ist. Und wir erörtern auch, welches Verhalten dem Islam zufolge ins Paradies führt oder in die Hölle.

Hauptquelle unserer Arbeit ist die grundlegende heilige Schrift des Islam, der Koran. Die daraus für unser Buch entnommenen Zitate stammen aus der sehr genauen und zugleich poetischen Übersetzung, die 1996 in sechster, überarbeiteter Auflage im Verlag Der Islam erschienen ist.

Im Gegensatz zu manchen anderen Übersetzungen, die im deutschen Sprachraum zugänglich sind, wird in dieser Ausgabe die Anfangsformel jeder Sure (nämlich: »Im Namen Allahs, des Gnädigen, des Barmherzigen«) als eigenständiger Vers mitgezählt. Dies entspricht einer Anweisung des Propheten Mohammed. Somit aber ist beispielsweise in der von uns bevorzugten Übersetzung der Vers 256 der Sure 2 in der Zählweise anderer Koran-Übersetzungen der Vers 255 der Sure 2 etc.

Sehr hilfreich war uns der im Jahre 1965 von der Oriental and Religious Publishing Corporation, Rabwah, Pakistan, veröffentlichte englischsprachige, fünfbändige Kommentar des Heiligen Korans sowie die 2003 vom Verlag Islam International Publications Ltd., Islamabad, Pakistan, publizierte, mit ausführlichem Kommentar versehene englische Übersetzung des Korans von Malik Ghulam Farid.

Bei den von uns zitierten Hadithen (also Aussprüchen des Propheten Mohammed) haben wir meistens auch die Hadith-Sammlung angegeben, aus der sie entnommen wurden, beispielsweise *Bukhari*. Da es rund 600 000 Hadithe gibt, die in ungezählten

Büchern verstreut sind, mussten wir bisweilen darauf verzichten, die originäre Quelle anzugeben, weil in den Werken, die uns zur Verfügung standen, ebenfalls darauf verzichtet worden war. Viele Hadithe stammen aus der englischsprachigen Sammlung *Mishkat Al-Masabih,* die 1965 vom Verlag Sh. Muhammad Ashraf in Lahore, Pakistan, veröffentlicht worden ist.

Wertvolle Anregungen entnahmen wir dem Essayband *Die Philosophie der Lehren des Islam* von Mirza Ghulam Ahmad, insbesondere dem Kapitel »Wie ist der Zustand des Menschen nach dem Tode?« (Juris-Verlag, Zürich, 1981; Neuauflage Verlag Der Islam, Frankfurt, 1998).

Einzelne Berichte über Heilige und Mystiker des Islam, die wir zitieren, entstammen der von Fariduddin Attar vorgenommenen Sammlung von Heiligen-Biographien *Muslimische Heilige und Mystiker* (Diederichs-Verlag, München 2002) bzw. der englischen, umfangreicheren Fassung dieses Standardwerks (Routledge & Kegan Paul, London, 1966).

Viele Einzelheiten über das Leben des Propheten Mohammed erfuhren wir durch die sehr eindrucksvolle Darstellung seines Lebens, die Mirza Bashiruddin Mahmud Ahmad verfasste und deren deutsche Übersetzung 1994 im Verlag Der Islam unter dem Titel *Das Leben des Heiligen Propheten Mohammed* erschienen ist.

Informativ hinsichtlich der Interpretation von Traumbildern und Visionen nach dem Islam ist das Standardwerk des Ibn Sirin. Eine Fassung wurde 1989 im Eugen Diederichs-Verlag unter dem Titel *Das arabische Traumbuch des Ibn Sirin* veröffentlicht; eine weitere erschien im Verlag Der Islam 2003 unter dem Titel *Das islamische Traumbuch.*

Erwähnenswert sind weiterhin zwei Bücher, denen ich Hinweise entnahm: *Das islamische Totenbuch,* Gustav Lübbe Verlag, 2002, und *Das Totenbuch des Islam,* Gondrom-Verlag, 1991; beide Arbeiten sind aber mehr oder weniger nur Zusammenstellungen von Hadithen, die unkommentiert bleiben und ohne fachkundige Interpretation nicht gerade erhellend wirken.

Dank sagen möchte ich zum Schluss denen, die mir auf vielfältige Weise geholfen haben, dieses Buch zu schreiben, vor allem Hadhrat Khalifat-ul-Masih IV, Mirza Tahir Ahmad, und dem Imam Mohammed Ilyas Munir.

1

Der Prophet Mohammed – Empfänger von Offenbarungen über das Jenseits

Es war im Jahre 610 abendländischer Zeitrechnung, als sich der etwa 40-jährige Mohammed wie schon so oft zuvor in das nahe seiner Heimatstadt Mekka gelegene Gebirge Hira zurückzog, um für eine Zeit lang zu meditieren und zu beten. Er entstammte einer angesehenen, aber verarmten Adelsfamilie, dem Stamm Quraisch, und war in Mekka und darüber hinaus berühmt für seine Ehrlichkeit, Aufrichtigkeit, Wahrheitsliebe und seinen geradlinigen Sinn für Gerechtigkeit. Immer wieder war er, wie Zeitgenossen überliefern, zusammen mit einer Gruppe Gleichgesinnter für die Rechte der Armen, Schwachen, Witwen und Waisen eingetreten, so dass ihm der Beiname »al-Amin«, d.h. der Gerechte und Wahrhaftige, verliehen worden war. Von Jugend auf hatte er sich von den Ausschweifungen ferngehalten, die in Arabien damals üblich waren. An den traditionellen Alkoholgelagen nahm er nie teil, und er ging auch keine sexuellen Beziehungen vor seiner Ehe ein. Als ihn, beispielsweise, einmal Freunde überredeten mit ihnen an einem dieser zügellosen Feste teilzunehmen, machte er sich zwar aus Kameradschaft mit auf den Weg. Indes überkam ihn unterwegs eine große Müdigkeit, so dass er sich ausruhen wollte. Er setzte sich nieder und schlief rasch ein, während seine Kameraden weiterzogen. Auf diese Weise, so ist es überliefert, rettete ihn Gott vor einem schmutzigen Fest.

Die Anerkennung seines tadelfreien Charakters durch die Bürgerinnen und Bürger Mekkas fand einen gewissen Höhepunkt, als im Zuge der Erneuerung der Kaaba ein Streit darüber aufkam, wer den berühmten Schwarzen Stein wieder in seine Einfassung an der Kaaba legen dürfe.

Die Kaaba ist jenes Heiligtum in Mekka, das den Überlieferungen zufolge von Abraham gemeinsam mit seinem Sohn Ismael errichtet wurde (Legenden berichten sogar, dass es von Adam, der nach dem Koran als erster Prophet, und nicht als erster Mensch schlechthin gilt, einst erbaut worden war). Zur Zeit Mohammeds befanden sich in der Kaaba zum Zweck der Anbetung 365 Bilder und Götzenstatuen, zu denen Pilger von weither anreisten. Sie war somit nicht nur ein Ort der Verehrung (auch ein Bild von Abraham war darunter), sondern auch eine Quelle des Reichtums der Handelsstadt Mekka.

Nach ihrer Renovierung beanspruchte nun jeder der in Mekka herrschenden vier Stämme die Ehre für sich, den von Mythen umgebenen Stein wieder in seine Umfassung einzulegen. Als Mohammed hinzu kam, wurde er gebeten, den Streit zu schlichten und zu bestimmen, wer damit beauftragt werden solle, den Schwarzen Stein an seinen angestammten Platz wieder anzubringen. Mohammed warf daraufhin seinen Mantel zu Boden, hob den Schwarzen Stein auf, legte ihn auf den Mantel und forderte dann die Ältesten der Stämme auf, jeweils einen der Ihren zu bestimmen, so dass schließlich diese Vier je einen Zipfel des Mantels ergreifen konnten. Sie brachten ihn nahe der Einfassung an der Kaaba, und Mohammed selbst nahm dann den Schwarzen Stein und fügte ihn in das Mauerwerk. Seine weise Entscheidung festigte natürlich sein Ansehen weit und breit.

Sein guter Ruf hatte auch Khadidscha erreicht, eine reiche Kaufmannswitwe in Mekka, die ihn deswegen mit der gefahrenvollen und schwierigen Aufgabe beauftragte, Handelskarawanen für sie zu führen. Mohammed war zu diesem Zeitpunkt etwa 25 Jahre alt. Sein einnehmendes Wesen und sein makelloses Verhalten nahmen sie schließlich so ein, dass sie über eine Vertraute ihn um seine Hand bat. Mohammed willigte unter der Bedingung ein, dass er einen Großteil ihres Reichtums an Bedürftige spenden und zudem den meisten ihrer Sklaven die Freiheit schenken dürfe. Vor allem aber bestand er darauf, dass er sein kontemplatives Leben nicht aufzugeben brauche. Dass Khadidscha, die 15 Jahre älter als Mohammed war, also rund 40, ihm all dies gewährte, verstärkte die Liebe zwischen beiden. Aus der Ehe gingen vier Kinder hervor, die jedoch alle in frühem Alter starben.

Im Gegensatz zu den Arabern, die in der Mehrzahl Heiden und Götzenanbeter waren (es gab aber auch Christen, Juden oder Gottgläubige, die Hanif genannt werden, unter ihnen), verzichtete Mohammed darauf, weitere Frauen zu heiraten. Er strebte auch nicht nach Macht oder Ruhm. Und die Gelage und wilden Feste der Araber, für die Trunkenheit, Rausch und Zügellosigkeit in sexueller Hinsicht, Glücksspiel und das Erdichten von Heldengesängen das eigentliche Leben ausmachten, sahen den ernsthaften jungen Mann ebensowenig wie die ständigen Scharmützel und Kämpfe zwischen rivalisierenden Stämmen.

Stattdessen liebte er die Einsamkeit, die Kontemplation und das Gebet, aber er prahlte nicht damit. Er rief auch nicht öffentlich dazu auf, es ihm gleich zu tun. Und kein Vers, kein Gedicht von ihm ist aus all den 40 Jahren seines Lebens vor seiner Berufung zum Propheten bekannt, was seine damaligen Feinde und Freunde, die Bewahrer der vorislamischen Geschichte wie auch die Historiker und Orientalisten, die den Islam zu ihrem Arbeitsgebiet gewählt hatten oder haben, bestätigen.

Im Koran wird darauf in einer Sure Bezug genommen, in der Allah sagt:

»Sprich: ›Hätte Allah es gewollt, so hätte ich ihn (den Koran) euch nicht vorgetragen, noch hätte Er (Gott) ihn euch kund getan. Ich habe doch fürwahr ein Menschenalter unter euch gelebt vor diesem. Wollt ihr denn nicht begreifen?‹« (Sure 10, Vers 17).

Gottsuche und die Sehnsucht nach Erkenntnis, Wahrheitsliebe, ein naturgegebenes Bedürfnis, uneigennützig Gutes zu tun, und die Liebe zur Gerechtigkeit prägten somit sein Dasein. Sie waren Motiv für all die Wochen, die er in Abgeschiedenheit verbrachte. Sein Aufenthalt in der Höhle Hira im Jahre 610 nahm indes einen anderen Verlauf als all die vielen Male zuvor. Diesmal geschah es, dass ihm plötzlich eine machtvolle Vision zuteil wurde.

Eine den ganzen Horizont einnehmende, lichtvolle Gestalt erschien und überwältigte ihn mit der Aufforderung: »Iqra«, ein Wort, das »lies« oder »verkünde« oder »trage vor« bedeutet. Mohammed antwortete, dass er dies nicht vermochte. Aber die Gestalt, die sich als Erzengel Gabriel zu erkennen gab, forderte ihn zwei weitere Male und stets eindringlicher und nachdrücklicher auf: »Iqra«, während Mohammed wie zuvor Antwort gab. Schließlich rezitierte der Erzengel Gabriel die folgenden Verse, die später den Anfang der Sure 96 bildeten:

»Im Namen Allahs, des Gnädigen, des Barmherzigen. Lies im Namen deines Herrn, Der erschuf, erschuf den Menschen aus einem Klumpen Blut. Lies!, denn dein Herr ist der Allgütige, Der (den Menschen) lehrte durch die Feder, den Menschen lehrte, was er nicht wußte.«

Aber Mohammed war des Lesens und Schreibens unkundig. Er hatte keine Erfahrung im Predigen oder durch herausfordernde öffentliche Auftritte. Durch die Erscheinung des Erzengels Gabriel sah er sich mithin vor eine ihm als unlösbar erscheinende Aufgabe gestellt. Die Stille war sein Bereich, in der Einsamkeit hatte er Ruhe und Frieden gewonnen. Und nun ereilte ihn diese sein ganzes Wesen erschütternde Vision, durch die er mit etwas beauftragt wurde, dem er nicht gewachsen zu sein glaubte.

Kein Wunder, dass er sehr beunruhigt zu Khadidscha kam. Er berichtete von dem außergewöhnlichen Vorfall und meinte fast, Opfer einer Sinnestäuschung geworden zu sein. Khadidscha indes stärkte ihn mit berühmt gewordenen Worten, die ihm die Wahrhaftigkeit und den uneigennützigen Gerechtigkeitssinn, die sein bisheriges Leben geprägt hatten, vor Augen führten. Hatte er denn jemals gelogen? War er denn nicht stets selbstlos für die Schwachen eingetreten? Begierde nach Macht oder Führerschaft war ihm doch fremd gewesen, danach hatte er doch nie öffentlich oder im Geheimen, nicht durch Wort oder Tat gestrebt. Zwar war ihm der Zustand seines in Aberglauben und Sittenlosigkeit versunkenen Volkes ein steter Kummer, aber er hatte doch nie Anstrengungen unternommen, sein Führer zu werden. Zwar hatte er das ihm Mögliche auf die ihm eigene, bescheidene Weise getan. Er bemühte sich, dem Verfall in Maßlosigkeit und Unmoral dadurch zu begegnen, dass er selbst sich vorbildlich verhielt. Aber er hatte doch nie darauf gebrannt, sich vor die Täter und Opfer zu stellen, um sie ermahnend von seiner eigenen Vorstellung dessen, was wahres Leben sein müßte, zu überzeugen. Wie also könne er, dem Selbstsucht fern lag, er, der Freund der Wahrheit, nun in Selbstbetrug verfallen oder einer Verführung erlegen sein? Nein, die Worte, die ihm offenbart worden waren, versicherte Khadidscha ihm, zeugten nicht von einem satanischen Einfluss. Was ihm da »Im Namen Allahs, des Gnädigen, des Barmherzigen« verkündet worden war, enthielt Weisheit und Licht.

Mohammed, der am ganzen Leibe zitternd zu Khadidscha gekommen war, sah sich beruhigt, aber er blieb selbstkritisch. Die Zeit verging. Bisweilen erhielt Mohammed weitere Offenbarungen, in denen Allah vor dem Tag des Gerichts warnte, dann wieder blieben sie wochenlang aus. Ihr jeweiliger Inhalt war immer wieder die äußerst machtvolle Darlegung, dass es nur einen einzigen Gott gebe, der sich in den Offenbarungen mit dem Eigennamen »Allah« kund tat, ein Name, den die Araber bereits kannten und mit dem sie ganz allgemein »Gott« bezeichneten. Zudem erläuterten diese wörtlichen Offenbarungen, dass der Schöpfer des Universums mit seinen Geschöpfen kommuniziert, dass er Gebete hört und beantwortet, dass er sich ihnen zuwendet und zu ihnen spricht, in welcher Form auch immer. Vor allem aber brachten die Offenbarungen die Ermahnung, darüber nachzudenken, dass der Mensch sterblich ist und dass er nach seinem Tode Rechenschaft abzulegen hat für all das, was er getan oder nicht getan hat.

In den offenbarten Versen und Suren (das arabische Wort Sura bedeutet eine Art Einteilung und wird als Bezeichnung für die einzelnen Abschnitte des Korans verwandt) wurde vom Tag des Jüngsten Gerichts gekündet, an dem jedes Stäubchen Gutes, das ein Mensch vollbracht hat, ebenso so deutlich sichtbar würde wie ein Stäubchen Schlechtes, das jemand sich zuschulden kommen ließ. Neben der unmissverständlichen Aufforderung, ausschließlich und allein den Einen Gott, den Schöpfer der Himmel und der Erde, anzubeten und von ihm Leitung zu erflehen, sind es die Aussagen über das Jenseits, die diese frühen Suren auszeichnen. Sie werden »mekkanisch« genannt, d.h. in Mekka offenbart, im Unterschied zu den »medinensischen«, also jenen Offenbarungen, die nach der Auswanderung der Muslime und des Propheten in die Nachbarstadt Yathrib – das später in Medina, d.h. Stadt des Propheten, umbenannt wurde – verkündet worden waren.

Der Glaube an das Jenseits, also ein Weiterleben des Menschen nach seinem Tode, ist somit von Anfang an fester Bestandteil des Glaubens, dem Allah den Namen »Islam« gab (Sure 5 Vers 4). Er ist sogar einer der fünf Glaubensartikel (die anderen vier sind: der Glaube an die absolute Einzigartigkeit und Einheit Gottes; der Glaube an die Engel als Überbringer und Wahrer der Befehle und Anordnungen Allahs, seien sie materieller Art und mithin im Rahmen der Naturgesetze, ob wir sie kennen oder nicht, oder spiritueller Art, also beispielsweise im Rahmen der Kommunikation zwischen Gott und den Menschen; der Glaube an die Bücher Gottes, d.h. die immer wieder und nach und nach in Gesetzesform den Völkern gesandten und als verbale Offenbarung den verschiedenen Propheten mitgeteilten Wahrheiten und Weisheiten, die der Schöpfer kundtat – zu ihnen zählen die Thora, die Psalmen, das Evangelium (das für den Islam die Botschaft des Propheten Jesus ist, die jedoch nicht identisch ist mit allem, was in den als Kanon sanktionierten Evangelien des Johannes, Markus, Matthäus und Lukas steht) und nach Auffassung aufgeklärter Muslime auch die Bagavadgita und andere heilige Schriften, die nur bruchstückhaft oder verstümmelt erhalten sind; der Glaube an alle Propheten, ob ihr Name im Koran erwähnt wird oder nicht, ob Muslime sie kennen oder nicht.

Zu den Glaubensartikeln heißt es im Koran: »Dieser Gesandte glaubt an das, was zu ihm herabgesandt wurde von seinem Herrn, und (also) die Gläubigen: sie alle glauben an Allah, und an Seine Engel, und an Seine Bücher, und an Seine Gesandten (und sprechen): ›Wir machen keinen Unterschied zwischen Seinen Gesandten‹; und sie sagen: ›Wir hören und wir gehorchen. Uns Deine Vergebung, o unser Herr! und zu Dir ist die Heimkehr.‹« (Sure 2 Vers 286).

Auf welch eindringliche Weise nun gerade der Glaube an das Jenseits und den Tag des Jüngsten Gerichts in den ersten Offenbarungen, die dem Propheten gewährt wurden, deutlich gemacht wurde, mag die Sure 75, Al-Qiyamah (d.h. Die Auferstehung), zeigen. Wir zitieren sie nachfolgend in voller Länge:

»Im Namen Allahs, des Gnädigen, des Barmherzigen. Nein! Ich rufe zum Zeugen den Tag der Auferstehung. Nein! Ich rufe zum Zeugen die sich selbst anklagende Seele. Wähnt der Mensch, dass Wir seine Gebeine nicht sammeln werden? Fürwahr, Wir sind imstande, (sogar) seine Fingerspitzen zusammenzufügen. Doch der Mensch wünscht, Sündhaftigkeit vor sich vorauszuschicken. Er fragt: ›Wann wird der Tag der Auferstehung sein?‹ Wenn das Auge geblendet ist, und der Mond sich verfinstert, und die Sonne und der Mond vereinigt werden. An jenem Tage wird der Mensch sprechen: ›Wohin nun fliehen?‹ Nein! keine Zuflucht! (Nur) zu deinem Herrn wird an jenem Tage die Rückkehr sein. Verkündet wird dem Menschen an jenem Tage, was er vorausgesandt und was er zurückgelassen hat. Nein, der Mensch ist Zeuge wider sich selber, auch wenn er Entschuldigungen vorbringt. Rühre nicht deine Zunge mit dieser (Offenbarung), sie zu beschleunigen. Uns obliegt ihre Sammlung und ihre Lesung. Drum, wenn Wir sie lesen, folge ihrer Lesung; dann obliegt Uns ihre Erläuterung. Nein, ihr aber liebt das Gegenwärtige und vernachlässigt das Jenseits. Manche Gesichter werden an jenem Tage leuchtend sein und zu ihrem Herrn schauen; und manche Gesichter werden an jenem Tage gramvoll sein, denn sie ahnen, dass ein schreckliches Unglück ihnen demnächst widerfahren soll. Ja! wenn (die Seele eines Sterbenden) zur Kehle emporsteigt und gesprochen wird: ›Wer ist der Zauberer (der ihn rette)?‹; und er weiß, dass es (die Stunde des) Scheidens ist und Todespein auf Todespein gehäuft wird; zu deinem Herrn wird an jenem Tage das Treiben sein. Denn er spendete nicht und betete nicht, sondern er leugnete und wandte sich ab; dann ging er zu seiner Sippe mit stolzem Gang. ›Wehe dir denn! wehe! Und abermals wehe dir! und nochmals wehe!‹ Wähnt der Mensch etwa, er solle ganz ungebunden bleiben? War er nicht ein Tropfen fließenden Samens, der verspritzt ward? Dann wurde er ein Blutklumpen, dann bildete und vervollkommnete Er (ihn). So schuf Er aus ihm ein Paar, den Mann und die Frau. Und da soll Er nicht imstande sein, die Toten ins Leben zu rufen?«

Diese Sure gilt als eine der frühesten Offenbarungen, die dem Propheten Mohammed gewährt wurden. Betraut nunmehr mit der Aufgabe, die empfangenen Botschaften zu verkünden, wandte er sich zunächst an die ihm Nahestehenden. Khadidscha, seine Ehefrau, glaubte ihm, und auch Ali, sein Vetter. Ansonsten aber nur sehr wenige. Die meisten derer, denen er verkündete, dass sie ihr Leben ändern sollten, dass sie sich von der Verehrung und Anbetung der Götzen und zu Göttern erklärten Wesen, deren Bilder und Statuen in der Kaaba aufbewahrt wurden, abwenden und dem Einen Gott zuwenden mögen, blieben ungläubig oder lachten ihn aus. Ja, er wurde zum Gespött von Mekka, weil er nicht aufhörte, die Einheit Gottes, Allahs, zu verkünden und von der Herausforderung, die ein Leben nach dem Tode darstellte, zu predigen.

Diejenigen, die ihm glaubten und nachfolgten, galten als schwach und verachtenswert: Frauen, Arme, Sklaven. Keiner der Großen und Mächtigen in Mekka und Umgebung lieh ihm sein Ohr, den Adligen Umar ausgenommen, dessen wundersame Bekehrung eine Ausnahme blieb. Als der Prophet Mohammed trotz der offenkundigen, fast einmütigen Ablehnung, die seinen Aufrufen beschieden war, nicht aufhören wollte, von Allah zu künden und vorzutragen, dass er von Allah zum Propheten berufen worden war, was für erhebliche Unruhe in dem Handelszentrum Mekka sorgte, versuchten die Führer Mekkas, ihn auf ihre Weise dazu zu bringen, den Weg, den er eingeschlagen hatte, wieder zu verlassen. In der Annahme, Mohammed, den sie ja immer noch, eingedenk seiner vormals allgemein geschätzten und bewunderten Tugenden und Fähigkeiten, als herausragende, zudem adelige Persönlichkeit ansahen, hege die Absicht, sich zu einer Art König aufzuschwingen, boten sie ihm an, dass sie allesamt ihm bedingungslos folgen und ihn zu ihrem Obersten ausrufen und überdies ihm die schönste Frau aus ihrer Mitte zur Frau geben wollten, wenn er denn nur darauf verzichte, die Einheit Gottes (und damit die Verdammung aller traditionellen Götzen) zu verbreiten und die Verehrung Allahs zum Lebensziel zu erklären. Mohammed aber lehnte dieses Ansinnen mit den historisch gewordenen Worten ab: »Und wenn ihr mir die Sonne in die rechte Hand und den Mond in die linke legen würdet, ich würde nie aufhören, die Einheit Allahs zu verkünden.«

Mekka hatte zu jener Zeit seinen bedeutenden Rang unter den Städten und Ansiedlungen Arabiens dadurch gewonnen, dass es zugleich Handelszentrum, in dem die Karawanenstraßen zusammenliefen, und Kultstätte durch die allseits verehrte Kaaba mit den darin befindlichen Götzen-, Göttinnen- und Götterbildern war. Von weither strömten das ganze Jahr über Pilger, was Mekkas Einwohnern Reichtum und Ansehen einbrachte. Die führenden Persönlichkeiten Mekkas fürchteten natürlich um ihr Einkommen, falls es dem Propheten gelänge, die Quelle des Wohlstandes, mithin die in der Kaaba aufbewahrten Gegenstände der Anbetung, bedeutungslos werden zu lassen. Mohammed aber kümmerte sich weder um Bemühungen aus den einflussreichen Kreisen oder seiner Verwandtschaft, ihn von seinem Glauben abzubringen, noch achtete er auf die Drohungen, mit denen man ihn einschüchtern wollte.

Dass er ungeachtet des schlechten Rufes, mit dem er weit über Mekka hinaus mittlerweile belegt worden war, dennoch einen gewissen Stand unter den einflussreichen Kreisen der Mekkaner besaß, war nicht nur seiner legendären Vergangenheit, sondern auch dem Traditionsbewusstsein der Araber zuzuschreiben, die einen wie ihn, der ja von adliger Geburt war und somit einen hohen Rang besaß, nicht einfach fallenlassen konnten und wollten. Als Aufrichtiger ohne Beispiel gepriesen und, wie erwähnt, demzufolge mit dem Beinamen »al-Amin« ausgezeichnet, hatte er nahezu ein Leben lang in Mekka gewohnt. Und doch sprachen ihm mit einem Male fast alle, die ihn einst bewunderten, seinen Anspruch ab, als Prophet dazu auserwählt worden zu sein, die Menschen zu einer elementaren Veränderung ihres Verhaltens aufzufordern, nämlich ihr gesamtes öffentliches und privates Leben umzustellen, umzukehren und anstelle von Sinnenlust demütige Unterwerfung unter den Willen eines allmächtigen Gottes, der das Jenseits als eigentliche Heimstatt des Menschen bestimmt hatte, zu praktizieren.

In einem Versuch, doch noch eine schnelle Veränderung, eine moralische Revolution zu erreichen, lud der Prophet Mohammed die führenden Köpfe seiner Heimatstadt zu einem großen Fest ein, das etwas außerhalb Mekkas, auf einem Hügel, stattfand. Als alle sich versammelt hatten, fragte der Prophet sie, ob sie ihm glauben würden, wenn er sage, dass dort in der Ebene, die alle sehen konnten, sich gerade jetzt ein riesiges Feindesheer auf sie zubewege. Einmütig wurde ihm zugerufen: »Ja, wir würden es dir glauben.« Daraufhin fuhr der Prophet fort, ob sie somit, da sie ihm dies glauben würden, obwohl sie selbst sahen, dass sich dort kein Heer befinde, nun glauben wollten, dass Allah zu ihm gesprochen und er selbst zum Propheten Allahs ernannt worden sei. Einmütig aber war daraufhin die Antwort: »Nein, dies glauben wir dir nicht.«

Aber der Prophet gab nicht auf. Die Botschaft von einem einzigen, unsichtbaren, allgegenwärtigen, gerechten, allbarmherzigen und allmächtigen Gott und vom wahren, eigentlichen Leben im Jenseits wurde zwar nur von wenigen angenommen, aber jene, die an sie glaubten, wurden durch ihre Erfahrungen im Gebet und das Erkennen der tiefen Bedeutung der koranischen Verse so von seiner Wahrhaftigkeit überzeugt, dass sie unbeirrbar blieben, auch wenn sie größter Folter und brutaler Verfolgung ausgesetzt wurden.

Die Feinde Mohammeds ließen ihn selbst zwar weitgehend unbehelligt, denn ein Mord an ihm hätte schwerwiegende Auseinandersetzungen innerhalb des Stammesgefüges zur Folge gehabt, weil ihm trotz seiner Aufrufe, durch die er sich der Gesellschaftsordnung radikal widersetzte, ein Schutz durch seine Stammeszugehörigkeit blieb, aber etliche seiner frühen Gefährtinnen und Gefährten wurden zum Teil auf äußerst grausame Weise ermordet.

Zwölf Jahre vergingen, Jahre, in denen der Prophet, wiewohl es ihm möglich gewesen wäre, weder offen noch heimlich zur Rache oder zum gewaltsamem Widerstand oder zur Gegenwehr aufrief. Gewalt anzuwenden war ihm aufgrund der Gebote, die Allah ihm durch den Erzengel Gabriel offenbarte, nicht erlaubt.

Als die Verfolgung durch die Mekkaner unmenschlich wurde und das Leiden der Muslime unerträglich, gestattete Mohammed den Gläubigen, sich in die Emigration zu begeben. Als Zufluchtsstätte hatte sich die etwa 150 Kilometer von Mekka entfernt gelegene Stadt Yathrib (das spätere Medina) angeboten, denn einige ihrer Bewohner hatten den Islam als ihren Glauben angenommen. Die Muslime, deren Leib und Leben in Mekka nicht mehr sicher war, mussten bei ihrer geheimen Auswanderung meist alles, was sie besaßen, zurücklassen.

Als die Oberhäupter der Mekkaner erfuhren, was geschehen war, beschlossen sie, Mohammed zu töten, um so ein für allemal die ihnen durch den Islam drohende Gefahr zu bannen. Um zu verhindern, dass sich sein Stamm in Blutfehde gegen sie wende, fassten sie den Plan, aus jedem der mekkanischen Stämme einen jungen Mann für den Mord auszuwählen, so dass die zu erwartende Rache nicht einen einzelnen Stamm träfe, sondern alle. Denn dies würde bedeuten, dass ein Vorhaben, den Tod des Propheten zu vergelten, aussichtslos wäre.

Dem Propheten indes, der von Allah durch eine Offenbarung über den Mordplan unterrichtet worden war, gelang es, unbemerkt Mekka zu verlassen. Ein Stoßtrupp, der von den Mekkanern daraufhin ausgeschickt wurde, seiner tot oder lebendig habhaft zu werden, brachte keinen Erfolg. Der als Hidschra (Auswanderung) bezeichnete Übergang des Propheten Mohammed von Mekka nach Medina fand am 16. Juli 622 abendländischer Zeitrechnung statt. Von diesem Tag an datiert die islamische Zeitrechnung. Und an diesem Tag endet auch die mekkanische Lebensperiode des Propheten, denn wiewohl es ihm fast zehn Jahre später gelang, kampflos und unblutig Mekka einzunehmen, zog er es doch vor, weiterhin in Medina zu bleiben, wo er am 8. Juni 632, im Jahre 11 nach der Hidschra, starb.

Es ist hier nicht der Ort, ausführlich über die Zeit des Propheten in Medina zu berichten und über das Leben der jungen und kleinen islamischen Gemeinde dort. Auch können wir hier nicht näher auf die Umstände eingehen, die zu den kriegerischen Auseinandersetzungen führten, die ihm aufgezwungen wurden und denen er sich, gleich den Propheten des Alten Testaments, stellte. Im Kapitel, das die Frage des Märtyrertums erörtert und die Auffassung, ein Muslim, der im Dschihad (Verteidigungskrieg) falle, gehe sofort ins Paradies ein, werden wir aber darauf zu sprechen kommen.

Die vorangegangenen Hinweise auf die Anfänge des Prophetentums Mohammeds und der Urgemeinde des Islam waren notwendig, um einen Eindruck davon zu geben, unter welchem Erdulden von äußerer Gewalt und Zwängen die frühen Muslime leben mussten und dass es der Glaube an das Jenseits, ein Leben nach dem Tode, war, der sie jegliche Anfeindung, Terror und Grausamkeiten ertragen ließ.

Aber es wäre falsch, dass dieser Glaube die Erde als ein einziges Jammertal gesehen hätte, während erst der Himmel, das erwartete Paradies, für alles Erlittene entschädige. Eines der berühmtesten und häufigsten Bittgebete zu Allah, das durch den Koran den Muslimen überliefert wurde, lautet: »Unser Herr, beschere uns das Gutes in dieser Welt und und Gutes in der künftigen und bewahre uns vor der Pein des Feuers« (Sure 2 Vers 202).

Es war nicht die Art der frühen Muslime, Leiden im hiesigen Leben in Erwartung auf eine Entschädigung im Leben nach dem

Tode zu verdrängen, wenngleich ihnen die Hoffnung auf die Freuden des Paradieses natürlich Kraft gab. Aber sie bemühten sich, auf rechtschaffene Weise sich das Gute dieser Welt zu verdienen, obwohl es viele unter ihnen gab, denen die Güter der Erde gleichgültig waren, weil ihnen die spirituelle Welt genügte. Indes waren sie sich alle unerschütterlich bewusst, dass sie für ihre Taten und das, was sie nicht getan hatten, am Tage des Jüngsten Gerichts Rechenschaft vor Allah ablegen mussten. Dieser Glaube führte sie zu einem Leben im Bewusstsein, alles nur Erdenkliche zu tun, um die Waagschale des Guten zu füllen und jene des Schlechten leer zu lassen. Denn untrennbar verknüpft ist mit dem Glauben an Paradies oder Hölle der Glaube, dass ein Einlass ins Paradies oder eine Verwerfung in die Hölle verbunden ist mit dem, was man sich im Diesseits erwarb bzw. was man sich im Diesseits zuschulden kommen ließ.

Dieser Glaube wiederum beruht auf dem Glauben an die absolute Gerechtigkeit Gottes, der alles hört, sieht und weiß, so dass es keinem Menschen gelingen kann, vor dem Höchsten etwas verborgen zu halten. Aber, darauf sei hier schon hingewiesen, Allah ist am Jüngsten Tag nicht nur Richter (Al-Adil), sondern auch Herr oder Meister (Al-Malik), worunter der Islam eine Eigenschaft Gottes versteht, derzufolge es Allah möglich ist, zu verzeihen, auch wenn das Gesetz eine Bestrafung vorsieht. Das bedeutet, Allah vermag so zu entscheiden, dass seine Gnade überwiegt.

Vom Glauben an die Abrechnung, an das Gericht am Jüngsten Tag, hängt letztlich, neben dem Wissen um das, was verboten bzw. erlaubt ist, die Handlungsweise eines Muslims ab, denn wer ihrer nicht eingedenk ist, kann sich leicht den Einflüsterungen der Reize, seien sie äußerer oder innerer Natur, zuwenden und vermag oft nicht, ihnen zu widerstehen. Sicherlich kann es Verfehlungen und sündhaftes Verhalten geben, denen ein Mensch unterliegt, weil er nicht in der Lage war, Konsequenzen oder Ursachen einer Entscheidung zu ermessen. Aber einem berühmten Prophetenwort zufolge beurteilt Allah einen Menschen nach seiner Absicht. Und Fehler oder Sünden einzugestehen, Reue zu zeigen und Allah um Vergebung zu bitten, ist einer der wichtigsten Bestandteile des Lebens eines gläubigen Muslims.

Doch erst die tatsächliche Einsicht, dass der Tag des Gerichts kommt und der Mensch nach dem Tod weiterlebt, vermag ihn davon abzuhalten, Böses zu tun, vorausgesetzt, man unterliegt nicht illusionärem, selbstgerechtem Denken und übt sich vielmehr in der Anwendung seines Verstandes, denn, so heißt es im Koran: Allah »sendet Seinen Zorn über jene, die ihre Vernunft nicht gebrauchen mögen« (Sure 10 Vers 101).

2

Koran und Hadith – die Grundlagen islamischer Erkenntnis

Der Koran

Die grundsätzlichen Aussagen des Islam über das, was den Menschen nach seinem Tode erwartet, finden wir in seinem heiligen Buch, dem Koran (wörtlich: das oft Gelesene), in dem nach muslimischem Selbstverständnis jene Offenbarungen Allahs an den Propheten Mohammed enthalten sind, die als Weisung und Gesetz die Handlungen und das Denken der Gläubigen bestimmen sollen. Darüber hinaus sind Äußerungen des Propheten Mohammed, Visionen, die ihm zuteil wurden, außerkoranische Offenbarungen und Mitteilungen über das, was er guthieß, missbilligte oder tat, in Sammlungen zugänglich. Eine jede solche Äußerung oder Mitteilung, die vom Propheten Mohammed herrührt oder etwas aus seinem Leben schildert, wird »Hadith« genannt (wörtlich übersetzt: Erzählung, Bericht, Mitteilung, Vorschlag, Ausspruch).

Das Wort »Koran« ist eine Eindeutschung des arabischen Wortes »Qur-an«, das mehrfach im Koran selbst erwähnt wird, zum Beispiel in der in Mekka offenbarten Sure 20, in der es heißt (Verse 114,115):

»So haben Wir ihn niedergesandt als einen arabischen Qur-an, und Wir haben darin gewisse Warnungen klar gemacht, auf dass sie Gott fürchten mögen oder dass er ihnen eine Ermahnung sei. Hoch erhaben ist Allah, der wahre König! Und überhaste dich nicht mit dem Qur-an, ehe seine Offenbarung dir vollständig zuteil geworden, sondern sprich: ›O mein Herr, mehre mich an Wissen.‹«

Der Koran wird auch allgemein »Buch« genannt, so in der Sure 18 Vers 28:

»Und verlies, was dir von dem Buche deines Herrn offenbart ward. Da ist keiner, der Seine Worte verändern könnte, und du wirst außer Ihm keine Zuflucht finden.«

Der Prophet Mohammed empfing die erste Offenbarung von Versen aus dem Koran, wie geschildert, im Jahre 610. Nach weitgehender Übereinstimmung der Gelehrten erhielt er die letzte Offenbarung im Jahre 632, 82 Tage vor seinem Tode in Medina. Darin heißt es (Sure 5 Vers 4):

»Heute habe Ich eure Glaubenslehre für euch vollendet und Meine Gnade an euch erfüllt und euch den Islam zum Bekenntnis erwählt.«

Der Koran besteht aus 6 348 Versen, die in 114 Suren (Abschnitte) gegliedert sind. Diese Suren sind nicht, wie immer wieder fälschlich behauptet wird, der Länge nach geordnet. Zwar stehen viele der langen Suren am Anfang des Korans und am Ende des heiligen Buches vor allem kurze Suren, aber weder wenn wir die reine Verszahl noch wenn wir die Anzahl der in den Suren jeweils vorkommenden Wörter oder Buchstaben nehmen, lässt sich festellen, dass eine Anordnung nach quantitativen Gesichtspunkten vorgenommen wurde. Vielmehr erschließt sich, wie viele Kommentatoren des Korans nachgewiesen haben, ein innerer Zusammenhang und eine sinnvolle Aneinanderreihung, wenn wir die Inhalte der einzelnen Suren daraufhin überprüfen, wie sie zu vorangegangenen bzw. nachfolgenden Suren stehen. Die Muslime glauben mithin, dass die Anordnung auf göttliche Weisung hin geschah.

Mit dem Koran wendet sich Allah nicht nur an die Muslime, sondern ganz konkret auch an die Menschheit insgesamt. Rund ein Drittel seiner Verse beschäftigt sich mit dem Jenseits. In anderen Versen finden wir Berichte über das Schicksal von Propheten, die vor Mohammed auftraten. Sie sollten jedoch nicht als bloße Historie oder geschichtliche Überlieferung angesehen werden. Sie dienen der Ermahnung der Gläubigen, Lehren aus der Vergangenheit und dem Schicksal der vorangegangenen Völker und ihrer Propheten zu ziehen. So heißt es für Vergangenheit und Zukunft:

»O Kinder Adams, wenn zu euch Gesandte kommen aus eurer Mitte, die euch Meine (Gottes) Zeichen verkünden – wer dann gottesfürchtig ist und gute Werke tut, keine Furcht soll über sie kommen, noch sollen sie trauern.« (Sure 7 Vers 36)

Am Beispiel dessen, was all den Propheten widerfuhr, sollen die Gläubigen erkennen, was sie tun oder bleiben lassen müssten, um im Diesseits wie im Jenseits glücklich zu sein. Schlüsselerlebnisse der Menschheitsgeschichte, vom Gründer der ersten Zivilisation, dem Propheten Adam, bis zum Erscheinen des »Siegels aller Propheten«, dem Heiligen Propheten Mohammed, dienen mithin individuell wie kollektiv als Quellen von Erkenntnissen und Weisheiten, deren Anwendung Völkern und einzelnen Menschen das Erklimmen physischer, intellektueller, moralischer und spiritueller Höhen ermöglicht. Genauer betrachtet ist der Koran also ein Buch der Psyche des Menschen. Und die im Koran in unterschiedlichen Zusammenhängen vor Augen gestellten Überlieferungen herausragender Ereignisse aus dem Leben von Propheten, Individuen und Völkern dienen dazu, dass Menschen den Sinn dieser Geschehnisse und Lebensläufe verstehen lernen, auf dass sie Ähnliches, das in ihrem eigenen Leben vorkommen mag, entsprechend handhaben können. Ob es sich nun um Adam handelt, der als erster Prophet, nicht als erster Mensch schlechthin gilt, oder Noah, Abraham, Ismael, Isaak, Jakob, Joseph, Jesus und andere Propheten, über die auch im Alten und Neuen Testament berichtet wird, oder Propheten außerhalb dieser Traditionskette, sie alle weisen besondere Eigenschaften auf, aber in ihrem Leben wurde vor allem deutlich, dass ein Anhaften an Weltlichem von Schaden ist, eine Loslösung von ihr Befreiung bedeutet, während das Jenseits die eigentliche Bestimmung des Menschen ist.

Insgesamt werden im Koran die Namen von 24 Propheten überliefert, aber es gibt noch viele andere, deren Namen nicht direkt im Koran erwähnt werden Insgesamt, so heißt es in einem Hadith (bei Musnad, V 226), gibt es 124 000 Propheten; einigen von ihnen gab Gott ein Gesetz (d.h. Buch; siehe Sure 2 Vers 254), andere waren Nachfolgepropheten (auch Schattenpropheten genannt). Der Koran sagt dazu:

»Und für jedes Volk ist ein Gesandter. Wenn also ihr Gesandter kommt, so wird zwischen ihnen entschieden nach Gerechtigkeit, und kein Unrecht widerfährt ihnen.« (Sure 10 Vers 48; siehe auch 35:25).

Indes ist die Botschaft aller Propheten stets dieselbe: Der Mensch sollte aus Erfahrung klug werden, er sollte sich auf sein Gewissen und seine Natur besinnen, Gott allein verehren und anbeten, Gutes tun und die Zeit auf Erden als Vorbereitung auf das eigentliche Leben, das nach dem körperlichen Tod beginnt, verstehen und nutzen.

Nach dem Selbstverständnis der Muslime wurden in den Koran nicht einfach Geschichten über vorislamische Propheten aus Erzählungen und den Schriften der Juden und Christen übernommen. Viele Verse des Korans stellen den offenbarten Charakter des Korans besonders heraus, indem sie betonen, dass es keinem Menschen möglich wäre, so etwas wie den Koran zu erschaffen (17:89, 11:14, 2:24, 10:39, 52:34f.). So heißt es, dass der Koran nicht das Wort eines Dichters (74:26) oder Besessenen ist, vielmehr tatsächlich eine Mitteilung aus dem Himmel:

»Du bist durch die Gnade deines Herrn kein Wahnsinniger. Und für dich ist nicht endender Lohn bestimmt. Und du besitzest ganz sicherlich hohe moralische Eigenschaften. Also wirst du sehen und sie werden sehen, wer der Besessene ist.« (Sure 68:3–7)

Der Koran wird als Mutter aller heiligen Bücher bezeichnet:

»Bei dem deutlichen Buch, Wir (Gott) haben es zu einem Qur-an (wörtlich: ›Oft Gelesenem‹ d.V.) in fehlerloser Sprache gemacht, auf dass ihr verstehen möchtet. Wahrlich, er ist bei Uns, in der Mutter der Schrift, erhaben, voll der Weisheit.« (Sure 43:3–5)

In ihm sind, so sagt die Offenbarung, die wesentlichen Gebote und das essentielle Wissen aller zuvor offenbarten Bücher enthalten. Er führt an, dass es sowohl in ihm, also zwischen seinen einzelnen Versen, als auch bezüglich der Naturwissenschaften, der Geschichte und Wahrheiten welcher Art auch immer, keine Unstimmigkeiten gibt. So heißt es in Sure 4:83:

»Wollen sie denn nicht über den Qur-an nachsinnen? Wäre er von einem anderen als Allah, sie würden gewiß manchen Widerspruch darin finden.«

Für den Muslim steht mithin außer Frage, dass der Koran tatsächlich von Gott selbst durch den Erzengel Gabriel auf den Propheten Mohammed herabgesandt worden ist. Er sieht in ihm das ungeschaffene Wort Gottes. Zwar gab es im Mittelalter innerhalb des Islam eine heftige Debatte zwischen jenen, die an den Koran als ungeschaffen, und jenen, die an ihn als erschaffen glaubten, aber mittlerweile herrscht in der gesamten islamischen Welt die Auffassung vor, er sei ungeschaffen. Daraus resultierten andererseits engstirnige Meinungen, die es für »haram«, also verboten erklärten, ihn in eine andere Sprache zu übersetzen. Und Anfang des 20. Jahrhunderts gab es erregte Debatten dazu in islamischen Kreisen, als die islamische Reformbewegung der »Ahmadiyya Muslim Jamaat« begann, den Koran in verschiedene Weltsprachen zu übertragen. Nunmehr aber besteht in der islamischen Welt über diese Frage kaum noch ein Dissens, wenngleich festzuhalten ist, dass eine Übersetzung niemals das Original ersetzen kann.

Gerade bezüglich der tief gehenden Interpretation der Koranverse ist es wichtig, über Kenntnisse des Arabischen zu verfügen, denn die Vielschichtigkeit der arabischen Worte erschließt sich nicht in dem zum Verständnis notwendigen Umfang durch eine Übersetzung allein. Indes gibt es heutzutage auch Kommentare des Korans in nicht-arabischen Sprachen, so dass der Interessierte auch ohne genaueres Wissen über das Arabische einen näheren Zugang zu den verschiedenen Dimensionen des Korans erlangen kann.

Es schien mir notwendig, den Glauben der Muslime daran, dass der Koran tatsächlich von Allah offenbart wurde, ausführlich darzustellen, um zu erläutern, woher die felsenfeste Gewissheit der

Muslime, dass es ein Leben nach dem Tode gibt, stammt. Ohne die feste Überzeugung, dass der Koran tatsächlich die der Menschheit als letztes Buch gegebenen Offenbarungen Allahs enthält, kann man zudem kein tieferes Verständnis der Glaubenswelt der Muslime erhalten.

Für den Nicht-Gläubigen mögen die Verse des Korans oder auch diejenigen Hadith, die sich auf das Leben nach dem Tode, auf die Beschaffenheit von Paradies und Hölle und das Wesen der Wiederauferstehung der Menschen am Tag des Jüngsten Gerichts beziehen, nur sprachlich beeindruckend wirken, letztlich aber fiktiv oder spekulativ bleiben, auch wenn der Leser des Korans gleich zu Anfang der Sure 2 (Verse 3–6) vernimmt:

»Dies ist ein vollkommenes Buch; es ist kein Zweifel darin; eine Richtschnur für die Rechtschaffenen; die da glauben an das Ungesehene und das Gebet verrichten und spenden von dem, was Wir ihnen gegeben haben; und die glauben an das, was dir offenbart worden, und an das, was vor dir offenbart ward, und fest auf das bauen, was kommen wird. Sie sind es, die der Führung ihres Herrn folgen, und sie werden Erfolg haben.«

Aber für den gläubigen Muslim (wörtlich übersetzt: Gottergebener) steht die Realität von Wiederauferstehung, Jüngstem Gericht und Paradies oder Hölle außer Frage, so dass sich aus dieser festen Überzeugung Konsequenzen für sein Reden und Handeln ergeben.

Indes resultieren aus einem solchen Selbstverständnis innerhalb der Umma (wie die Gesamtheit der Muslime, welcher Richtung sie auch angehören mögen, genannt wird) nicht einmütige Vorstellungen über die Interpretation zahlreicher Koran-Verse. Vielmehr haben wir es mit zum Teil sehr unterschiedlichen Interpretationen und Glaubensansichten innerhalb der zahlreichen Glaubensschulen, Denkrichtungen und Sekten – von der Orthodoxie bis hin zum Sufismus – zu tun. Zwar gibt es im Wesentlichen eine Übereinstimmung zwischen all diesen Formationen hinsichtlich der fünf Pfeiler des Islam (Bezeugung der Einheit Allahs; das Verrichten des Gebetes, das Geben von Almosen, das Fasten im Monat Ramadan, die Pilgerfahrt) und auch den Rahmen der oben erläuterten Glaubensartikel, aber was etwa die Frage betrifft, ob Hölle und Paradies materiell im Sinne des Körperhaften sind oder ob das Jenseits rein geistiger Natur ist, so dass sich in ihm nicht Menschen aus Fleisch und Blut befinden, sondern nur im seelischen Sinne, so gibt es dazu erhebliche Unterschiede zwischen den Vorstellungen der einzelnen Gruppierungen.

Sie alle aber fußen auf dem Koran, ob sie ihn so oder so, wörtlich oder metaphorisch, auslegen. Die Frage nach der Verbindlichkeit oder dem Wahrheitsgehalt der jeweiligen Interpretationen nimmt somit in den Diskussionen zwischen den einzelnen Ulema (zu deutsch: Gottesgelehrten) und Hodschas, Mullahs, Maulanas, Pirs oder Sheikhs und Imamen (wie Führungspersönlichkeiten oder Prediger im Islam genannt werden) breiten Raum ein, auch wenn es in unseren Tagen bedauerlicherweise eher selten zu Dialogen zwischen den verschiedenen muslimischen Theologen kommt – ganz zu schweigen von dem, was nicht-islamische Orientalisten und Philosophen, Schriftsteller und Journalisten zu diesem Thema meinen.

Die Hadith

Neben dem Koran gibt es als Grundlage zum Verständnis des Islam vor allem die Hadith, also Überlieferungen von Äußerungen und Handlungsweisen des Propheten Mohammed. Ihre Zahl wird auf 600 000 geschätzt. Allerdings gelten nur wenige als absolut authentisch. Immer wieder haben gewissenslose Machthaber, Theologen und Prediger A-Hadith (wie der Plural von Hadith lautet) erfunden, um sich zu rechtfertigen oder ihren persönlichen Absichten religiöses Gewicht zu verleihen. Mit fabrizierten Hadithen (wir erlauben uns, statt A-Hadith das im deutschen Sprachraum übliche Wort für den Plural von Hadith zu verwenden) wurden nach dem Motto, dass der Zweck die Mittel heiligt, vielfältige Unterdrückungsformen gerechtfertigt, und es ist eine eigene Wissenschaft, herauszufinden, ob ein Hadith nun echt oder gefälscht ist. Diejenigen, die sich um die Authentizität eines Hadith sorgen, verwerfen zum Beispiel alle Hadithe, die im Widerspruch oder Gegensatz zum Koran stehen. Zu Lebzeiten Mohammeds war es verboten, Äußerungen des Propheten aufzuschreiben. Sie wurden indes von denen, die sie vernahmen, auswendig gelernt und mündlich weitergegeben.

In der Tat ist es eine Besonderheit des arabischen Volkes jener Zeit, dass seine geistige Welt nicht auf Schrift beruhte, während die meisten Araber über ein phänomenales Gedächtnis verfügten. Herausgebildet hatte sich eine Kultur der mündlichen Überlieferung. Es war ihnen oftmals möglich, etwa eine viertelstündige Rede wortgetreu aufzunehmen, zu behalten und dementsprechend zu wiederholen und weiterzugeben. Koranverse ebenso wie Hadithe wurden auswendig gelernt, aber der Prophet pflegte sie meist unmittelbar, nachdem er eine Offenbarung erhalten hatte, Schreibern zu diktieren. Er selbst konnte nicht schreiben und lesen, was als besondere Segnung angesehen wird, weil er somit nicht von schriftlichen Zeugnissen geprägt war.

Um zu verhindern, dass absichtlich oder versehentlich ein Wort des Propheten als koranisches Wort ausgegeben wurde, verbot der Prophet, seine Äußerungen aufzuschreiben. Als aber der Text des Korans in seiner Gesamtheit unverrückbar feststand und alle nur denkbaren Anstrengungen von muslimischer Seite unternommen worden waren, um sicherzugehen, dass kein Wort hinzugefügt oder aus ihm entfernt werden konnte, wurde begonnen, die im Gedächtnis der Gefährtinnen und Gefährten des Heiligen Propheten vorhandenen Hadithe auch schriftlich festzuhalten. Etwa 70 Jahre nach dem Tode des Propheten Mohammed begann man, Hadith-Sammlungen anzulegen. Dabei gingen die Gelehrten äußerst vorsichtig vor. Ein Hadith, das im Umlauf war, wurde daraufhin überprüft, von wem es herrührte. Nach Aussage derer, die ein Hadith überliefert hatten, wurde dann dem schriftlich festgehaltenen Wortlaut auch die Kette der einzelnen Überlieferer, bis hin zu seinem Ursprung, also dem, der es direkt vom Heiligen Propheten vernommen hatte, beigegeben. Zum Beispiel heißt es, etwas kurios ausgedrückt: Soundso hat von demunddem gehört, dass derundder gesagt hat, er habe von demunddem gehört, dieseroderjener habe den Propheten dies oder das sagen hören.

Die Akribie der Hadith-Sammler geht aus einem Bericht hervor, demzufolge einmal ein Hadithsammler eine Reise zu einem Muslim unternahm, von dem behauptet wurde, er habe viele Hadithe in seinem Gedächtnis bewahrt. Als der Forscher zum Anwesen dieses Mannes kam, sah er, wie jener ein Pferd, das auf der Koppel weidete, dadurch anzulocken versuchte, dass er sein Gewand aufbauschte, als ob darin Futter enthalten sei. Der Hadith-Sammler kehrte sofort um und erbat keine Auskunft von diesem Manne, weil er sich dem Pferd gegenüber betrügerisch verhalten hatte, was ihn vertrauensunwürdig machte.

Die beiden berühmtesten und authentischsten Hadith-Samlungen sind die des Al-Bukhari, der etwa 6 000 Hadith für echt befand, und die des Muslim (so hieß dieser Gelehrte). Andere renommierte Hadith-Samlungen sind die des Tirmidhi, des Ibn Maja, Sunan Abu Daud und Sunan Nasai. In den Hadith-Sammlungen sind die Aussprüche des Propheten Mohammed jeweils nach Themen geordnet, darunter natürlich auch jene Themenbereiche, die Paradies und Hölle, Tod und Auferweckung umfassen. Aber, wie gesagt, es wäre töricht, blind all das als tatsächlich aus dem Munde des Propheten stammend anzusehen, was so im Umlauf ist.

Üblicherweise wird beim Zitieren eines Hadith auch die Quelle angegegeben, d. h. aus welcher Sammlung es stammt. Vorsicht hinsichtlich der Glaubwürdigkeit eines Hadith ist angebracht, wenn es dem Koran zu widersprechen scheint, wenn es Unvernünftiges enthält, das einer rationalen Überprüfung nicht standhält oder mit verbürgten Hadithen nicht übereinstimmt, vor allem, wenn es sich um Jahrhunderte nach dem Tode des Propheten geschriebene Bücher handelt, die wissenschaftlichem Standard nicht genügen. Somit gibt es auch in deutscher Sprache Hadith-Sammlungen, zum Beispiel sogenannte islamische Totenbücher, die sich mit dem beschäftigen, was den Menschen nach seinem

Tod erwartet, die aber eher als Erbauungslektüre anzusehen sind.

Manche Hadithe haben also nur folkloristischen Charakter oder sind gar bloße Fantasieprodukte, in denen äußerst malerisch Drohungen über Höllenqualen ausgestoßen oder Versprechungen, gerade auch sexistischer Art, hinsichtlich der Freuden gemacht werden, die im Paradies angeblich auf alle Muslime warten. Meistens wird dabei auch auf eine Interpretation oder Entschlüsselung der Hadith-Aussagen verzichtet, so dass sie nicht gerade zur Erleuchtung der Leser beitragen.

Unbestritten aber ist, dass Hadithe meist ein Kommentar ersten Ranges zum Koran sind. Beispielsweise erfahren wir über die berühmte Himmelfahrt des Propheten oder seine Nachtreise nach Jerusalem aus dem Koran nur durch kurze Hinweise, während sie in den Hadithen in aller Ausführlichkeit wiedergegeben werden. Auch hierzu gibt es im Islam die Debatte, ob diese beiden Geschehnisse buchstäblich als Reisen innerhalb unseres Raum-Zeit-Gefüges zu betrachten sind, d. h. ob der Prophet tatsächlich mit seinem Körper aus Fleisch und Blut in einer Nacht von Mekka nach Jerusalem gereist sei, wo er Imam (Leiter des Gebets) für die anderen Propheten gewesen ist, bzw. ob er mit seinem Leibe in den Himmel, durch die »sieben Paradiese« bis hin zu Gott selbst aufgefahren ist oder ob es sich dabei jeweils um Visionen gehandelt hat.

Hadithe, die wörtliche Mitteilungen Gottes sind oder aber Wiedergabe von Träumen des Propheten oder Visionen, die ihm zuteil wurden, werden Hadith Qudsi genannt. In den Hadithen werden uns Einzelheiten über rituelle Handlungen (etwa, wie das Gebet und die Waschung vor dem Gebet zu verrichten ist, was beim Fasten zu beachten ist oder wie die Pilgerfahrt zur Kaaba vollzogen werden soll) sowie Anweisungen für das Eheleben, Aussagen über verdienstvolle Handlungen und das, was verboten ist, mitgeteilt. Zudem gibt es Aussagen zu anderen religiösen, ökonomischen, kulturellen und wissenschaftlichen Gegebenheiten sowie Prophezeiungen über zukünftige Ereignisse, d. h. den Weltenlauf, und natürlich auch vielfältige Beschreibungen über den Zustand von Paradies und Hölle; zudem auch Weisungen, wie Muslime sich im Sterbefall und danach zu verhalten haben, über den Dschihad, den Charakter bestimmter herausragender Gefährten usw.

3

Der Tod im Islam

Das Wort »Islam« bedeutet, wörtlich übersetzt, »Hingabe« oder »vollständige Unterwerfung unter den Willen Allahs als Weg, um Frieden zu finden«. Es enthält, von seiner Wortwurzel her, das Wort »Salam«, was »Frieden« bedeutet. »Salam« ist zugleich ein attributiver Name Gottes und bedeutet: Gott ist die Quelle des Friedens, oder einfach: die Quelle des Friedens. In Übereinstimmung mit dem Willen Gottes zu leben heißt, in Frieden zu leben. Die vollkommene Hingabe an Gott betrifft das gesamte Leben des Gläubigen. Im Koran (Sure 6:163-164) wird somit der Prophet, dadurch aber zugleich jeder Muslim, aufgefordert:

»Sprich: ›Mein Gebet und mein Opfer und mein Leben und mein Tod gehören Allah, dem Herrn der Welten. Er hat niemanden neben Sich. Also ist mir geboten und ich bin der erste der Gottergebenen.‹«

Das am Ende des Zitats mit »Gottergebener« übersetzte Wort lautet im arabischen Original: Muslim. Dass an dieser Stelle des Korans ein Muslim sozusagen schwört, dass sein Gebet, sein Opfer, sein Leben und sogar sein Tod um Gottes Willen geschehen möge, meint, dass jemand, der sich den Islam als Religion gewählt hat, mit all seinen ihm zur Verfügung stehenden Kräften eine vollkommene Umwandlung seines Daseins vollziehen und danach streben soll, Vereinigung mit Allah zu erreichen. Dies wird ausdrücklich in der Sure 5 Vers 36 von jedem Muslim verlangt:

»O die ihr glaubt, fürchtet Allah und suchet den Weg der Vereinigung mit Ihm und strebet auf Seinem Wege, auf dass ihr Erfolg habt.«

Allah zu fürchten im Gebet, beim Opfern von Hab und Gut und Zeit, im Leben, wie immer es aussieht und wohin immer es einen

Menschen führen mag, und eben im Tode, beim Sterben, sei es metaphorisch gemeint oder tatsächlich physisch, meint, alles zu unterlassen, was bewirken könnte, dass Allahs Liebe und Barmherzigkeit von einem genommen wird, nichts zu tun, was Allahs Missfallen erregen könnte, und alles zu tun, um das Wohlgefallen des Schöpfers aller Wesen und Dinge zu erlangen. Danach zu »streben«, wie es in dem eben zitierten Vers heißt, ist Aufgabe des Muslims und sein Dschihad (denn das Wort »streben« heißt im Arabischen ebensoviel wie »Dschihad«). Dschihad nun, wir werden darauf zurückkommen, umfasst alle Stufen des Seins, zunächst den Kampf gegen den eigenen Egoismus, dann das Verbreiten von Wahrheit, und, falls notwendig, auch die Hingabe des Lebens in der Verteidigung der Freiheit, vor allem der Glaubens- und Gewissensfreiheit, die der Koran fordert (Sure 2:257; Sure 18:30, Sure 109: 1–7 etc.).

Bewusst auch den eigenen Tod dem Willen Allahs zu unterstellen, umfasst viele Aspekte. Es beginnt damit, dass man nichts tun sollte, was das Leben verkürzt. Zwar heißt es im Koran, dass der Tod eines jeden Menschen dem Beschluss Allahs unterliegt (Sure 3:46), aber es heißt auch, dass das Leben eines jeden Menschen entsprechend einem Buch bzw. Gesetz (Sure 35:12) abläuft, und damit ist keine billige Vorstellung von Vorherbestimmung (»Kismet«) gemeint, sondern dass der Ablauf eines Lebens von Gesetzmäßigkeiten bestimmt wird, auf die zum Teil der einzelne Mensch durch seine Handlungsweise einwirken kann.

Es ist also weiterhin zum Beispiel eine Frage der Entscheidung des einzelnen für oder gegen etwas, das den Tod bewirkt. Dementsprechend heißt es im Koran in einem heiligen Schwur Allahs:

»Im Namen Allahs, des Gnädigen, des Barmherzigen. Bei der Sonne und bei ihrem Glanz, und bei dem Mond, wenn er ihr folgt, und bei dem Tag, wenn er sie enthüllt, und bei der Nacht, wenn sie bedeckt, und bei dem Himmel und seiner Erbauung, und bei der Erde und ihrer Ausbreitung, und bei der Seele und ihrer Vollendung – Er (d. h. Gott, d. V.) gewährte ihr (d. h. der Seele, d. V.) den Sinn für das, was für sie unrecht und was für sie recht ist.

Wahrlich, wer sie lauterer werden lässt, der wird Erfolg haben; und wer sie in Verderbnis hinabsinken lässt, der wird zuschanden.« (91:1–11)

Dies ist nicht nur eine Aussage darüber, dass jeder Mensch ein Gewissen hat, das ihn grundsätzlich zu leiten vermag und dem er folgen sollte, sondern auch ein Hinweis darauf, dass jeder Mensch in gewissem Rahmen über einen freien Willen verfügt. Dieser freie Wille umfasst nicht die Umstände, in die ein Mensch hineingeboren wird, d.h. die Zeit, sein Volk, seine Familie, sein Geschlecht, die genetische Veranlagung etc., wohl aber, dass er innerhalb der gesetzten Grenzen Möglichkeiten hat, seinen Fähigkeiten entsprechend sich zu verändern.

Es bedarf also seiner persönlichen Willensentscheidung, ob er sich bemüht, sich gemäß den ihm zur Verfügung stehenden Erkenntnissen hinsichtlich dessen, was er in seinem Gewissen spürt und was er durch seine Sinne und die Anwendung von Vernunft lernt, zu leben und Fortschritte hin zu einer Verbesserung und Vervollkommnung seines Wesens zu machen oder nicht. All dies schließt, dem Islam zufolge, auch seine Haltung gegenüber dem Tod bzw. dem Sterben ein.

Ein Muslim soll also bereit sein, für Allah zu leben und für Allah zu sterben. Dies erklärt ein wenig, warum zum Beispiel Dschihad-Kämpfer, scheinbar unbeeindruckt von dem, was das Leben auf der Erde zu bieten hat, den Tod auf sich nehmen; gleich, ob sie in berechtigter Verteidigung der Freiheit ihres Landes und Volkes sterben, oder aber aus Verzweiflung und im Wahn, der Terrorismus gebiert. Aber dazu weiter unten mehr.

Jedenfalls zielt die Lehre des Islam darauf ab, dem Tod seinen Schrecken zu nehmen. Sterben sollte somit, wie schwer es auch fallen mag, nicht als eigentlicher Verlust, sondern als ein Hinübergehen in einen anderen Zustand des Seins wahrgenommen werden. Und dies betrifft sowohl jenen Tod, durch den der Mensch sein irdisches Dasein beschließt, indem er tatsächlich seinen Körper aus Fleisch und Blut verlässt, als auch jenen Tod, der in der islamischen Mystik »Fana« (Ich-Tod oder Entwerdung) genannt wird, bei dem der Muslim sein Interesse an den materiellen Dingen völlig verliert und durch eine Art Wiedergeburt zu Lebzeiten in einen transzendierten Zustand in dieser Welt übergeht, so dass er sozusagen auf Erden schon jenseitig lebt.

Für das Sterben, das ein Prozess des Verlassens der vierdimensionalen Welt ist – und ein Übergehen in eine andere Dimension –, sieht der Islam einen Ritus vor. Wie während der Geburt eines Kindes wird von Verwandten oder jemandem, der dafür ausersehen wird, die Sure Ya Sin (Sure 36) rezitiert. Wenn der Tod eingetreten ist oder wenn man vom Tode eines Menschen hört, soll der Muslim den folgenden Koran-Vers beten:

»Inna lillahe wa inna lillahe rajiun«, d.h.«Wahrlich, Allahs sind wir und zu Allah kehren wir heim« (Sure 2:157).

Es gilt zudem als tugendhaft und erstrebenswert, sich nicht völlig vom Schmerz über das Hinscheiden eines geliebten Menschen übermannen zu lassen, sondern sich zu festigen, wenngleich Weinen und Trauern natürliche Regungen sind und ein Zeugnis der Liebe, die man für den Verstorbenen empfunden hat.

Hat die Seele den Körper verlassen, d.h. dann, wenn der physische Tod eingetreten ist, wird sofort mit den Vorbereitungen für das Begräbnis begonnen. Es ist also, nach der Sunna (wie die Verhaltensweisen des Propheten Mohammed, nach denen sich jeder Muslim richten soll, ja muss) nicht üblich, einen Toten lange aufzubahren. Der Gestorbene wird von Kopf bis Fuß gewaschen – dies zu tun ist eine ehrenvolle Pflicht für die Freunde oder Verwandten –, ihm werden die Haare unter den Achseln und um das Geschlecht geschoren, und alle künstlichen Teile, ob Ring oder zum Beispiel ein Gebiss, werden entfernt. Dann wird der Leichnam in ein weißes Tuch gewickelt. So bald wie möglich wird er dann zu einem öffentlichen Ort, beispielsweise einer Moschee oder direkt zu einem Friedhof gebracht und quer zur Richtung Mekka aufgebahrt.

Zur festgesetzten Zeit des Begräbnisses bzw. der Überführung zu einem Friedhof (wenn zum Beispiel der Verstorbene aus dem Ausland in sein Heimatland gebracht wird) versammeln sich die

Mitglieder seiner Gemeinde, Freunde und Verwandte. Mit Rücksicht auf die Gefühle der Frauen, unter denen es welche geben mag, die den Tod des ihnen Nahestehenden nicht verschmerzen können und womöglich nervlich zusammenbrechen würden oder aber in lautes Wehklagen ausbrechen wollen (was der Prophet untersagt hat), wird das Totengebet (Janaza genannt) nur von den männlichen Muslimen verrichtet. Dieses Gebet ist festgesetzter Ritus.

Nach Möglichkeit sollen es mehr als 40 rechtschaffene, tadelsfreie Muslime sein, die sich zum Janaza-Gebet in ungeraden Reihen aufstellen; denn einem Hadith zufolge wird die Fürsprache von einer so großen Anzahl frommer Menschen die Gnade Allahs hervorrufen, was für den Verstorbenen die Befreiung von der Hölle bedeutet. Dass es ungerade Reihen sein sollen, geschieht nach einer Gepflogenheit des Propheten Mohammed, der ungerade Zahlen bevorzugte, weil sie auf die »eins« als Symbol für die Einheit und Einzigartigkeit Gottes hinweisen.

Das Janaza-Gebet wird von einem Imam geleitet, also einem von den Anwesenden ausgewählten, der Würde der Situation entsprechenden Mann, ohne dass festgelegt ist, dass dies zugleich jemand sein muss, der Theologie studiert oder sein Leben dem Islam geweiht hat und somit keinen Brotberuf ausübt, sondern als Seelsorger an einer Moschee etc. wirkt. Jeder Muslim kann im Prinzip auch Imam sein, wenn er über das notwendige Wissen verfügt und den islamischen Geboten gemäß lebt.

Der Imam steht beim Janaza-Gebet vor den Gläubigen. Er hebt die Hände an seine Ohren (was so interpretiert werden kann, dass er diese Welt verlässt und in einen heiligeren Bereich übertritt) und ruft dabei laut: »Allah-o-akbar«, d.h. übersetzt: Gott ist größer als alles andere. Die hinter dem Imam stehenden Gläubigen legen daraufhin auch ihre Hände an die Ohren. Dies ist nur eine rasche Bewegung. Die Hände werden wieder fallengelassen und vor der Brust verschränkt. Dann rezitiert der Imam und jeder hinter ihm stehende Muslim für sich leise, also innerlich, die Sure Al-Fateha. Dies ist die erste Sure des Korans und zugleich das vollkommene

Gebet der Muslime, vergleichbar, was seine Bedeutung betrifft, in etwa dem Vaterunser der Christen. Diese Sure lautet (zusammen mit den Eingangsformeln) auf deutsch:

»Alle Herrlichkeit gebührt Dir, o Allah, und gesegnet ist Dein Name, und erhaben ist Deine Majestät, und niemand ist anbetungswürdig außer Dir. Ich suche Zuflucht bei Allah vor dem verfluchten Satan. Im Namen Allahs des Gnädigen, des Immer Barmherzigen. Aller Preis gebührt Allah, dem Herrn aller Welten. Dem Gnädigen, dem immer Barmherzigen. Dem Meister des Gerichtstages. Dir allein dienen wir, und zu Dir allein flehen wir um Hilfe. Führe uns auf den geraden Weg. Den Weg derer, denen Du Gnade erwiesen hast, und nicht den Weg jener, die Missfallen erregt haben oder irregegangen sind.« (Sure 1)

Wenn der Imam dieses Gebet beendet hat, ruft er wiederum laut »Allah-o-akbar«, danach rezitiert er lautlos, wie mit ihm die anwesenden Gläubigen, das sogenannte Darud-Gebet, d. h. das Bittgebet für den Heiligen Propheten Mohammed. Es lautet auf deutsch:

»O Allah, schütte Deine Gnade aus über Mohammed und den Anhängern Mohammeds, so, wie Du über Abraham und den Anhängern Abrahams Gnade ausschüttetest. Wahrlich, Du bist preiswürdig, erhaben. O Allah, gib Mohammed Deinen Segen und den Anhängern Mohammeds, so wie Du Abraham und den Anhängern Abrahams Segen gabst. Wahrlich, Du bist preiswürdig, erhaben.«

Nachdem der Imam dieses Gebet innerlich Allah dargeboten hat, rezitiert er laut ein drittes Mal »Allah-o-akbar«, und danach sprechen er wie die mit ihm Versammelten innerlich das eigentliche Totengebet, d. h. das sogenannte Janaza-Gebet. Es lautet:

»O Allah, vergib unseren Lebenden und unseren Toten, und denen von uns, die anwesend sind, und denen, die abwesend sind, und unseren Alten und unseren Jungen und unseren Männern und unseren Frauen. O Allah, halte diejenigen unter uns, denen Du Leben geschenkt hast standfest, und lass die unter uns, die Du sterben lassen wirst, im richtigen Glauben sterben. Schließe uns nicht aus, o Allah, von den Wohltaten, die sich auf den Verstorbenen beziehen, und unterwirf uns nicht dem Gericht nach ihm.«

Wenn er dieses Gebet innerlich beendet hat, sagt der Imam zum vierten Mal laut »Allah-o-akbar« und unmittelbar darauf, sich zuerst nach rechts, dann nach links wendend, jeweils »Assalam-o-Alaikum Wa Rahmatullah«, d.h. »Frieden sei mit euch und die Gnade Allahs«.

War die verstorbene Person eine Frau, werden die letzten Zeilen geändert, so dass es »die Verstorbene« und »nach ihr« heißt. Im Falle eines zu begrabenden Kindes wird anstelle des eben vorgestellten Janaza-Gebetes das folgende Totengebet Allah dargebracht:

»O Allah, mache Du es zu unserem Vorboten, und mache Du es für uns zu einer Belohnung und zu einem Schatz, und mache Du es zu einem Bittenden für uns, und erhöre Du seine Bitten (um Deine Gnade für uns).«

Dies geschieht so deswegen, weil ein kleines Kind als schuldunfähig angesehen wird und der Lehre des Propheten Mohammed entsprechend in das Paradies eingeht.

Oftmals wird für den Fall, dass sich der Leichnam an einem anderen Ort befindet ein »Janaza Ghaib«-Gebet verrichtet, d.h. dieses gerade vorgestellte Janaza-Gebet, aber eben »ghaib«, d.h. in Abwesenheit des Leichnams.

Nach dem Janaza-Gebet wird die verstorbene Person zu ihrem Grab gebracht. Am Grab werden keine Reden gehalten, auch ist es nicht der Praxis des Propheten gemäß, Blumen oder Kränze auf das Grab zu legen. Ist der Tote bestattet, wird von den Anwesenden noch ein Dua-Gebet gesprochen. Das Dua ist ein stilles Bittgebet. Üblicherweise hält sich der Muslim dabei die Hände vor sein Gesicht, als eine Art Schutz vor der diesseitigen Welt. Ein Dua kann individuell, d.h. von jedem einzeln für sich, oder aber unter der Führung eines jeweils am Ort ausgewählten Imams (Gebetleiters bzw. -leiterin) geschehen. Ist letzteres der Fall, beten dennoch die Muslime jeder für sich jene Gebete, die ihnen sinnvoll erscheinen, nur dass die Dauer des Duas durch den

Imam begrenzt wird, der am Ende seines Gebetes laut »Amen« sagt, woraufhin alle anderen Anwesenden ebenfalls ihr Gebet beenden.

Erdbestattung ist im Islam vorgeschrieben, es sei denn, ein Muslim kommt auf offenem Meer um oder durch ein Feuer etc. (Sure 5:32).

Es gilt als sehr verdienstvoll, Friedhöfe zu besuchen und dort, direkt am Grab, für den Verstorbenen zu beten. Die Tradition, Gräber von Muslimen, die als Mystiker oder Heilige verehrt werden, zu einer regelrechten Kultstätte zu machen, entspricht aber nicht dem, was der Prophet selbst tat. Der Respekt des Propheten Mohammed für einen Verstorbenen ging so weit, dass er aufstand, wenn ein Begräbniszug vorüberging, gleich ob es sich bei dem Toten um einen Muslim, einen Juden oder Andersgläubigen handelte, aber er verurteilte es ausdrücklich als »Schirk« (d.h. die Anbetung anderer neben Gott oder einem Menschen eine Kraft oder Macht zuschreibt, die nur Gott allein gebührt; »Schirk« gilt im Islam als Todsünde), einem Verstorbenen eine besondere Bedeutung hinsichtlich der Erhörung von Gebeten beizumessen, so als ob er die Macht hätte, das Gebet zu erhören oder seine Erhörung zu bewirken.

Das heißt nicht, dass Heiligen-Gräber wie alle anderen Gräber sind und keine besondere Bedeutung hätten. Im islamischen Glauben fest verwurzelt ist die Auffassung, dass Heiligengräber auf außergewöhnliche Weise von Allah beschützt werden, dass sie segensreiche Orte sind, über die Engel wachen. In diesem Sinne kann es sein, zumal das Herz des dort Betenden auf außerordentlich emotionale Weise gerührt wird, wodurch ein Gebet eine ungewöhnliche Innigkeit und Demut erhalten kann, dass an einem Grab an Allah gerichtete Duas eine besondere Annahme finden. Aber die Vorstellung, dass an den im Grab Liegenden Gebete gesandt werden könnten, dass er sie hört und durch seinen speziellen Zustand derlei Gebete auch tatsächlich erhört werden, ist dem, was Koran und Hadith sagen, nicht nur fremd, sondern wird von ihnen ausdrücklich abgelehnt.

Das Grab ist zudem nicht der tatsächliche Aufenthaltsort des Toten. In ihm liegen nur seine Gebeine, nicht aber seine Seele. Die Seele eines Verstorbenen befindet sich in einer anderen Dimension, also nicht den Dimensionen von Raum und Zeit, die den auf der Erde Lebenden zugänglich ist. Indes besteht eine gewisse Verbindung zwischen dem Ort, an dem ein Verstorbener bestattet ist, und jenem überirdischen Ort, an dem sich seine Seele befindet. So ist immer wieder berichtet worden, dass Gläubige an Gräbern besonderer Menschen außergewöhnliche Erlebnisse hatten, dass ihnen zum Beispiel Visionen zuteil wurden, in denen etwa der in diesem Grab Gebettete den Betenden erschien. Das heißt, dass eine Verbindung zwischen Verstorbenen und Lebenden im Bereich der Vision (oder des Traums) möglich ist. Aber es ist falsch zu denken, dass der Verstorbene sich wirklich aus seinem Bereich in den des an seinem Grab Betenden begibt. Ähnlich wie bei der Übertragung eines Bildes, etwa durch Wellen, wie beim Fernsehen, bleiben beide, der Verstorbene wie der auf Erden Lebende, in ihrem jeweiligen Bereich, während es aber eine Verbindung zwischen beiden gibt, durch Bilder und auch Worte, ja bisweilen sogar durch eine Manifestation des Verstorbenen, der dann, auch im Wachzustand des auf Erden Weilenden, ihm mit einem Körper erscheint. Es gibt dazu glaubhafte Berichte von Mystikern und Heiligen aus Vergangenheit und Gegenwart.

4

Der Zustand des Menschen im Grab

Der Heilige Prophet Mohammed lehrte die Muslime u.a. ein Gebet (ein Dua), das bei Morgengrauen und zur Zeit der Abenddämmerung gebetet werden soll. Es lautet:

»Wir sind am Morgen (bzw. am Abend) angelangt, und so sind es alle Menschen (dieser Hemisphäre, d.V.), um Allahs Willen. Heilig ist Allah und aller Preis gebührt Allah, es gibt keinen Gott außer Allah, und Allah ist größer als alles andere. O mein Herr, ich bitte Dich um alles, was gut sein mag an diesem Tag (dieser Nacht), und um das Gute dessen, was am folgenden Tag (in der folgenden Nacht) geschehen mag, und ich suche Deinen Schutz gegen das Schädliche dieses Tages (dieser Nacht) und das Schädliche am Tag (in der Nacht), der (die) folgen wird. O mein Herr, ich suche Schutz bei Dir gegen Faulheit und Hochmut, gegen die Bestrafung durch das Feuer und die Bestrafung im Grab und gegen das Übel des Stolzes und des Unglaubens.«

In diesem Gebet zeigt sich, dass für den Muslim im irdischen Leben die Vorstellung von dem, was ihm im Grab zustoßen mag, lebendig ist. Er sollte sich dessen bewusst sein und seinen Alltag, seine Worte und Taten danach ausrichten, welche Folgen sie im Diesseits und Jenseits haben können. Mit derart geschärftem Bewusstsein wird er sich eher hüten, Schlechtes zu sagen oder zu tun oder Sünden zu begehen. Im Angesicht des Todes zu leben ist somit ein Ziel für den Gläubigen. Dies im Blick wies der Prophet darauf hin, dass es eine Eigenschaft von Propheten ist, am Morgen nicht daran zu denken, dass man den Abend erleben mag, d.h. dass sie sich bewusst waren, dass man jederzeit sterben kann, und am Abend nicht daran zu denken, ob man den nächsten Morgen noch erlebe.

Hinzu kommt die Maxime, stets so zu planen, als würde man ewig leben, und so zu beten, als müsste man im nächsten Augenblick sterben. Von muslimischen Mystikern ist überliefert, dass sie diese Vorstellung so streng beachteten, dass sie, beispielsweise, den ersten Teil des islamischen Glaubensbekenntnisses (la ilaha illallah, d.h. es gibt keinen Gott außer Allah) nicht zu äußern pflegten aus Furcht, es könnte sie nach Erwähnung der ersten Worte »es gibt keinen Gott« der Tod ereilen.

Mit dem Eintritt des Todes, so lehren die Naturwissenschaften wie der Islam, beginnt der Zerfallsprozess im Körper. Die unmittelbar nach dem Tod absterbenden Gehirnzellen beispielsweise können nicht mehr ersetzt oder erneuert werden. Eine Rückkehr des Verstorbenen zum Leben ist unmöglich. Der Koran stellt dies fest mit dem Vers 43 der Sure 39:

»Allah nimmt die Seelen (der Menschen) hin zur Zeit ihres Absterbens und (auch) derer, die nicht gestorben sind, während ihres Schlafs. Dann hält Er die zurück, über die Er den Tod verhängt hat, und schickt die anderen (wieder) bis zu einer bestimmten Frist. Hierin sind sicherlich Zeichen für Leute, die nachdenken.«

Nach der islamischen Lehre heißt der Erzengel, der für die Durchsetzung des Beschlusses, dass jemand sterben muss, Izra'il. Entsprechend den Lehren des Propheten Mohammed beginnt sofort nach dem Hinscheiden die Ablösung der Seele vom Körper. Dies geschieht in einer Zeitdauer, die von sofortiger Trennung – für den Fall, dass ein Gottergebener jenes Stadium der Weltverneinung, der Verwerfung des materialistischen Denkens und Verhaltens, erreicht hat, der einen Übergang zum rein spirituellen Bereich ermöglicht, etwa bei Propheten und Heiligen, aber bis zu einem Zeitraum, der 40 Tage umfasst, reichen kann – für den Fall, dass ein Verstorbener sich nicht von der materiellen Welt trennen will und kann.

Danach beginnt jene Phase in der Evolution des Menschen, die »Barsakh« genannt wird. Der islamische Mahdi und Messias Hadhrat Mirza Ghulam Ahmad schreibt dazu:

»Barsakh ist ein arabisches Wort, das aus den Worten sakha und barra geformt ist, und bedeutet, dass die Zeit des Verdienstes vorüber und in einen Zustand des Unfassbaren geraten ist. Barsakh ist demzufolge der Zustand, in dem die Seele den sterblichen Körper verlässt, und in dem die vergängliche irdische Hülle sich zersetzt. Der Körper wird bekanntlich in eine Grube versenkt, und so wird sich auch die Seele in eine Art Grube senken, wie der Ausdruck Sakha andeutet; denn sie verfügt nicht mehr über die Kraft, das Gute oder das Böse zu tun, wie sie es zusammen mit dem Körper vermochte.« (*Die Philosophie der Lehren des Islam,* S. 118)

Barsakh heißt wörtlich übersetzt: »die Zwischenstation, der Zwischenraum«. Es ist ein Zustand zwischen Diesseits und Auferstehung, d.h. der Verstorbene wird sich in diesem Raum so lange aufhalten, bis der Tag der Auferstehung gekommen ist. Allgemein unterscheidet der Koran zwischen drei Arten von Welt: zum einen die Welt, in die wir durch die Geburt (oder genauer gesagt: dann, wenn der Embyro im Mutterleib durch das Gebot Allahs eine Seele bildet, was etwa im dritten oder vierten Monat der Schwangerschaft der Fall ist) eintreten. Die zweite Welt ist die, die wir im Grab erleben, also die Erfahrung von Hölle oder Paradies. Die dritte Welt dann ist unser Zustand nach dem Tag der Wiederauferstehung, also der Zustand, in dem Paradies oder Hölle auf vollkommene Art und Weise manifest werden.

Zu Beginn des Zustands von Barsakh wird der Verstorbene von Engeln (deren Namen in Hadithen mit Munkar und Nakir angegeben werden) nach seinem Glauben befragt. In der orthodoxen Vorstellung und im Bereich der Volksfrömmigkeit genüge dann die Äußerung des islamischen Glaubensbekenntnisses, um in den Zustand des Heils mit Aussicht auf Vergebung am Tage des Gerichts (der im Koran »Yaumiddin« genannt wird) zu gelangen. Offensichtlich aber hält diese Vorstellung einer genaueren Betrachtung nicht stand.

Zum einen sagt Allah im Koran, dass es auch Nicht-Muslimen möglich ist, sein Wohlgefallen und damit einen Platz im Paradies zu erlangen. Denn in verschiedenen Versen heißt es, wie beispielsweise in Sure 2 Vers 63:

»Wahrlich, die Gläubigen (d.h. Muslime) und die Juden und die Christen und die Sabäer – wer immer (unter diesen) wahrhaft an Allah glaubt und an den Jüngsten Tag und gute Werke tut –, sie sollen ihren Lohn empfangen von ihrem Herrn, und keine Furcht soll über sie kommen, noch sollen sie trauern.«

Zum anderen ist mit der bloßen Äußerung eines Glaubensbekenntnisses noch kein Anspruch darauf verbunden, in das Paradies einzutreten, da mit ihm bestimmte Auflagen, zum Beispiel das Einhalten der Gebote, verbunden ist und somit eine nur formale Zugehörigkeit nicht belohnt werden kann, wenn das Verhalten einer Person durch Wort und Tat dem, was seine Religion von ihm verlangt, nicht in einem Mindestmaß entsprochen hat.

Zwar hat der Prophet Mohammed all denen, die tatsächlich an die absolute Einzigartigkeit und Einheit Gottes glauben, das Paradies in Aussicht gestellt und sogar auf die Frage, ob dieses Versprechen auch für denjenigen gilt, der Unzucht betrieben hat, dies bejaht und somit bestätigt, dass einem Sünder, der wirklich an die Einheit Allahs glaubte, das Paradies gewährt würde, aber es heißt auch in einem Hadith, dass der Eintritt in das Paradies ausschließlich von Allahs Gnade abhängt. Als der Prophet dazu befragt wurde, ob das auch für ihn gelte, antwortete er mit »Ja«.

Zudem sagt Allah im Heiligen Koran eindeutig, dass der Zustand des Menschen im Jenseits von seinem Zustand im Diesseits abhängt, d.h. denjenigen, die den Weg der Rechtschaffenen gegangen sind, den »geraden Weg«, wie es im Vers 6 der Sure Al-Fateha, dem wichtigsten Gebet der Muslime, heißt, und die sich keine großen Verfehlungen und Sünden haben zuschulden kommen lassen, denen verheißt Allah seine Vergebung, gemäß dem Versprechen des Verses 33 in der Sure 53:

»Jene, die die schlimmsten Sünden und Schändlichkeiten meiden, bis auf leichte Vergehen – wahrlich, deines Herrn Verzeihung ist weitumfassend. Er kennt euch sehr wohl (von der Zeit her), da Er euch aus der Erde hervorbrachte und da ihr Keimlinge wart in eurer Mutter Schoß. Darum erklärt euch nicht selber als rein. Ihm ist am besten kund, wer sich vor Bösem hütet.«

Über den, der für seine Religion und die durch sie geforderte Moral und Spiritualität nur Spott und Scherz übrig hat, der also, wie es in Sure 91 Vers 11 heißt, seine Seele »in Verderbnis hinabsinken lässt«, indem er sich Lüge, Betrug, übler Nachrede etc. hingibt und »sein Gelüst zu seinem Gott macht« (Sure 25 Vers 44), über den sagt der Koran, dass er in die Hölle gelangen wird, wie in Sure 20 Vers 75 ausgeführt:

»Fürwahr, wer im Zustande der Sündigkeit zu seinem Herrn kommt, für den ist die Hölle; darin soll er weder leben noch sterben.«

Daraus geht hervor, dass jene Menschen, die sich im Diesseits nicht mit allen Kräften darum bemüht haben, nach bestem Wissen und Gewissen ein Leben zu führen, das Böses mied und Gutes tat, nicht in der Lage sein werden, den veränderten Bedingungen der Dimension des Jenseits gemäß in einem Zustand des Friedens zu existieren. Nach wie vor sind sie den Gelüsten, die sie in der materiellen Welt umtrieben, verhaftet, während sie außer Stande sind, diese materiellen Dinge zu erhalten, weil diese Dinge im Jenseits nicht in der Form vorhanden sind, die man vom Dieseits her gewohnt ist. Deswegen können diese Menschen im Jenseits nicht leben. Sie können aber auch nicht sterben, d.h. Anstrengungen unternehmen, oder, wie der Islam sagt, den Dschihad Akbar (jene Bestrebung, seine Gelüste und seinen Egoismus etc. zu überwinden) kämpfen, auf dass sie in den Genuss der Möglichkeiten transzendierten, spirituellen Lebens gelangten, indem sie »sich selbst töten« (d.h. Gott sagt im Koran in Sure 2:55, dass die Gläubigen »sich selbst töten sollen«, womit nicht Selbstmord gemeint ist, sondern eben die Abtötung falscher Leidenschaften und unredlicher, unheiliger Gelüste).

Kurzum, der Koran fasst in einem Vers das Jenseits im Vergleich zum Diesseits im Vers 73 der Sure 17 zusammen:

»Wer aber blind ist in dieser Welt, der wird auch im Jenseits blind sein und weit abirrend vom Weg.«

Und weiter heißt es dazu:

»Er (der sündige Mensch) wird sprechen: ›Mein Herr, warum hast Du mich blind auferweckt, obwohl ich (vordem) sehen konnte ?‹ Er (Gott) wird sprechen: ›Also sind ja Unsere Zeichen zu dir gekommen und du hast sie missachtet; also wirst du nun heute missachtet sein.‹« (20:126)

Der Zustand des Barsakh, d.h. des Grabes, den ein Mensch erfährt, ist jedoch noch nicht endgültig und in voller Ausprägung die Hölle oder das Paradies. Er ist vergleichbar mit einem sehr langen Schlaf, in dem der Mensch immer wieder Traumphasen erlebt. Derjenige, dem das Paradies nahe ist, wird diese Träume als angenehm, erquickend und erleuchtend erleben. Für den, der sein Leben in Gottesferne, Gottesleugnung und üblem Tun verbracht hat, werden diese Träume Alpträume sein.

Dazu schreibt Hadhrat Mirza Ghulam Ahmad in seinem Essay über den »Zustand des Menschen nach seinem Tode«:

»Ohne Zweifel besteht keine Verbindung der Seele mehr mit dem irdischen Körper nach dem Tode, aber in Barsakh bekommt jede Seele vorübergehend einen neuen Körper, um sie einigermaßen die Belohnung oder die Strafe für ihre in diesem Leben begangenen Taten erfahren zu lassen. Jene Hülle aber ist nicht wie die irdische, sondern eine helle bzw. eine dunkle Hülle, je nach den Taten des Betreffenden in diesem Leben. Mit anderen Worten, die Taten des Menschen dienen als Körper für die Seele im Jenseits.« (*Die Philosophie der Lehren des Islam,* S. 119)

Für die Hinterbliebenen eines Verstorbenen ist es möglich, eine Besserung des Zustands des Toten zu erreichen, indem sie von Gott erflehen, dass er dem Begrabenen vergeben und ihm Licht in seinem Grab gewähren möge. Aber natürlich obliegt es Gott allein, ein solches Gebet zu erhören. Während sich im Zustand des Barsakh dem Menschen einiges über das, wohin ihn sein irdisches Leben geführt hat, enthüllt, ist es aber erst der Tag des Jüngsten Gerichts, an dem er auf vollkommene Weise seinen Rang im Jenseits erfährt und daraufhin einnimmt, dann, wenn alle Menschen von Gott allein beurteilt werden, wobei er die Macht hat, zu vergeben, zu bestrafen oder zu belohnen. Erst dann also wird den Menschen in voller Deutlichkeit über ihr Tun und Lassen auf Erden Auskunft gegeben. Dann wird all das, was während des irdischen Lebens verborgen im Herzen eines Menschen war, was ihn bewegte und zu diesem oder jenem anstiftete, offenkundig. Die wahren Absichten werden sichtbar. Zusamenhänge und Hintergründe sind ohne Schleier erkennbar. Dann gilt keine Ausrede mehr, keine Beschwichtigung, kein Schönreden. Eine jede Seele genügt sich selbst dann als Zeuge.

Im Grabe schon wird dem Menschen also die Ahnung zuteil, was mit ihm geschehen wird. Diejenigen, die sich um Ermahnung, ihren Glauben, Gottes Gebote und Gottes Zeichen und Weisungen nicht gekümmert hatten, werden dort schon begreifen, dass sie irrten. Der Koran beschreibt diesen Zustand beispielsweise mit folgenden Worten:

»Könntest du nur sehen, wenn sie mit Furcht geschlagen werden! Dann wird es kein Entrinnen geben, denn sie werden aus nächster Nähe erfasst werden. Und sie werden sprechen: ›(Nun) glauben wir daran.‹ Allein wie kann das Erlangen (des Glaubens) ihnen an einem (so) fernen Orte möglich sein, wenn sie zuvor nicht daran geglaubt hatten? Und sie äußern Mutmaßungen von einem fernen Ort aus. Und ein Abgrund ist gelegt zwischen ihnen und ihren Begierden, wie es ihresgleichen schon zuvor widerfuhr. Sie auch waren fürwahr in beunruhigendem Zweifel.« (Sure 34: 52–54).

Im Grab also wird die Erkenntnis der wahren Beschaffenheit des Jenseits ansatzweise sichtbar. In ihm aber gibt es keine Möglichkeit mehr zur Reform oder Umkehr. Getrennt vom Körper, den der Mensch auf Erden hatte, ist er nun den Folgen seines Tuns ausgeliefert. Das ist Pein für den, der in seinem Glauben nicht Gutes getan hat, während für den Gläubigen, der sich um das Tun des Guten und die Abwehr des Bösen mit allen ihm zur Verfügung stehenden Kräften bemühte, sein neuer Zustand eine Quelle der Erleichterung und Freude, ja der Glückseligkeit sein wird. Der Koran sagt dazu:

»Die aber als Gläubige zu Ihm (d.h. Gott) kommen, die gute Taten vollbracht haben, ihnen sollen die höchsten Rangstufen zuteil werden – Gärten der Ewigkeit, von Strömen durchflossen; darin werden sie weilen immerdar. Und das ist der Lohn jener, die sich reinigen.« (Sure 20, Verse 76 und 77)

Der Koran erwähnt auch ausdrücklich, dass der sündige Mensch nach dem Tode der Hölle überantwortet ist und derjenige, dem seine Sünden im Diesseits vergeben wurden bzw. der, was vor allem für die Propheten gilt, sündenfrei lebte, sofort in das Paradies eingeht (wobei der Islam unter Sünde ein Tun versteht, das wissentlich und willentlich gegen ein Verbot Gottes geschieht). Es heißt in Sure 17 (Verse 14–16):

»Und einem jeden Menschen haben Wir seine Werke an den Nacken geheftet; und am Tage der Auferstehung werden Wir ihm ein Buch vorlegen, das er entsiegelt finden wird. ›Lies dein Buch. Heute genügt deine eigene Seele als Rechnerin wider dich.‹ Wer den rechten Weg befolgt, der befolgt ihn nur zu seinem eigenen Heil; und wer irregeht, der geht irre allein zu seinem eigenen Schaden. Und keine Lasttragende (Seele) trägt die Last einer anderen. Und Wir strafen nie, ehe Wir denn einen Gesandten geschickt haben.«

Hadhrat Mirza Ghulam Ahmad kommentiert das in diesen Versen vorkommende Wort »Tair« (Werke) folgendermaßen:

»Tair bedeutet wörtlich Vogel und ist in diesem Satz bildlich angewendet worden für die Werke des Menschen, denn jede Tat – eine gute oder schlechte – entfliegt wie ein Vogel, nachdem der Mensch sie vollbracht hat. Das Leid oder die Freude, die der Mensch nach einer Tat spürt, schwindet, doch hinterlässt die Tat ein Gepräge im Herzen – ein gutes oder schlechtes, je nach dem. Der Quran hat den Grundsatz offenbart, dass jede Handlung einen geheimen Abdruck im Herzen des Menschen hinterlässt und eine entsprechende Tat Gottes zur Folge hat, die das Gute bzw. das Schlechte der menschlichen Handlung aufbewahrt und ihr Gepräge nicht nur im Herzen hinterlässt, sondern auch auf dem Gesicht, in den Augen, Ohren, Händen und Füßen. Das erwähnte Buch, in welchem jede Tat aufgezeichnet wird, auch wenn dem menschlichen Auge verborgen, wird sich im Jenseits öffnen.« (*Die Philosophie der Lehren des Islam,* S. 115)

Es erscheint mir notwendig, darauf hinzuweisen, dass der Islam davon ausgeht, dass jeder Mensch im Zustand der Unschuld geboren wird. Der Islam kennt keine Erbsünde. Die Natur, d.h. die Ausgangslage eines Menschen, ist an sich gut. Allah sagt deswegen im Koran:

»So richte dein Antlitz auf den Glauben wie ein Aufrechter (und folge) der Natur, die Allah geschaffen, mit welcher Allah die Menschen erschaffen hat. Es gibt kein Ändern an Allahs Schöpfung. Das ist der beständige Glaube. Allein die meisten Menschen wissen es nicht.« (30:31)

Eine Bemerkung darüber ist hier angebracht, was das Schicksal eines Menschen ist, der nichts von den Lehren des Islam gewusst hat bzw. nicht in der Lage war, sich ein klares Bild von ihnen zu machen. Diese Frage ist teilweise durch den oben zitierten Vers der Sure Baqara (Sure 2:63) beantwortet, dem zufolge Gott am besten weiß, wie ein Mensch sich verhalten und ob er in voller Aufrichtigkeit entsprechend seinem besten Wissen und Gewissen gehandelt hat. Und im Koran betont Allah, dass er der Allgerechte ist. Aber die Frage wird auch in einem anderen Zusammenhang vom Koran diskutiert.

In der Sure Ta Ha (Sure 20) wird berichtet, dass der Prophet Moses zum Pharao ging. Nachdem Moses ihm mitgeteilt hat, dass er im Auftrag Gottes kommt, fragt der Pharao ihn nach dem Schicksal derer, die vor Mose Erscheinen als Warner und Bringer froher Botschaft (beides, Warnung und frohe Botschaft, zu überbringen ist eines jeden Propheten Hauptaufgabe) gelebt haben. Moses sagt darauf, dass Gott alles mit seinem Wissen umfasst. Wörtlich heißt es in Sure 20 Verse 50–53 dazu:

»(Pharao) sprach: ›Wer ist euer beider (d.h. Aarons und Mose) Herr, o Moses?‹ Er (d.h. Moses) sprach: ›Unser Herr ist Der, Der jedem Ding seine Gestalt gab (und es) dann (zu seiner Bestimmung) leitete.‹ (Pharao) sprach: ›Und wie steht es dann um die früheren Geschlechter?‹ Er (d.h. Moses) sprach: ›Das Wissen davon ist bei meinem Herrn in einem Buch. Weder irrt mein Herr, noch vergißt Er.‹«

Mit dem »Buch«, das hier erwähnt wird, ist das gemeint, was ein Mensch in seinem Leben, von seiner Geburt an bis zu seinem Tod, getan oder nicht getan hat. Auch dann, wenn ihm ein Zugang zu einem Glauben und einem Wissen von Gott nicht in größtem Maße möglich war, ist ihm doch eine gewisse Führung gegeben, zum einen durch das Gewissen und die Natur des Menschen, zum andern durch die im gesellschaftlichen, kulturellen und religiösen Erbe enthaltenen Hinweise. Zwar mag der einzelne versuchen, die Schuld an seinem Fehlverhalten auf andere abzuschieben, aber letztlich ist er selbst für jeden einzelnen Schritt in seinem Leben verantwortlich. Ließ er sich verführen, so wird ihm danach doch in gewissem Umfang deutlich werden, inwieweit er vom geraden Weg abwich, und er hat somit die Möglichkeit zur Reue bzw. Umkehr. Jeglicher Verblendung folgt zumindest ein Aufblitzen dessen, was wir Wahrheit nennen.

Sicherlich ist diese Gesetzmäßigkeit abhängig vom Grad des Fehlverhaltens, dem sich ein Mensch hingeben mag. Und wer einmal den point of no return überschritten hat, wird kaum in der Lage sein, tatsächlich die Kraft zu haben, noch einmal sozusagen von vorn anzufangen.

Dazu hat der Prophet Mohammed eine Geschichte erzählt. In ihr heißt es, dass ein Räuber 99 Morde begangen hatte. Dann überfiel ihn ein Gefühl der Reue, und er ging zu einem als heilig bekannten Mann und fragte ihn, ob Gott ihm diese 99 Morde verzeihen würde. Der heilige Mann antwortete mit Nein. Daraufhin erschlug der Räuber diesen Mann. Dann wandte er sich an einen anderen Heiligen mit der gleichen Frage. Dieser Heilige antwortete mit Ja. Der Mörder bereute und Gott verzieh ihm.

Über das Wechselverhältnis von Verführern und Verführten sagt der Koran:

»Und er (Abraham) sprach: ›Ihr habt euch nur Götzen angenommen statt Allah, aus Liebe zueinander in diesem irdischen

Leben. Dann aber, am Tage der Auferstehung, werdet ihr einander verleugnen und einander verfluchen. Euer Aufenthalt wird das Feuer sein; und ihr werdet keine Helfer finden.‹« (29:26)

An anderer Stelle heißt es dazu:

»Allah hat die Ungläubigen von Sich gewiesen und hat für sie ein flammendes Feuer bereitet, worin sie auf lange Zeit bleiben sollen. An dem Tage, da ihre Führer im Feuer gewendet werden, da werden sie sprechen: ›O dass wir doch Allah gehorcht hätten und gehorcht dem Gesandten‹. Und sie (die verführten Massen) werden sprechen: ›Unser Herr, wir gehorchten unseren Häuptern und unseren Großen, und sie führten uns irre, ab von dem Weg. Unser Herr, gib ihnen verdoppelte Strafe und verfluche sie mit einem gewaltigen Fluch.‹« (33:65–69)

Sicherlich dürfen wir diese Frage-Antwort-Situation nicht im wortwörtlichen Sinne verstehen. Sie entspricht nur dem, was diejenigen bewegt, die sich im Grab in einem Zustand der Hölle wiederfinden. Genausowenig ist wörtlich zu nehmen, wenn der Koran die Art der Kommunikation zwischen den Himmel- und den Hölle-Bewohnern als ein Sprechen mit der Zunge schildert. Es geht hier vielmehr darum, dass die Menschen im Grab nicht isoliert und abgeschottet sein werden, sondern fähig, sich mit den Problemen oder Freuden, denen sie sich gegenübersehen, auseinanderzusetzen. Was auch heißt, dass sie sich Gedanken über den Zustand von Verwandten und Freunden machen werden. Dies betrifft sowohl die Zustände des Vorgeschmacks auf die Enthüllung des Paradieses in seiner Vollkommenheit als auch die Ahnung von unsäglichem Leid dessen, der sich die Hölle verdient hat. Es betrifft das jeweilige Dasein im Barsakh und erst recht das Leben in Glückseligkeit im endgültigen Paradies selbst bzw. die selbstverschuldeten Schmerzen, die nach der Auferstehung den Höllenbewohnern in vollem Maße widerfahren. Hierzu sagt Allah im Koran:

»Und einige von ihnen (d.h. den Paradiesbewohnern) werden sich an die andern wenden, sich wechselseitig befragend. Einer ihrer Sprecher wird sagen: ›Ich hatte einen Gefährten, der zu fragen pflegte: ›Hältst du tatsächlich (die Auferstehung) für wahr?

Wenn wir tot sind und Staub geworden und Gebeine, soll uns dann wirklich vergolten werden?‹ Er (d.h. Gott) wird fragen: ›Wollt ihr (ihn) schauen?‹ Dann wird er (d.h. der Sprecher) schauen und ihn inmitten des Feuers sehen. Er wird sprechen: ›Bei Allah, beinahe hättest du mich ins Verderben gestürzt. Und wäre nicht die Gnade meines Herrn gewesen, ich hätte sicherlich zu denen gehört, die (zum Feuer) gebracht werden. Ist es nicht so, dass wir nicht sterben werden, außer unseren ersten Tod? Wir sollen nicht bestraft werden. Wahrlich, das ist die höchste Glückseligkeit. Für solches wie dies denn mögen die Wirkenden wirken.‹« (Sure 37, Verse 51–62)

An anderer Stelle im Koran ist ein Zwiegespräch zwischen Gläubigen und Heuchlern übermittelt. Hierbei ist es wichtig zu wissen, dass dem Islam zufolge die Heuchler, also Gläubige, die ihren Glauben nur vortäuschten, im tiefsten Feuergrunde sein werden, also schlimmerer Bestrafung anheimfallen als die Ungläubigen. In Sure 57, Verse 13–16, heißt es dazu:

»Und (gedenke) des Tags, da du die gläubigen Männer und die gläubigen Frauen sehen wirst, indes (die Strahlen) ihres Lichts vor ihnen und zu ihren Rechten hervorbrechen: ›Frohe Botschaft euch heute! – Gärten, durch die Ströme fließen, darin ihr weilen werdet. Das ist die höchste Glückseligkeit.‹ Am Tage, wenn die Heuchler und die Heuchlerinnen zu den Gläubigen sagen werden: ›Wartet auf uns! Wir wollen ein wenig von eurem Licht borgen‹, da wird (zu ihnen) gesprochen werden: ›Kehret zurück und suchet (dort) Licht.‹ Dann wird zwischen ihnen eine Mauer errichtet werden mit einem Tor darin. Ihre Innenseite wird Barmherzigkeit sein und ihre Außenseite Strafe. Sie werden jenen (Gläubigen) zurufen: ›Waren wir nicht mit euch?‹ Jene werden antworten: ›Doch, aber ihr versuchtet euch selber und wartetet und zweifeltet, und die eitlen Wünsche betörten euch, bis Allahs Befehl kam. Und der Betrüger belog euch über Allah. So soll heute kein Lösegeld von euch angenommen werden, noch von den Ungläubigen. Euer Aufenthalt ist das Feuer; das ist euer Hort. Und eine schlimme Bestimmung ist es.‹«

5

Die Beschaffenheit des Jenseits

In der Geschichte des Islam hat es bis heute immer wieder Diskussionen darüber gegeben, ob die Beschaffenheit des Jenseits materieller oder spiritueller Natur ist. Vertreter der wörtlichen Auslegung des Korans gehen dabei von einer Wiederauferstehung des Fleisches aus und schließen deshalb auf sinnliche Freuden und Vergnügungen, die den Paradiesbewohnern zuteil werden, bzw. leibliche Qualen in der Hölle.

In der Tat aber spricht der Koran in Sure 21 Vers 103 nicht von Freuden oder Leiden des Fleisches, sondern von einem geistigen, seelischen Zustand im Jenseits, wenn er über die Paradiesbewohner sagt:

»Sie werden nicht den leisesten Laut davon (d.h. von den Klagenden in der Hölle) hören, während sie in dem verweilen, was ihre Seelen begehren.«

Zwar heißt es über den Tag der Auferstehung, dass er eine »Wiederkehr« sei, und des öfteren spricht der Koran von »Versammlung« der Toten, wie zum Beispiel in der Sure 4 Vers 88:

»Allah – niemand ist anbetungswürdig außer Ihm. Er wird euch weiter versammeln bis zum Tage der Auferstehung, über den kein Zweifel ist. Und wer ist wahrhafter in der Rede als Allah?«

Aber was hier mit »Versammeln der Toten« bezeichnet wird, ist eine Versammlung der Ergebnisse dessen, was die Menschen in ihrem irdischen Leben getan haben und was sich in der Seele des Menschen manifestiert hat. Es ist kein Wiedererschaffen des Gestorbenen in seinem alten Körper aus Fleisch und Blut, so dass er imstande wäre, innere Zustände zu verdecken, etwa, indem er eine Unschuldsmiene zur Schau stellt, während er innerlich Übles plant. Durch die äußere Form lässt sich ja vieles verbergen, denn der Mensch verfügt über die Fähigkeit, zu verdrängen, und dies so weit, bis er selbst meint, Gutes getan zu haben, während es doch Böses war. So heißt es:

»Satan ließ ihnen ihre Werke wohlgefällig erscheinen und machte sie abwendig von dem Pfad, wiewohl sie gute Beobachter waren.« (29:39)

Und:

»Ist etwa der, dem das Böse seines Tuns schön gemacht wird, so dass er es für gut ansieht (rechtgeleitet)?« (35:9)

Erst wenn der Mensch der Masken beraubt wird, mit denen er sich tarnte und so betrog, dass er mit der Zeit Falsches für wahr hält, erst wenn sein Leib ihm nichts mehr einflüstern kann, wenn ihm die Leidenschaften, die ihm in Fleisch und Blut übergegangen sind, gezeigt werden und er sich seines Inneren, seiner Seele, bewusst wird, können ihm Weg und Irrweg klar werden. Im Koran heißt es dazu:

»Und: ›Scheidet euch heute (von den Gerechten), o ihr Schuldigen. Habe Ich (d.h. Gott) euch nicht geboten, ihr Kinder Adams, dass ihr nicht Satan dienet – denn er ist euch ein offenkundiger Feind –, sondern dass ihr Mir allein dienet? Das ist der gerade Weg. Und doch hat er eine große Menge von euch irregeführt. Hattet ihr denn keine Einsicht? Das ist die Hölle, die euch angedroht ward. Betretet sie denn heute, darum dass ihr ungläubig wart.‹ An jenem Tage werden Wir ihre Münder versiegeln, jedoch ihre Hände werden zu Uns sprechen, und ihre Füße werden alle ihre Machenschaften bezeugen.« (36:61–66)

In der Nacktheit seiner Seele kann sich der Mensch nicht mehr schönreden oder mit faden Entschuldigungen herausreden; sein Mund wird versiegelt sein. Aber ihm werden die Folgen seines Tuns kundgetan, das, was der Mensch mit seinen Händen (im weitesten Sinne: wozu er sich oder anderen den Auftrag zum Handeln erteilte) vorausschickte, wird Zeuge für seine Versäumnisse und sein sündhaftes Betragen sein; und die Füße des Menschen, d.h. die Ergebnisse seines Lebenswandels, werden bezeugen, wohin er ging und warum, und wohin er nicht ging und warum.

Oder, wenn in Sure 50, die in Mekka offenbart wurde, von neuem Leben oder beispielsweise der Wiederkehr des alten Lebens gesprochen wird, dann ist dies Ausdruck dafür, dass das, was während der Lebensspanne eines Menschen geschieht, nicht spurlos verschwunden ist, sondern sich in einem feinstofflichen Bereich über den Tod hinaus äußert, aufbewahrt bleibt und Konsequenzen nach sich zieht; es ist aber nicht Ausdruck davon, dass das Leben quasi auf seine alte Weise fortfährt (denn dies widerspräche der Idee von der Rechenschaft, die auf dem Prinzip der Gerechtigkeit fußt: Der Mensch kann nicht akzeptieren, dass Böses ungesühnt bleibt und Gutes keine Belohnung erhält):

»Aber sie staunen, dass zu ihnen ein Warner gekommen ist aus ihrer Mitte. Und die Ungläubigen sprechen: ›Das ist eine wunderliche Sache. Wie! wenn wir tot sind und zu Staub geworden (sollen wir wieder zum Leben erweckt werden)? Das ist eine Wiederkehr von weither.‹ Wir wissen wohl, was die Erde von ihnen verzehrt, und bei Uns ist ein Buch, das alles aufbewahrt.« (50:3–5)

Lange vor der Erkenntnis der Wissenschaft, dass Energie nicht verlorengeht, sondern sich nur umwandelt, stellt der Koran fest, dass die Handlungen des Menschen eine Prägung bewirken und hinterlassen; sie bleiben im Wesen des Menschen haften, es sei denn, sie werden, etwa durch einen Akt der Vergebung, ausgelöscht. Dazu heißt es:

»Und einem jeden Menschen haben Wir seine Werke an den Nacken geheftet; und am Tage der Auferstehung werden Wir ihm ein Buch vorlegen, das er entsiegelt finden wird.« (17:14)

Mit dem »Nacken« (wörtlich: Vogel) ist jener Bereich des menschlichen Bewusstseins gemeint, der durch das Tun des Menschen in Mitleidenschaft gezogen wird. Er mag ihm aus dem Gedächtnis entschwinden wie ein Vogel, der, nachdem er etwas tat, auf- und davonfliegt, aber die Wirklichkeit des Geschehens kann nicht geleugnet werden. Sie ist und bleibt vorhanden, es sei denn, eine Gegenwirkung löscht sie aus, wie es beim Akt des Verzeihens und der Vergebung geschieht. Eine Tat mag auch in das

Unterbewusstsein eines Menschen »fliegen« und sich dort ablagern und ähnlich einer Batterie Impulse senden oder Beeinträchtigungen in der vordergründigen Welt des Menschen zustande bringen, ohne dass der Mensch sich der Ursache dieser Widrigkeit bewusst sein mag. Aber fraglos ist, dass der Mensch mit den Folgen seines Tuns leben und sich dem, was daraus entsteht, stellen muss, dass also seine guten bzw. bösen Taten durch zwei »Engel« aufgezeichnet werden (die, was das Gute betrifft, zu seiner Rechten, und was das Böse betrifft, zu seiner Linken sitzen und alles, was er tut oder worauf er reagiert in einem »Buch« festhalten (vgl. Sure 82:11–13).

Nun ist es eine merkwürdige Vorstellung, unsichtbar befänden sich bei jedem Menschen zwei Wesen, die in einem Buch aus Papier oder Pergament tatsächlich aufschreiben, was in jeder Sekunde einem Menschen geschieht, was er sagt und tut, wie er sich bewegt, wie Zorn in ihm aufsteigt oder Sehnsucht, Wut oder das Gefühl der Barmherzigkeit etc. Eine solche Vorstellung ist märchenhaft und widerspricht dem, was die Menschheit von der Beschaffenheit der Natur (ihrer eigenen wie der ihn umgebenden) durch Forschung erfahren hat. In wissenschaftlichen Kreisen wird es als Tatsache angesehen, dass es neben den uns landläufig bekannten vier Dimensionen des Raum-Zeit-Kontinuums mindestens 17 weitere Dimensionen gibt, die jedoch nicht im Äußeren existieren, sondern in den Räumen des Inneren, d.h. sie haben keine materielle Konsistenz. Wir sehen leicht, dass unser Bewusstsein, also unser Denken beispielsweise, unsichtbar ist und dennoch in der Lage, große Raum- oder Zeitentfernungen zu begreifen oder zu durchdringen. Wie aber können diese Vorgänge im Rahmen der Materie festgehalten oder sichtbar gemacht werden? Jede Umsetzung eines Gedankens in eine materielle Form ist nur eine Annäherung. Das Bild, das ein Künstler in sich sieht, wird auf eine Weise wiedergegeben, die seiner Möglichkeit, es Form und Farbe annehmen zu lassen, entspricht. Aber das, was das Bild trägt, was ihm als Eindruck vorausging, kann sich nur, bestenfalls, im Bewusstsein des Betrachters ergeben, nicht aber unmittelbar im Greifbaren des auf materieller Ebene bestehenden Bildes. Form und Farbe, die ein im Künstler zustande gekommenes Bild in der Außenwelt wiedergeben, sind nur Medium, Mittler, nicht aber jene Wirklichkeit, die im Künstler als Idee ihren Ausgang nahm.

Allah sagt von sich, dass er die Eigenschaft des Bildens hat (Al-Musawwir, Sure 59:25), und jeder Mensch ist auf gewisse Weise ein Bildner, indem er mit seinen Augen etwas zeichnet, das ihm nicht nur zum körperlichen, sondern auch zum geistigen Sehen verhilft. Die Wahrnehmung der Menschen mag sehr unterschiedlich sein. Wenn zwei Menschen auf ein und dasselbe Bild schauen, wird wahrscheinlich in beiden eine unterschiedliche Wahrnehmung, d.h. Zeichnung des Außen, ein Abtasten und Aufnehmen stattfinden, das sich somit auch auf unterschiedliche Weise beim Versuch, es wiederzugeben, äußert. Dies ist bekannt aufgrund der unterschiedlichen Bewertung von Kunstwerken.

Wenn Allah nun sagt, dass sein Zorn auf diejenigen fällt, die ihre Vernunft nicht gebrauchen (10:100), dann ist daraus zu schließen, dass vernunftwidrige Vorstellungen nicht mit dem Koran zu vereinbaren sind. Die Vernunft lehrt uns, dass die Beschaffenheit unseres Wesens nach unserem Tode, wenn wir akzeptieren, dass unser Geist dann nicht einfach aufhört zu sein, sondern sich wie alle andere Energie auch umwandelt, nicht an unseren Körper aus Fleisch und Blut gebunden sein kann, denn Fleisch und Blut vergehen und werden zu Erde. Das aber, was noch von uns vorhanden ist, muss dann eine »Form« haben, die nicht mit Materie, wie sie in der hiesigen Welt vorhanden ist, verbunden ist. Der Koran sagt dazu:

»Wir haben bei euch den Tod verordnet, und Wir können nicht daran gehindert werden, dass Wir an eurer Stelle andere bringen gleich euch und dass Wir euch in einen Zustand entwickeln, den ihr nicht kennt.« (Sure 56 Verse 61,62)

Demzufolge sagt der Prophet Mohammed über den Zustand des jenseitigen Paradieses:

»Kein Auge hat die Wonne des Himmels gesehen, noch das Ohr

sie gehört, noch hat die menschliche Vorstellungskraft sie erfasst« (aus der Hadith-Sammlung des Bukhari).

Dies entspricht der Aussage des Korans:

»Doch niemand weiß, was für Augenweide für sie (d.h. die wahrhaft Gläubigen) verborgen ist als Lohn für ihre Taten.« (32:18)

Schon aus den hier angeführten Zitaten geht hervor, dass das Jenseits, ob Hölle oder Paradies, nicht von materieller Natur sein kann. Unsere Wahrnehmungsfähigkeiten und Sinne, mit denen wir auf der Erde leben, haben bestimmte, für die Erkundung unseres Universums festgelegte Kapazität. Sie sind nicht in der Lage, sich konkret darüber hinaus zu orientieren. Jene Bereiche, die wir mit »Jenseits« bezeichnen, sind nur als Schlussfolgerung ahnbar, aber nicht direkt erfahrbar. Eine Raupe kann nicht fliegen wie ein Schmetterling. Zwar vermögen wir in der Folge von religiösen Erfahrungen zu glauben, dass es ein Leben nach dem Tode gibt (oder aber auch aufgrund von naturwissenschaftlichen Erkenntnissen), aber es ist uns auf Erden nicht tatsächlich möglich, dieses Leben vollständig zu begreifen. Das Jenseits befindet sich außerhalb der uns zur Verfügung stehenden vier Dimensionen dieser Welt. Daraus ergibt sich auch, dass wir im Jenseits anders beschaffen sein werden. Da es anders beschaffen ist als unser Raum-Zeit-Kontinuum, müssen auch unsere Wahrnehmungsorgane dort von anderer Natur sein. Ein Sehen oder Nicht-Sehen, Hören oder Nicht-Hören etc. dort wird nicht durch materielle Augen, Ohren etc. geschehen. Der Koran spricht deswegen vom Jenseits tatsächlich in Gleichnissen. In Sure 47 Vers 16 heißt es beispielsweise:

»Ein Gleichnis von dem Paradiese, den Rechtschaffenen verheißen: Darin sind Ströme von Wasser, das nicht verdirbt, und Ströme von Milch, deren Geschmack sich nicht ändert, und Ströme von Wein, köstlich für die Trinkenden, und Ströme geläuterten Honigs. Und darin werden sie Früchte aller Art haben und Vergebung von ihrem Herrn.«

Das arabische Wort, das hier mit »Gleichnis« übersetzt wurde, heißt »mathal« und bedeutet »Beispiel«. Daraus ist klar ersichtlich, dass wir es nicht mit einer buchstäblichen Beschreibung des Paradieses hier zu tun haben. Dies würde ja auch dem vorhin zitierten Vers, demzufolge niemand weiß, welche Augenweide im Paradies verborgen ist, widersprechen. Und im Koran wird, wie oben schon erwähnt, ausdrücklich betont, dass der Koran frei von Widersprüchen ist. (4:83)

Wäre die Beschreibung wortwörtlich zu verstehen, müssten wir es im Paradies mit einer anderen Form von Erde zu tun haben als jener, in der wir uns mit unserem leiblichen Körper aufhalten, da die Bedingungen für bestimmte Produkte der Natur wie Wasser und Milch, die in diesem Vers erwähnt werden, von jenen abweichen, die wir im Diesseits vorfinden. Ausdrücklich ist davon die Rede, dass das Wasser im Paradies nicht verdirbt und dass seine Milch ihren Geschmack nicht verliert, d.h. nicht sauer wird. Über den Wein des Paradieses wird an anderer Stelle im Koran (56:20) gesagt, dass er keine Kopfschmerzen hervorrufen und nicht berauschen wird, gleich, wie viel man von ihm trinkt. All dies trifft jedenfalls nicht auf die irdische Beschaffenheit dieser Getränke zu.

Dennoch glaubt der bei weitem überwiegende Teil der Muslime an ein materielles Paradies, obwohl die Aussage, dass Allah im Koran vom Paradies nur in metaphorischer Form spricht, im folgenden Vers wiederholt wird:

»Das Bild des Himmels, den Gottesfürchtigen verheißen: Ströme durchfließen ihn, seine Frucht ist immerwährend wie sein Schatten. Das ist der Lohn derer, die rechtschaffen sind; und der Lohn der Ungläubigen ist das Feuer.« (13:36)

Früchte nun, wie wir sie in dieser materiellen Welt kennen, haben die Eigenschaft, dass sie nach einiger Zeit verfaulen, und Schatten ist vom Stand der Sonne abhängig. Allein daraus schon können wir sehen, dass der Eingang dieses Vers, d.h. dass vom Himmel auf bildhafte Weise gesprochen wird, auch auf den Zustand der Belohnung im Paradies, also Früchte und erholsamer Schatten, zutrifft. Dieser Vers kann nicht umgedeutet werden auf eine Art, die uns an eine materielle Belohnung denken lässt.

Auf die stets jungfräulichen Gattinnen der Paradiesbewohner (56:37) und die Jünglinge, »die nicht altern« (56:18), welche den Einwohnern des Paradieses aufwarten, werden wir, was die Interpretation dieser Metaphern betrifft, später zu sprechen kommen.

Wenden wir uns nun dem zu, was der Koran über die Bestrafung in der Hölle aussagt. Einige Kritiker und Satiriker haben die Grausamkeit eines Gottes angeprangert, der in der Hölle auf ewig die Sünder furchtbaren körperlichen Qualen aussetze. Sie haben sich dabei auf eine Stufe mit den unvernünftigen Predigern des Islam gestellt, die tatsächlich mit dem des Menschen Haut und Fleisch verbrennenden Feuer der Hölle drohen. Aber eine genauere Betrachtung des Korans zeigt, dass es völlig absurd ist, von solchen körperlichen Strafen auszugehen.

Zum einen hat Gott alles, was er geschaffen hat, sinnvoll und zu einem bestimmten Zweck geschaffen. Der entsprechende Eigenschaftsname Gottes lautet: Dhul-Waqar, d.h. Der Besitzer von Würde und Ruhe; Der alles mit Verstand und zur Erfüllung eines gewissen Zweckes Machende. Dazu heißt es im Koran:

»Glaubtet ihr denn, Wir hätten euch in Sinnlosigkeit geschaffen, und dass ihr nicht zu Uns zurückgebracht würdet?« (23:116)

Nach dem Koran besteht die Aufgabe des Menschen und der Sinn seines Lebens darin, Gott zu dienen (51:57), d.h. sich mit seinen Eigenschaften zu »färben«. Konkret bedeutet das, dass der Mensch auf die ihm mögliche Weise die göttlichen Eigenschaften in seinem Leben umsetzen soll. Gottes Weg ist es, den Menschen, der es will, aus den Finsternissen zum Licht zu führen (2:258), d.h. zur Erkenntnis, zum Verstehen und zur Ausübung seiner Fähigkeit zu lieben, zu geben, zu verzeihen und sich zu überwinden etc. Da Gott unendlich ist, sind auch die Grade der Vereinigung (5:36) mit ihm unendlich. Es wäre eine Verneinung all dessen, wenn mit dem Tode und folglich dem Beginn des weiterführenden Lebens in einer anderen Dimension die Evolution des Menschen, welche geistiger Art ist, aufhörte.

Sicherlich haben jene Menschen, die sich einer Veränderung ihrer Eigenschaften zum Guten hin widersetzen, sich ihren niederen Leidenschaften hingeben und nicht nach Höherem Ausschau halten, mit dem Augenblick des Todes ihre Chance verwirkt (und es wird, dem Islam zufolge, keine zweite geben, weil der Koran, wie auch die Vernunft, die Idee der Wiedergeburt verwirft). Und mit dem Tode treten, wie dargelegt, jene Umstände im Leben eines Menschen ein, die Konsequenz und Folgerung seines diesseitigen Aufenthaltes sind, was eben auch andauernde, langwährende, schier ewige Bestrafung sein mag.

Aber der Sinn einer Bestrafung besteht doch darin, dass der Schuldige durch die Strafe verstehen und einsehen lernt, was er besser machen soll, also letztlich in der Läuterung eines Menschen; darin, dass der Mensch begreift, wenn auch durch großes Leiden, was er falsch gemacht hat und warum er es falsch gemacht hat.

Der Koran wurde »Im Namen Allahs, des Gnädigen, des Barmherzigen« offenbart, und diese Eingangsformel, die einem Hadith zufolge einen Schutz vor dem Feuer darstellt, steht jeder Sure voran, mit Ausnahme der 9., die eine Fortsetzung der 8. ist. Wie also ließen sich die Eigenschaften Gottes, barmherzig und gnadenreich zu sein, mit einer Rachsucht vereinbaren, der es nur darauf ankommt, dass derjenige, der sich schuldig gemacht und gesündigt hat, ohne Aussicht auf Erlösung schrecklichsten Schmerzen ausgesetzt bleibt? Diejenigen, die an dieser Vorstellung von Hölle festhalten, leugnen zudem die Eigenschaft Allahs, die in seinem attributiven Namen »Al-Ghafur«, d.h. der stets Verzeihende, zum Ausdruck kommt.

Betrachten wir nun den Koran hinsichtlich seiner grundsätzlichen Aussagen über die Beschaffenheit der Hölle, so finden wir für sie Vergleiche wie:

»Wir haben die Hölle zu einem Gefängnis gemacht für die Ungläubigen«. (17:9)

Und:

»Sie sollen die Hölle als Pfuhl haben und als Decke über sich. Also belohnen Wir die Ungerechten.« (7:42)

Und:

»Die aber, die nicht auf die Begegnung mit Uns hoffen und zufrieden sind mit dem Leben in dieser Welt und sich dabei beruhigen, und die Unserer Zeichen achtlos sind – sie sind es, deren Wohnstatt das Feuer ist, um dessentwillen, was sie sich erwarben.« (10:8–9)

In einem weiteren Vers wird die Hölle auch als »Gaststätte« (18:103) bezeichnet (arabisch: nudhula, d.h. ein Ort, der am besten für jemanden, entsprechend seinen Umständen, geeignet ist), und trotz der bilderreichen Ausmalung aller Schreckensereignisse, die auf jene zukommen, die ihr Leben vergeudet haben, bleibt doch die Aussage des Korans unzweifelhaft, dass es sich bei den unterschiedlichen Stadien und Stufen der Hölle nicht um physisch erfahrbare Qualen handelt, sondern dass sie sich vielmehr auf die seelischen Qualen der Gottesferne beziehen. Wie sonst ließen sich die Aussagen wie »Gefängnis«, »Pfuhl«, »Wohnstatt« und »Gaststätte« verstehen, die eine metaphorische Bedeutung haben müssen, da sie allesamt, welchen ihrer Aspekte wir auch annehmen wollten, mit einem Begriffspielraum einhergehen, den wir aus unserer irdischen Umgebung her verstehen und kennen.

Wenn, was nicht bezweifelt werden kann, der Körper nach dem Tode sich in Staub auflöst und somit die Seele ihres irdischen Gefäßes beraubt ist, und wenn wir annehmen, dass diese Seele ja irgendwo sein muss und somit auch gewisse Empfindungen, die sie ja auszeichnen, erleben wird, bleibt uns keine andere Schlussfolgerung als die, dass jener Bereich, der im Koran und in den Hadithen als »Grab« (Barsakh) bezeichnet wird, von anderen als von materiellen Zuständen kündet.

Materie und Geist sind, auch wenn sie sich im Leben auf der Erde in einander bedingenden, ergänzenden oder auch in jeweils – so oder so – den einen oder anderen Zustand überwindenden Wechselbeziehungen befinden, in ihrer Wirkung möglicherweise losgelöst voneinander. Es ist möglich, beispielsweise Schmerzen durch Konzentration auf das geistige Element auszuschalten. Es ist eine Tatsache, dass der Trauernde, dem der Verlust eines geliebten Menschen nahe geht, das Interesse an Dingen wie Essen oder Trinken verliert. Es ist auch möglich, dass die Seele eines Menschen, also das, was ihn weinen oder lachen macht, überschattet wird von materiellen Bedürfnissen, so dass sie sich in einer »Nacht« befinden mag (wie die Mystiker des Islam es bezeichnet haben). Kurzum, wir wissen aus eigener Anschauung und Erfahrung, dass beide, seelische und materielle Zustände existieren und nicht immer miteinander verbunden sein müssen.

Wenn nun der eine Bereich, im Falle des Todes der materielle, nicht mehr konkret vorhanden ist, befindet sich das, was wir Seele nennen, möglicherweise in großer Verwirrung, in großer Angst oder auch großer Freude. Aber es ist ihr nicht möglich, sich an Materielles zu klammern. Sie erlebt die Auswirkungen materiellen Missbrauchs oder der Überwindung von Abhängigkeiten, was materielle Bedürfnisse betrifft (etwa beim Fasten), aber das, was sie geprägt hat, steht nun nicht mehr zur Verfügung, weil das Instrument, das diese Bedürfnisse wahrnahm und durch sie geprägt ist, der Körper mithin, nicht mehr vorhanden ist.

Also ist all das, was dem Menschen nach dem Tode zukommt, zwar durch die Auswirkungen seines irdischen Lebens beeinflusst bzw. geprägt, aber es ist getrennt von der Substanz, die ihn bestimmte oder die er, durch hohe Moral und eine Spiritualisierung bis hin zur Transzendierung des Materiellen, in Schranken hielt oder überwand.

Nichts anderes sagen die Koran-Verse, die ich zitierte, um nachzuweisen, dass das Leben nach dem Tode geistiger Natur ist.

Bleibt indes die Frage, wie der Mensch dann, wenn er wie die gesamte Menschheit zur »Auferstehung« geführt wird, sein altes Gewand, den Körper aus Fleisch und Blut, zurückerhält. Die Vorstellung, es entstünden von Neuem die alten Knochen, umgeben von Fleisch und Blut, würde die absurde Situation einschließen, dass etwa ein Heiliger oder Mystiker, der sein ganzes Leben lang gegen seine fleischlichen Begierden angekämpft hat, sich in seinen betagten Leib zurückversetzt sieht und somit weiterhin den unangenehmen Begleiterscheinungen des irdischen Lebens ausgesetzt ist. Er, der kein Interesse mehr an materiellen Dingen hat, bekäme als Belohnung für seine Anstrengungen körperliche Freuden anstelle jener seelischen, die er erstrebte. Ein materieller Körper bedeutet ja auch, dass man verdauen und ausscheiden und sich waschen muss, dass man bestimmte, durch das Körperhafte bedingte Veränderungen an sich vornehmen muss (etwa Fuß- und Fingernägel und Haare schneiden oder entfernen) und zudem weiterhin jene beflügelnden Erfahrungen eingeschränkt sind, die er, etwa im Gebet, auf Erden schon ansatzweise machte, deren vollkommene Schönheit aber nur ohne einen materiellen Körper möglich ist: Überwindung von Raum und Zeit, Begegnungen der Liebe und Freundschaft, die nicht körperlich sind, Visionen, Wahrträume, intensive Erfahrungen von Gottesnähe oder gar einer gewissen Vereinigung mit Gott, sowie all jene Erlebnisse von Größe und Ekstase, in denen, grundsätzlich gesehen, der Leib hinderlich ist.

Dies zu begreifen mag jemandem schwer fallen, der nicht selbst derlei Erfahrungen gemacht hat, obwohl jeder Mensch auf begrenzte Weise durch seine Träume davon Kenntnis hat, dass es körperlose Bereiche gibt, die von überwältigender Stärke und Schönheit, aber auch voller Schrecken und Hässlichkeit sind. Neben jenen unbeschreiblichen Zuständen der Glückseligkeit, die der Gläubige im Diesseits in seinem Gottesdienst erleben kann, sei es durch Gebet, anrührendes Mitleiden, Geben und Spenden, Freude bereiten, Leiden tilgen und jenen herausfordernden Erfahrungen körperlichen Leidens, der Schmerzen von Krankheit, Hunger oder Durst wie auch ihrem seelischen Äquivalent, der tiefsten Verzweiflung, dem verzehrenden Hass und der suchtähnlichen niederen Leidenschaft, die uns unseren Leib als überwindbar oder Hindernis erkennen lassen, werden uns bisweilen Erfahrungen zuteil, die auf ein höheres Bewusstsein, eine nicht-leibliche Tiefe der Erfahrung aufmerksam machen.

Hier ist also von Offenbarungen, Visionen und Wahrträumen die Rede, d.h. Mitteilungen außersinnlicher Art (wenngleich sie durch die – allerdings verfeinerten – Sinne wahrgenommen werden), die von Menschen aus allen Religionen immer wieder bezeugt wurden und werden. Jedoch stammt nicht jede außergewöhnliche Erfahrung aus der spirituellen Welt. Wir kennen auch pseudo-mystische Erlebnisse, die durch den Einfluss von Drogen oder einer Übersteigerung und Erhitzung der Wahrnehmungsfähigkeiten entstehen. Um echte und künstliche Erfahrungen voneinander zu unterscheiden, ist zu berücksichtigen, dass wahrhafte mystische Erfahrungen in der Regel Menschen zufallen, die sich durch ein außergewöhnlich demütiges, ehrliches und moralisch überragendes Leben auszeichnen, während Drogenerfahrungen und ähnliches zumeist durch Fehlleitungen im Gehirn bestimmt sind. Indes lässt sich nicht leugnen, dass die Religionsgeschichte, zumal die des Islam, von einer Fülle erleuchtender und auch prophezeiender Visionen und Offenbarungen (von Gebetserhörung ganz zu schweigen) durchdrungen ist, die, was ihr Eintreffen und ihre Aussagen betrifft, Beweiskraft haben.

Kurzum, das Vorhandensein von Zeugnissen solcher übersinnlicher Wahrnehmungsebenen, für die die Welt des Traums, die jedem Menschen zugänglich ist, exemplarisch stehen mag, lässt die Schlussfolgerung zu, dass es eine Welt oder mehrere Welten jenseits des körperlich bedingten Erlebens gibt. Wenn wir zudem sehen wollten, dass Gott keinen Körper aus Materie hat, dass Gott Geist ist und nicht eingrenzbar oder fixierbar auf irgendeinen Ort in unserem Raum-Zeit-Kontinuum, dass Gott aber im Koran die Absicht geäußert hat, den Menschen in einen Zustand der Vereinigung mit Gott zu setzen (5:36), dass Gott auch erklärtermaßen die an ihn Glaubenden aus den Finsternissen zum Licht führt (2:258), wobei Licht (arabisch: Nuur) im Koran ein Attribut Gottes ist, dann fällt es uns leicht festzustellen, dass diese höhere Form der geistigen Evolution des Menschen, jene höheren Bewusstseinsstufen, die dem Menschen beschieden sein können, spiritueller Natur sein müssen, so dass die Vorstellung von einem materiellen Paradies oder einer materiellen Hölle unsinnig und irrational erscheint.

Der Heilige Prophet Mohammed sagte einmal auf die Frage einer alten Frau, ob denn auch Alte ins Paradies kämen: »Nein!« Als die alte Frau sich geschockt zeigte, lächelte er und setzte hinzu, dass sie im Paradies wieder jung wäre.

Daraus geht hervor, dass wir am Tage der Auferstehung, falls wir alt geworden sind auf Erden, nicht mit unserem gebrechlichen, von Krankheit und Greisentum geschwächten Körper wiedererweckt werden, sondern eben in einem Zustand der Seele, der die Prägungen, die uns durch unser Tun und Lassen auf Erden geschahen, erhält, die uns zum Beispiel auch als geistig jung erscheinen lassen.

Nun ist die Vorstellung von einem rein geistigen Dasein unverständlich, wenn wir in Betracht ziehen, dass wir stets nur durch Mittler (etwa unsere Sinne) wahrnehmen. Allah sagt im Koran, dass unser Zustand im Jenseits unserem Zustand im Diesseits auf gewisse Weise gleicht:

»Wer aber blind ist in dieser Welt, der wird auch im Jenseits blind sein und weit abirrend vom Weg.« (17:73)

Und:

»Und bringe frohe Botschaft denen, die glauben und gute Werke tun, dass Gärten für sie sind, durch die Ströme fließen. Wann immer ihnen von den Früchten daraus gegeben wird, werden sie sprechen: ›Das ist, was uns zuvor gegeben wurde‹, und (Gaben) gleicher Art sollen ihnen gebracht werden. Und sie werden darin Gefährten und Gefährtinnen haben von vollkommener Reinheit, und darin werden sie weilen.« (2:26)

Wäre die Beschaffenheit des Jenseits materiell und würden die Früchte, die den Paradiesbewohnern gereicht werden, von materieller Substanz sein, wäre daran nichts Besonderes, zumal keine Verbesserung der irdischen Situation, eine Erhöhung des Genusses, eine das Irdische übertreffende Bewusstseinserweiterung damit verbunden wäre. Menschen, die im Diesseits Früchte wie Apfel, Birne, Weintraube oder Mango in Hülle und Fülle hatten, würden ebensolche Früchte erneut schmecken; kein Unterschied wäre zwischen Diesseits und Jenseits.

Allah aber erklärt in Sure 56 Verse 61 bis 63:

»Wir haben bei euch den Tod verordnet, und Wir können nicht daran gehindert werden, dass Wir an eure Stelle andere bringen gleich euch und dass Wir euch in einen Zustand entwickeln, den ihr nicht kennt. Und ihr kennet doch gewiß die erste Schöpfung. Warum also wollt ihr euch nicht besinnen?«

Daraus geht hervor, dass es eine »erste Schöpfung« gibt, das Diesseits, und eine zweite, die erst im Jenseits zur vollkommenen Entfaltung kommt. Sie wird auf gewisse Weise der ersten ähneln, eine Entsprechung zu ihr sein, aber sie wird sich substantiell von der ersten unterscheiden, weil die Menschen dort in einem Zustand sein werden, den sie im Diesseits nicht kannten.

Nehmen wir das Wort »Früchte« aus Vers 2:26 aber metaphorisch auf, so dass mit ihnen »Früchte der Arbeit« beispielsweise gemeint sind, oder jene Früchte, von denen Jesus sagte, dass wir an ihnen die Rechtschaffenen erkennen werden, dann hebt sich der sonst unauflöslich erscheinende Widerspruch auf.

In diesem Sinne genießen wir, so uns die Gnade des Paradieses zuteil wird, im Jenseits die guten Früchte von Selbstbeherrschung, Geduld, Demut, uneigennütziger Liebe, selbstlosen Gebens etc., oder aber, wenn die Hölle unser Los sein sollte, die schlechten Früchte von Wut, falschem Stolz, Gier, Neid etc.

Aber es bleibt noch die Frage, auf welche Art wir diese Früchte und andere Versorgung, die uns im Jenseits gewährt werden mag, aufnehmen können. Es ist so, wie vorhin erwähnt, dass wir zur Erkenntnis und Erfahrung auf unsere Sinne angewiesen sind. Wenn wir ihren Sitz, den Körper, verlieren, muss irgendetwas an ihre Stelle treten, etwas, durch das wir kommunizieren und erfahren können, durch dessen Vermittlung unsere Seelen »spüren«. Dass die Beschaffenheit dieses »neuen Körpers« geistiger Natur sein muss, haben wir hinlänglich beschrieben. Der Mahdi und Messias des Islam, Mirza Ghulam Ahmad, beschreibt diesen neuen Körper als die gesammelten Taten des Menschen, die eine gewisse Form annehmen werden und sozusagen eine Hülle für die eigentliche Seele sind. Er sagt weiter:

»Mannigfaltige Beweise führen dazu, dass, wie auch der Islam lehrt, die vollkommene Entfaltung der Seele davon abhängt, dass sie eine immerwährende Verbindung mit einem Körper erhält. Ohne Zweifel besteht keine Verbindung der Seele mehr mit dem irdischen Körper nach dem Tode, aber in Barsakh bekommt jede Seele vorübergehend einen neuen Körper, um sie einigermaßen die Belohnung oder die Strafe für ihre in diesem Leben begangenen Taten entgelten zu lassen. Jene Hülle aber ist nicht wie die irdische, sondern eine helle bzw. dunkle Hülle, je nach den Taten des Betreffenden in diesem Leben. Mit anderen Worten, die Taten des Menschen hienieden dienen als Körper für die Seele im Jenseits. So hat das Wort Gottes mehrere Male erklärt, dass manche Körper hell und manche dunkel sein werden, denn das Licht der guten Taten beziehungsweise die Finsternis der schlechten, bereitet sie vor. Das mag als etwas Geheimnisvolles erscheinen, aber es widerspricht der Vernunft nicht. Ein vollkommener Mensch kann selbst hienieden eine lichterfüllte Hülle neben seinem irdischen Körper erwerben. Die Welt der Visionen liefert viele Beispiele von solchen Erlebnissen. Der gewöhnliche menschliche Verstand vermag dies nicht ohne weiteres zu begreifen, weil es jenseits seines Fassungsvermögens liegt. Aber diejenigen, die über ein scharfes, geistiges Sehvermögen und über Erlebnisse aus der Welt der Visionen verfügen, verstehen mühelos, wie eine helle oder dunkle Hülle für die Seele aus den Taten des Menschen entsteht. Solche Menschen betrachten dieses Phänomen nicht mit Verwunderung und Skepsis, sondern begreifen es und schätzen es.« (*Die Philosophie der Lehren des Islam,* S. 119)

Auf die Existenz von heller oder dunkler Hülle weist der Koran hin, wenn Allah sagt:

»An dem Tage, da manche Gesichter weiß sein werden und manche Gesichter schwarz, wird zu jenen, deren Gesichter schwarz sein werden (gesprochen): ›Wurdet ihr ungläubig, nachdem ihr geglaubt hattet? So kostet die Strafe für euren Unglauben.‹ Jene aber, deren Gesichter weiß sein werden, werden in Allahs Gnade sein, darin werden sie verweilen.« (3:107,108)

Im menschlichen Alltag haben wir zudem Erfahrungen mit Menschen, deren Gesicht sich verfinstert oder aufleuchtet (wie es umgangssprachlich treffend heißt), oder es ist vom Aufblitzen der Augen die Rede etc. Dass Menschen »Licht« in ein diskutiertes Problem bringen, oder aber »schwarz sehen«, ist nichts Ungewöhnliches. In der Sprache des Korans ist auf ähnliche Weise davon die Rede, dass die Gesichter von manchen Menschen am Tage der Auferstehung leuchten werden, während andere von Finsternissen umfangen sind:

»Im Namen Allahs, des Gnädigen, des Barmherzigen. Ist zu dir die Kunde von der überwältigenden (Heimsuchung des Jüngsten Gerichts) gedrungen? (Manche) Gesichter werden an jenem Tage niedergeschlagen sein; sich abarbeitend, müde, werden sie in ein schreckliches Feuer eingehen; getränkt sollen sie werden aus einem siedenden Quell; keine Speise sollen sie erhalten als das trockene, bittere, dornige Kraut, das nicht nährt und nicht den Hunger stillt. (Und manche) Gesichter werden an jenem Tage fröhlich sein, wohlzufrieden mit ihrer Mühe, in einem hohen Garten, in dem du keine müßige Rede hören wirst; in dem eine strömende Quelle ist, in dem erhöhte Ruhebetten sind, und Becher hingestellt, und Kissen gereiht, und feine Teppiche ausgebreitet.« (88:1–17)

6

Das Jüngste Gericht oder: Der Tag der Wiederauferstehung

»Maliki Yaumidin« (Meister des Gerichtstages) ist einer der vier grundlegenden Eigenschaftsnamen Allahs, die in der Sure Al-Fateha (»Die Eröffnende«), die an den Anfang des Korans gesetzt wurde, erwähnt werden.

In ihr heißt es: »Im Namen Allahs, des Gnädigen, des Immer Barmherzigen. Aller Preis gebührt Allah, dem Herrn aller Welten, dem Gnädigen, dem Immer Barmherzigen, dem Meister des Gerichtstages« (1:1–4).

Zu Beginn der vier Hauptattribute Allahs steht die Eigenschaft: »Rabbul Alamin« (Herr aller Welten), derzufolge Gott der Herr der Himmel und der Erde und all dessen, was dazwischen liegt (Sure 5:121) ist, er ist Herr der sichtbaren und der unsichtbaren Welten, denn er ist der Schöpfer allen Seins, sei es materiell oder immateriell.

Auf diese grundsätzliche Aussage folgt die Nennung der Eigenschaft »Rahman« (der Gnädige), die besagt, dass Gott derjenige ist, der gibt, ohne gebeten worden zu sein (indem er für den Menschen die Lebensbedingungen wie Erde, Wasser, Luft, Feuer, das Spalten des Kornes, die Tiere etc. zur Verfügung gestellt hat). Aus der gleichen Wortwurzel wie »Rahman« stammt »Rahim« (der immer Barmherzige). Diese Eigenschaft besagt, dass Gott immer gibt, wenn er auf richtige Art und Weise gebeten wird. Dies wird im Koran verdeutlicht, wenn es in Sure 2:187 heißt:

»Sie fragen dich nach Mir. Sprich: ›Ich bin nahe. Ich antworte dem Gebet des Bittenden, wenn er zu Mir betet.‹«

Am Schluss der Aufzählung dieser Hauptattribute, die sozusagen den Thron Allahs tragen (11:8;25:60), steht die Eigenschaft »Maliki Yaumiddin«, derzufolge Gott derjenige ist, der das Recht hat, die Schöpfung am Ende ihrer Geschichte zur Verantwortung zu ziehen, indem er sie über ihr Dasein befragt und über sie urteilt. Er ist indes nicht nur Richter über seine Geschöpfe, jemand also, der unabdingbar und ohne eigene Wahl an ein Gesetz gebunden ist, sondern er ist zugleich »Malik«, also Herr oder Meister, eine Eigenschaft, die ein Richteramt einschließt, jedoch darüber hinausgeht, indem sie Gott die Möglichkeit gibt, Sünden und Verfehlungen zu verzeihen und Gnade vor Recht walten zu lassen. Diese Eigenschaft kollidiert nicht mit dem Attribut »Der Gerechte« (»Al-Adl«). Allah sagt im Koran, dass er der Gerechte ist und dass keinem Geschöpf am Tage des Gerichts Unrecht widerfährt (Sure 40:18), aber über das Walten von Gerechtigkeit hinaus gibt es Umstände im Leben mancher Menschen, die besondere Bewertung verlangen. Gerechtigkeit ist die Grundlage, die durch das Richten abgegolten wird. Aber über der Strenge Gottes steht seine Barmherzigkeit, weil er ja nicht nur am besten weiß, was sich ein Mensch, der ungerecht, töricht, egoistisch oder ausbeuterisch gehandelt hat, sich an Schaden zufügte, sondern auch, welche Motive hinter dem Tun eines Menschen stehen, was ihn getrieben hat, wozu er angestiftet wurde oder wohin ihn seine Sehnsucht, seine Liebe, sein Sinn für das Gute oder sein Wunsch nach Gerechtigkeit geführt haben.

Im Koran sagt Allah dazu:

»Meine Barmherzigkeit umfaßt jedes Ding.« (7:157)

Und der Prophet erklärte, dass Allah die Menschen nach ihren Absichten behandelt (Bukhari) und nicht danach, ob sie in der Lage oder fähig waren, sie auch in die Tat umzusetzen. Dies enthebt den Menschen nicht der Aufgabe, alles nur Erdenkliche und ihm Mögliche zu tun, um seine guten Absichten in die Tat umzusetzen. Der Prophet sagte dazu: Wenn ein Muslim etwas sieht, das schlecht ist, soll er es mit seiner eigenen Hand beseitigen; wenn er dazu nicht in der Lage ist, soll er dagegen reden; wenn er dazu nicht in der Lage ist, soll er zumindest in seinem Herzen eine

Abneigung und einen Widerstand empfinden. Aber das, so fügte der Prophet hinzu, ist die schwächste Form des Glaubens.

Allah hat also, nach den Erkenntnissen, die wir aus dem Koran und den Hadith ziehen können, sich selbst Barmherzigkeit vorgeschrieben. Andererseits ist das, was ein Mensch in seinem Erdendasein gewirkt oder nicht gewirkt hat, ein Tatbestand, ein Ergebnis, das nicht auf »wunderbare« Weise plötzlich aufgehoben wird, da es im Rahmen einer bestimmten Gesetzesmäßigkeit geschah und, vergleichsweise, das Ergebnis einer Prüfung, wie immer sie ausgefallen sein mag, nicht beschönigt werden darf. Allah sagt im Koran:

»Die Vergeltung für eine Schädigung soll eine Schädigung in gleichem Ausmaß sein; wer aber vergibt und Besserung bewirkt, dessen Lohn ist sicher bei Allah. Wahrlich, Er liebt die Ungerechten nicht.« (42:41)

Daraus folgt, dass unumstößliche, geschaffene Realitäten nicht durch Wunschdenken aufgehoben werden. Zwar kann durch einen Akt der Verzeihung oder einen Beschluss, der Gnade vor Recht walten lässt, eine aus dem bösen Tun resultierende Schwierigkeit quasi übersehen werden, indem einem Menschen trotz seines Fehlverhaltens ein Weiterbestehen auf einer Ebene, die ihn nicht zurückwirft, gewährt wird, aber im Bewusstsein dieses Menschen bleibt verankert, dass er gefehlt hat bzw. dass das Ergebnis seines Tuns dies oder das ist. So wird, auf die zwischenmenschliche Ebene bezogen, jemand, dem Böses zugefügt wurde, demjenigen, der ihn verletzte oder beleidigte, verzeihen können, aber derjenige, der verletzte oder beleidigte, bleibt sich bewusst, dass er tat, was er tat. Dies erzeugt in ihm womöglich ein Gefühl der Reue und den Wunsch, das Böse, was er tat, durch Gutes zu vergelten oder zu tilgen, vor allem aber Dankbarkeit dafür, dass ihm verziehen wurde.

Ist jemand aber uneinsichtig darin, was er tat, wird das ein Gefühl des Stolzes und des Hochmuts, vielleicht sogar weitere böse Taten zur Folge haben, ganz gleich, ob ihm verziehen wurde oder nicht.

Ich denke, es ist so ersichtlich, dass als Voraussetzung dafür, dass einem wirklich verziehen wird, die Einsicht vorhanden sein muss, dass man etwas tat, das schlimm war. Fehlt diese Einsicht, vermag man nicht wirklich in einem Zustand neuer Unschuld zu existieren.

Beispielsweise sagt der Koran: »O ihr Menschen, eure Gewalttat richtet sich nur gegen euch selbst.« (10:24). Dies ist ein Verdikt, aber diejenigen, die anderen Gewalt antun, werden dies womöglich nicht begreifen, weil sie sich der Selbsttäuschung hingeben, im Recht oder im Sinne ihres eigenen, egoistischen Fortkommens, das sie über das anderer stellen, gehandelt zu haben. Der Koran spricht somit davon, dass die Seelen einer Täuschung unterlegen sind (9:37), dass der Betrüger sie über die wahren Umstände täuschte (35:6), dass sie meinen, Gutes zu tun, aber in Wirklichkeit eben nicht Gutes tun, da sie die Konsequenzen und die Absichten ihres Tuns nicht bedenken, d.h. »Satan ließ ihnen ihre Werke wohlgefällig erscheinen.« (29:39)

Die Folge solchen Selbstbetrugs ist die Hölle, d.h. eine Strafe, die den Schuldigen im Diesseits ereilen kann, was nicht heißt, dass die diesseitige Strafe eine jenseitige ausschließt. Denn bisweilen gehen die Konsequenzen eines Handelns weit über das hinaus, was durch Geldbuße, Gefängnis oder gar Todesstrafe geahndet werden könnte.

Ausgangslage für ein Urteil am Tag des Jüngsten Gerichts ist das Abwägen des Guten und des Schlechten. Im Koran (21:48; 101:7–9) ist demzufolge von der »Waage« die Rede, auf der die guten und schlechten Taten des Menschen gewogen werden, und vom Ergebnis des Wiegens hängt ab, ob ein Mensch durch die Gnade Allahs in eine bestimmte Ebene des Paradieses (in einen der unzähligen Himmel) eingelassen wird oder nicht. Der Koran sagt dazu, dass am Tage des Gerichts ein jeder auch noch das Kleinste dessen, was er an Gutem, wie auch das Kleinste dessen, was er an Schlechtem getan hat, sehen wird:

»Wenn die Erde erschüttert wird und die Erde ihre Lasten herausgibt, und der Mensch spricht: ›Was ist ihr?‹ An jenem Tage wird sie ihre Geschichten erzählen; weil Sich dein Herr in bezug auf sie offenbart hat. An jenem Tage werden die Menschen in zerstreuten Gruppen hervorkommen, damit ihnen ihre Werke gezeigt werden. Wer auch nur eines Stäubchens Gewicht Gutes tut, der wird es dann schauen, und wer auch nur eines Stäubchens Gewicht Böses tut, der wird es dann schauen.« (99:2–9)

Und:

»O mein lieber Sohn, hätte es auch nur das Gewicht eines Senfkorns und wäre es in einem Felsen oder in den Himmeln oder in der Erde, Allah wird es gewisslich hervorbringen. Wahrlich, Allah ist Kenner des Feinsten, allwissend.« (31:17)

Der Heilige Prophet Mohammed sprach davon, dass die Menschen am Tage des Gerichts so viel Schweiß verströmen werden, dass sie davon durchtränkt wären. Damit ist nicht tatsächlich körperlicher Schweiß gemeint, weil, wie wir ausgeführt haben, das »Versammeln der Gebeine« (75:4–5) nicht bedeutet, dass die Menschen am Tage der Auferstehung mit ihrem irdischen Körper, den sie am Tage ihres Todes hatten, »erweckt« werden. Wie könnten sie auch dazu in der Lage sein, denn, wie der Koran sagt, an jenem Tage genügt jede »Seele als Rechnerin« gegen sich (17:15), wenn sie in Siechtum oder nach einem Koma oder im Zustand einer Krankheit, die die Wahrnehmung extrem beeinträchtigt, gestorben sind. Mit diesem »Schweiß« ist gemeint, dass die Menschen angesichts der unverhüllten Wahrheit, die ihnen bewusst wird, wenn sie die tatsächlichen Ursachen und Motive ihres Tuns erkennen und Folgerungen dessen, was sie auf Erden verdrängten, wahrhaben müssen, so mächtige Reaktionen in ihrem Sein spüren würden, dass sie vor Angst und Entsetzen alles, was in ihrem Inneren verborgen war, verströmen und hilflos der zu Tage getretenen Wirklichkeit gegenüberstehen werden.

Der Koran führt dazu aus:

»O ihr Menschen, fürchtet euren Herrn; denn das Erdbeben der »Stunde« (des Jüngsten Gerichts) ist ein schreckliches Ding. An dem Tage, da ihr es seht, wird jede Säugende ihren Säugling vergessen und jede Schwangere sich ihrer Last entledigen; und du wirst die Menschen als Trunkene sehen, obwohl sie nicht trunken sein werden, allein die Strafe Allahs wird streng sein.« (22:2,3)

Das heißt, dass die eingeübten Haltungen der Menschen, die privaten und gesellschaftlichen Zwänge, denen sie sich in dem Wunsch unterwarfen, anerkannt zu werden, zunichte werden angesichts der am Tag des Gerichts eintretenden Erkenntnis dessen, was sie versäumten. Sie werden nicht in der Lage sein, an sich zu halten, etwas zu verbergen oder zu verhüllen. Sie werden, wie der Prophet in einem Hadith sagte, nackt und gleich jenem Zustand, in dem sie auf Erden geboren wurden, also unbeschnitten, was die Männer betrifft, und ohne Haarwuchs, dastehen. Damit ist gemeint, dass ihnen jegliche Möglichkeit zur Einflussnahme oder Veränderung ihrer Situation genommen sein wird. Die Realität, der sie sich dann gegenübersehen, wird eindeutig sein.

In den Hadith-Sammlungen finden wir eine Fülle von Beschreibungen dessen, was am Tage des Gerichts geschehen wird. Es sind Visionen, die dem Heiligen Propheten Mohammed zuteil wurden, in denen ihm der Verlauf der Wiederauferstehung gezeigt wurde.

Sie wörtlich zu nehmen hieße, den Fehler zu machen, die Sprache von Visionen mit unserer Alltagswelt gleichzusetzen. Wir sehen ja, dass die Welt der Träume andere Bedingungen und Sprachen kennt (also Symbole, Metaphern, Bilder etc.), weswegen wir davon ausgehen sollten, dass das, was in »wahren Träumen« (d.h. Visionen) oder visionären Wachzuständen einem Menschen zukommt, ebenfalls einer anderen Realität gehorcht.

Berichte von Mystikern des Islam zeigen, dass beispielsweise jene Entschlüsselung von Wahrtraumzeichen, die der islamische Heilige Ibn Sirin in jahrzehntelanger Arbeit vornehmen durfte, auch auf Wachzustände, die wir visionär nennen können, zutrifft. Ebenfalls sehen wir, dass im Heiligen Koran von Allah Zusammenhänge psychischer Natur in Form von Rede und Gegenrede gefasst sind, bei der beispielsweise Allah mit den Engeln spricht und sie ihm antworten etc. Oder es werden bestimmte Äußerungen der vielen Propheten erwähnt. Sicherlich mag es sein, dass solche Äußerungen auf gewisse Weise (d.h. nicht immer notwendigerweise in der Sprache des Korans, die ja arabisch ist, während bestimmte Propheten vor dem Propheten Mohammed andere Sprachen hatten) so gefallen sind, ja, wir können sogar glauben, dass im Koran erwähnte Äußerungen von Propheten auf Ilham (Offenbarung) zurückgehen, das heißt, dass diese Propheten jene Worte, die ihnen im Koran beigemessen werden, in einem Zustand sprachen, in dem durch ihre Zunge Worte Gottes geäußert wurden, dies aber nicht notwendigerweise.

Der Koran versteht sich nicht als Geschichtswerk, sondern als Buch der Psyche des Menschen und Mitteilung über das Ungesehene (d.h. Jenseits, vgl. Sure 2:4). In diesem Sinne sollten wir wörtliche Rede, wie sie im Koran und den Hadith auftaucht, nicht immer so verstehen, dass tatsächlich, etwa am Tage des Gerichts, die Kommunikation zwischen Gott und Mensch, Mensch und Gott wortwörtlich so verläuft, wie sie im Koran oder, zum Beispiel, im folgenden Hadith beschrieben wird. Denn die Art, wie Allah sich dem Menschen mitteilt oder den Engeln, ist nicht an die Sprachen gebunden, die wir mit der Zunge äußern. Alle möglichen Sinneswahrnehmungen, Geruch, Geschmack, Gehör, Sehen, Fühlen sind Kommunikationswege, also »Sprachen«, wie auch die Körpersprache, Gebärden, Bewegungen etc.

In einem Hadith, das in den Hadith-Sammlungen von Bukhari und Muslim aufgeführt ist, die als Gelehrte gelten, deren Hadith-Sammlungen am authentischsten sind, ist der folgende Bericht über den Tag der Wiederauferstehung überliefert worden:

»Abu Sa'id al-Khudri berichtete, dass der Prophet, als einige Leute ihn fragten, ob sie ihren Herrn am Tage der Wiederauferstehung sehen würden, erwiderte: ›Ja. Seit ihr denn uneinig darüber, ob ihr die Sonne am Mittag seht, wenn sie nicht verdeckt ist und keine Wolken da sind, oder seid ihr uneinig darüber, ob ihr den Mond in der Nacht seht, wenn er voll ist, wenn er unverhüllt ist und keine Wolken vorhanden sind?‹ Als jene Leute entgegneten, dass sie darüber nicht uneinig seien, sagte er: ›Ihr werdet so wenig uneinig sein über die Vision Gottes am Tag der Wiederauferstehung wie darüber, eines von ihnen (Sonne und Mond) zu sehen. Wenn der Tag der Wiederauferstehung kommt, wird ein Muezzin (Rufer) ausrufen: ›Lasst nun jeden Menschen dem folgen, was er verehrte‹. Dann werden alle, die Idole und Steine anstelle von Gott verehrten, einer nach dem anderen in die Hölle fallen, und wenn nur noch die Rechtschaffenen und Übeltäter, die an Gott glaubten, übrig sind, wird der Herr des Universums zu ihnen kommen und sagen: ›Auf was wartet ihr? Lasst jeden Menschen dem folgen, was er verehrte.‹ Sie werden antworten: ›Unser Herr, wir hielten uns getrennt von den Menschen in der Welt, obwohl wir ein großes Bedürfnis nach ihnen hatten, und doch stellten wir uns ihnen nicht gleich.‹ (In einer Version, die der sehr berühmte Gefährte des Propheten, Abu Huraira, übermittelte, werden sie sagen: ›Dies ist unser Ort, bis unser Herr zu uns kommt, und wenn unser Herr zu uns kommt, werden wir Ihn erkennen.‹) Nach Abu Sa'ids Version wird Er (d.h. Gott) sagen: ›Gibt es denn ein Zeichen zwischen euch und Ihm, durch das ihr Ihn erkennen könnt?‹ Wenn sie dann antworten, dass dem so sei, werden die Dinge offenkundig werden. Jene, die sich selbst vor Gott um Seinetwillen niederwarfen, werden allesamt von Gott die Erlaubnis erhalten, sich niederzuwerfen, aber jene, die sich niederwarfen, um sich selbst zu schützen oder aus Schau, werden erleben, dass Gott ihre Rücken zu einem Stück zusammenfügt und sie werden auf die Rückseite ihrer Nacken so oft niederfallen, wie sie sich niederzuwerfen wünschen. Die Brücke wird dann über Jahannam (das Höllenfeuer) gesetzt und Fürsprache wird erlaubt werden, und sie (gemeint sind die Propheten, oder auch die Engel und die Gläubigen) werden sagen: ›O Gott, gewähre Sicherheit, gewähre Sicherheit.‹ Die Gläubigen werden dann (die Brücke) überschreiten so schnell wie das Zwinkern eines Augenlids, wie ein Blitz, wie ein Wind, wie ein Vogel, wie die besten Pferde und Kamele. Einige werden entkommen und in Sicherheit sein, einige werden dabei zerrissen werden, woraufhin sie gehen dürfen, und einige werden in das Feuer von Jahannam gestoßen. Wenn dann die Gläubigen vor der Hölle sicher sind, so schwöre ich bei Dem, in Dessen Hand meine Seele ist, wird keiner am Tag der Auferstehung mehr darauf aus sein, ein Recht zu beanspruchen, wenn dies klar geworden ist, denn jene, die an Gott glauben, wenn (ihnen Erlaubnis gegeben wird) einen Anspruch zu stellen hinsichtlich jener ihrer Brüder, die in der Hölle sind. Sie werden sagen: ›O unser Herr, sie fasteten gemeinsam mit uns, beteten und vollzogen die Pilgerfahrt‹, und es wird zu ihnen gesagt werden, dass sie jene (eben Genannten) kennzeichnen sollen, die sie (inmitten derer, die in der Hölle sind) wahrnehmen. Ihre Gesichter werden vor dem Feuer geschützt werden und sie werden eine große Anzahl von Menschen hervorbringen und dann sagen: ›O unser Herr, nicht einer von denen, über die Du uns Befehlsgewalt gegeben hast, ist in ihr (d.h. der Hölle) geblieben.‹ Er wird antworten: ›Geht zurück und bringt jene heraus, in deren Herzen ihr so viel Gutes findet wie einen Dinar.‹ Wenn sie dann eine große Anzahl jener Menschen hervorgebracht haben werden, wird Er sagen: ›Geht zurück und bringt jene hervor, in deren Herzen ihr so viel Gutes wie ein Atom findet.‹ Wenn sie eine große Anzahl von Menschen hervorgebracht haben werden, werden sie sagen: ›O unser Herr, wir haben in ihr (d.h. der Hölle) nicht irgendetwas, das gut ist, übriggelassen‹. Dann wird Gott sagen: ›Die Engel haben Fürsprache eingelegt, die Propheten haben Fürsprache eingelegt, die Gläubigen haben Fürsprache eingelegt, und nur der Allerbarmherzigste der Barmherzigen bleibt übrig.‹ Dann wird Er eine Handvoll aus der Hölle herausnehmen, und somit Menschen hervorbringen, die niemals irgendetwas Gutes getan hatten, die zu Kohle geworden sind, und wird sie in einen Fluss am Rande des Paradieses werfen, der Fluss des Lebens benannt ist. Sie werden daraus hervorkommen wie ein Samenkorn, das aus Schmutz hervorkommt, der von einer Flut hinweggespült wurde, und sie werden hervorkommen gleich Perlen mit Siegeln an ihren Nacken. Die Bewohner des Paradieses werden sagen: ›Dies sind jene, die befreit wurden durch den mitleidvoll Barmherzigen, der sie ins Paradies gebracht hat, ohne dass sie etwas Gutes getan hätten oder irgendetwas Gutes für sich vorausgeschickt hätten.‹ Ihnen wird dann gesagt werden, dass ihnen gehört, was immer sie sehen und ein gleiches Maß überdies.« (Zitiert nach »Mishkat Al-Masabih«, Vol. III, S.1184 ff.)

Mit den zuletzt Erwähnten können jene Verführten gemeint sein, die nicht in der Lage waren zu erkennen, dass sie verführt wurden. Sie waren aufgrund ihrer Lebensumstände unfähig, den geraden Weg zu gehen und zu glauben, vielleicht weil ihnen der Zugang zum Wissen über die Notwendigkeit zu glauben, um in den Zustand des Friedens zu gelangen, fehlte oder weil sie zu schwach waren, ihren Erkenntnissen und dem, was ihnen das Gewissen sagte, gemäß zu leben.

Dieses Hadith über die allumfassende Barmherzigkeit Allahs schildert den Tag des Gerichts in einer Weise, die glauben lassen könnte, dass ein Ereignis unmittelbar auf das andere folge. Tatsächlich aber wird aus Koran-Versen, in denen die Dauer des Aufenthalts in der Hölle als äußerst lang, etwa »so lang, wie Erde und Himmeln dauern« (11:108), beschrieben wird, einsichtig, dass jene, die in der Hölle sein werden, in ihr bleiben müssen, bis sie ihre Strafe verbüßt haben. Allah legt in seinem Allwissen dann Fürsprache ein, wenn er es für richtig hält, das heißt, Gott wird zu einer bestimmten Zeit gewisse Höllenbewohner vom Feuer befreien, bis zuletzt alle Menschen von ihr erlöst sein werden.

Zu Anfang dieses langen Hadith über die Güte und Barmherzigkeit Gottes steht ein Hinweis auf jene, die »Idole« (oder: Götzen) und »Steine« verehrten. Damit ist nicht nur gemeint, dass sie von einem friedlichen und glückseligen Leben nach dem Tode ausgeschlossen sind, weil sie tatsächlich Bilder oder materielle Kultgegenstände »verehrten«, und aus der Erfahrung, dass diese Bilder nicht antworten und keine Macht haben, ihnen zu nutzen oder zu schaden, nicht klug wurden (Allah berichtet im Koran darüber am Beispiel von Abrahams Volk in Sure 21:53–71), sondern es sind auch jene immateriellen »Idole«, »Götzen« oder »Steine« gemeint, denen der Mensch eigenständige Kraft zuspricht, etwa dem Geld, der Macht, Personen oder Vorstellungen, Ideologien und Illusionen.

Der Islam setzt im Gegensatz zu der Verehrung oder »Anbetung« von Götzen und Idolen, seien sie in materieller oder immaterieller Natur, als ersten Pfeiler seiner Grundsätze und als erstes Gebot des Glaubens die absolute, unteilbare, einzigartige Person des Göttlichen Wesens, die keinen Sohn, keine Gattin und keinen Partner hat und niemanden neben sich benötigt, um ihr Licht zu entfalten, zu herrschen und zu wirken. Allah allein ist der Allverzeihende, der Allgerechte und Allmächtige. Es gibt keine Macht noch Kraft außerhalb von ihm (18:40). Im Koran heißt es in der berühmten Sure der Einheit dazu:

»Sprich: ›Er ist Allah, der Einzige, Allah, der Unabhängige und von allen Angeflehte, Er zeugt nicht und ward nicht gezeugt, und keiner ist Ihm gleich.‹« (Sure 112:2–5)

Der Glaube (arabisch: iman) an die Einheit Gottes schließt ein, dass Gott allein allmächtig ist und niemand außer ihm das Recht hat, jemanden in das Paradies oder die Hölle einzulassen. Allah allein kann Gnade gewähren, er allein führt auf den geraden Weg oder lässt in die Irre gehen, d. h. diejenigen, die sich entschlossen haben, Gott abzulehnen, werden von ihm nicht dazu gezwungen, ihn und seinen Weg anzuerkennen (2:17).

Das Bekenntnis zur Einheit Gottes ist der wesentliche Schlüssel zum Paradies und zugleich der erste Teil der Kalima (Glaubensbekenntnis) des Islam (die Kalima – auch Shahada – genannt lautet: »La ilaha illallah Mohammedur rasulullah«, d. h. niemand ist anbetungswürdig außer Gott, Mohammed ist der Gesandte Gottes; oder wörtlich: kein Gott außer Allah, Mohammed ist der Gesandte Allahs).

In etwa der Mitte des zuvor zitierten Hadith ist dann von jenen die Rede, die sich nur »niedergeworfen« haben , um sich zu schützen, oder aus Schau und Gehabe und Protzerei. Mit der »Niederwerfung« (arabisch: Sadschda) ist eine Geste im Ritualgebet (Salaat oder Namaz genannt) des Islam gemeint, in der der Gläubige als Zeichen seiner völligen Hingabe und Unterwerfung unter den Willen Allahs mit der Stirn den Boden berührt (zusammen mit der Nase, den Händen, Knien und Füßen). Die Niederwerfung ist also das Symbol für den Glauben, ein Zeichen der Ergebung in das, was einem von Allah zukommt oder nicht gewährt wird. Jene, die ihren Glauben nicht ernst nehmen, die sich nur zur Schau als Muslime ausgeben oder mit ihren Glaubensformen prahlen, werden allgemein als Heuchler (Munafiqin) bezeichnet. Im Koran heißt es dazu:

»Die Heuchler suchen Allah zu täuschen, doch Er wird sie strafen für ihren Betrug. Und wenn sie sich zum Gebet hinstellen, dann stehen sie nachlässig da, zeigen sich den Leuten, und sie gedenken Allahs nur wenig; hin und her schwankend zwischen (dem und) jenem, weder zu diesen noch zu jenen gehörend. Und wen Allah ins Verderben gehen lässt, für den wirst du nimmermehr einen Weg finden.« (4:143–144)

Gleichfalls fallen in diese Kategorie jene Prediger, die Glauben und Moral vortäuschen oder lehren, sich aber nicht daran halten. Sie sind in den Augen Allahs, wie allgemein die islamische Theologie besagt, in einem übleren Zustand als die Ungläubigen (Kafir), also im tiefsten Feuergrund (wobei der Begriff »Ungläubiger« so verstanden werden muss: ein Jude, der nicht an die Gesandtschaft von Jesus, dem Messias, glaubt, aber an Gott, ist gläubig in diesem Sinne und ungläubig in jenem; ebenso wie ein Christ, der nicht an das Prophetentum von Mohammed glaubt, aber an Gott, in dem einen Sinne ungläubig und in einem anderen Sinne gläubig ist etc.). Im Koran sagt dazu Allah:

»O die ihr glaubt, warum sagt ihr, was ihr nicht tut? Höchst hassenswert ist es vor Allah, dass ihr sagt, was ihr nicht tut.« (61:3–4)

Wenn in dem zuvor zitierten Hadith von der Barmherzigkeit Allahs die Rede ist, so darf dies doch nicht dazu verleiten zu übersehen, dass die völlige Entblößung der menschlichen Existenz, die Offenlegung all dessen, was er getan oder gelassen hat, ein erschütterndes Ereignis für die meisten Menschen sein wird. Die Schichten in unserem Wesen, die all unsere Vergangenheit, unsere Verstrickungen in das Leben anderer Menschen, unsere

Verantwortung für uns und alle, mit denen wir es, im Kleinem wie im Großen, zu tun haben, sind so umfangreich, dass wir sie im hiesigen Leben nur unzulänglich ermessen können. All das aber, was wir glauben, vergessen zu haben, wird nach der Lehre des Islam klar wie das hellste Tageslicht zum Vorschein kommen. Und allein daraus geht schon hervor, dass die Vorstellung, bei dem »Tag des Gerichts« würde es sich tatsächlich um einen einzigen, 24-stündigen Tag handeln, abwegig ist.

Die Zeit, die es braucht, bis wir alles gesehen und verstanden haben, was wir taten oder was uns geschah, ist mit menschlichem Maß nicht zu begreifen. Und schon gar nicht die Zeitdauer, die notwendig wird, um der gesamten Menschheit vor Augen zu führen, was sie, und eben auch jeder einzelne, erfahren muss, um sich über die Bedeutung, den Sinn und die Wirkungsweisen ihres Lebens klar zu werden. Mit Menschheit ist der islamischen Philosophie zufolge die Zeit seit dem Propheten Adam gemeint, der nach der Überlieferung vor rund 6000 Jahren lebte und nicht, wie irrtümlich oft von Muslimen geglaubt und dargestellt wird, der erste Mensch gewesen ist, wenn wir den Koran genauer betrachten und verstehen; die Zeitenspanne dieser Ära der Menschheit reiche über sieben Jahrtausende – so die Kommentare. Am Ende der Epoche dieser Menschheitsgeschichte stehe dann der »Tag des Jüngsten Gerichts«.

Mit »Tag des Gerichts« oder »Tag der Abrechnung« oder »Tag der Wiederauferstehung« wird aber im Islam nicht nur der abschließende Zeitraum, in dem das Menschengeschlecht vor Gott versammelt wird, bezeichnet, sondern auch das Ende eines jeden Tages. So lehrte der Prophet Mohammed ein Gebet, das am Abend gesprochen werden soll, in dem es heißt: »Zu Dir kommen wir am Abend, zu Dir kommen wir am Morgen, um Deinetwillen leben wir, um Deinetwillen sterben wir, und durch Dich wird die Wiederauferstehung sein«, was sich auch auf das morgendliche Erwachen bezieht. Dies geht auch daraus hervor, dass der Prophet morgens das gleiche Gebet zu sprechen pflegte, nur mit der Umstellung: »Zu Dir kommen wir am Morgen, zu Dir kommen wir am Abend, um Deinetwillen leben wir, um Deinetwillen sterben wir, und zu Dir kommen wir«, womit der Beginn des neuen Tages gemeint ist, der im Islam (wie im Judentum) mit dem Sonnenuntergang beginnt

Auch ist der Zeitpunkt des Todes eines Menschen auf gewisse Weise sein Tag des Gerichts, d. h. in diesem Augenblick wird »das Buch« seiner guten bzw. schlechten Taten geschlossen, er hat nun keine Möglichkeit mehr, auf das, was in seinem Leben geschehen ist, einzuwirken.

All das wiederzugeben, was über den »Tag des Jüngsten Gerichts« in den grundlegenden Schriften des Islam, also im Koran und in den Hadith-Sammlungen, ganz zu schweigen von den Mitteilungen, die uns über die Heiligen und Mystiker des Islam überliefert wurden und werden, mitgeteilt wird, würde ein vielbändiges Werk umfassen. In aller Ausführlichkeit wird zumal in den Hadith dargestellt, welche Menschen vor dem Feuer der Hölle errettet werden und welche gottesdienstlichen Handlungen und Verdienste, die im Umgang mit den Mitmenschen und auch den Tieren erworben wurden, ins Paradies führen bzw. welche Freuden denjenigen zuteil werden, die im Sinne Allahs und gemäß seinem Willen gebetet, gehandelt und gedacht haben.

Bei all diesen Aussagen, die sozusagen das Paradies versprechen, muss berücksichtigt werden, dass eine formale Zugehörigkeit zu einer Religion oder eine rein äußerliche Verhaltensweise nicht ausschlaggebend sein kann für die Aufnahme in einen paradiesischen Zustand. Der Koran zeigt, wie schon mehrfach ausgeführt, dass unser Zustand im Jenseits auf die den dortigen Gegebenheiten angemessene Weise unserem Zustand im Diesseits entspricht.

Wenn es im Koran heißt, dass am Tag des Gerichts »die Außenseite« sozusagen die Hölle sein und im Innen Barmherzigkeit walten wird (Sure 57:14), dann verweist das darauf, dass die inneren Empfindungen in dieser Welt, also das begründete Gefühl von Frieden im Herzen, von Klarheit im Kopf, von Gewissheit im Gemüt, eigentlich das Paradies ausmachen. Es weist darauf hin, dass die äußeren Sinnesempfindungen, etwa Essen und Trinken, nur ein schwacher Abglanz solcher tiefen Wahrnehmungen, ganz zu schweigen von den spirituellen Erlebnissen oder gar den ekstatischen Erfahrungen in der Dimension der Gottesnähe, zu sein vermögen. Im Koran heißt es ganz konkret dazu am Ende eines Gebets von Abraham:

»Und überlasse mich nicht der Schande an dem Tage, da (die Menschen) auferweckt werden, dem Tage, da weder Besitz noch Söhne frommen, sondern nur der (gerettet werden wird), der ein heiles Herz zu Allah bringt.« (26:88–90)

Das Achten auf die Reinigung des Herzens, die Befriedung der Sinne durch Auslöschung egoistischer Triebe und das tatkräftige Bedenken, dass man für jedes Tun oder Nicht-Tun einst Rechenschaft ablegen muss, ist demzufolge die »Arbeit« des Muslims und der Weg zum Paradies. Dies ist die zentrale Botschaft all jener Suren, in denen Allah auf die Realität des Jüngsten Gerichts verweist. Die Sure 82 (Al-Intefar), die etwa im sechsten Jahr nach der Berufung Mohammeds zum Propheten in Mekka offenbart worden war, macht sie besonders eindringlich deutlich. Sie lautet:

»Im Namen Allahs, des Gnädigen, des Barmherzigen. Wenn der Himmel sich spaltet und wenn die Sterne zerstreut sind und wenn die Meere entströmen werden und wenn die Gräber aufgerissen sind, dann wird die Seele wissen, was sie getan und was sie unterlassen hat. O Mensch, was hat dich kühn gemacht gegen deinen gnadenvollen Herrn, Der dich erschuf und dann dich vollendete und gestaltete? Nein, ihr leugnet das Gericht. Jedoch es sind fürwahr Wächter über euch, ehrwürdige Verzeichner, die wissen, was ihr tut. Wahrlich, die Rechtschaffenen werden in der Wonne sein und die Frevler in der Hölle. Sie werden dort eingehen am Tage des Gerichts; und sie werden nicht im Stande sein, daraus zu entrinnen. Und was lehrt dich wissen, was der Tag des Gerichts ist? Und wiederum, was lehrt dich wissen, was der Tag des Gerichts ist? Der Tag, da keine Seele etwas für eine andere Seele zu tun vermag! Und der Befehl an jenem Tage ist Allahs.«

Die ersten Verse dieser Sure beziehen sich auf die sogenannte

Endzeit, wenn den Menschen viele Dinge enthüllt werden, die zuvor als Geheimnis galten, so dass die Seele die Zusammenhänge und Hintergründe, die ihr Leben mitbestimmen, begreifen wird. Sie wird sich aber gegen Gott empören, ihn leugnen und sich für unabhängig von Gott halten, während doch die Gesetzmäßigkeit ihres Wesens bedingt, dass alle ihre Handlungen von »ehrwürdigen Wächtern« aufgezeichnet werden. Das bedeutet, dass jede Handlung eine Spur von ihr hinterlässt. In diesem Zusammenhang wird von den Engeln gesprochen, die, rechts von ihr sich befindend, das Gute, was sie tut, verzeichnen, und sich links von ihr befindend, das Schlechte aufzeichnen. Im Widerspruch zum oben zitierten langen Hadith scheint zu stehen, dass am Ende dieser Sure gesagt wird, dass am Tage des Gerichts keine Seele etwas für eine andere Seele auszurichten vermag. Indes sind diese beiden Situationen – die Unmöglichkeit, Fürsprache einzulegen, und die Erlaubnis dazu – nur verschiedene Aspekte jenes Tages. Zunächst wird die Seele unverhüllt von Ausreden, Beschwichtigungen oder Entschuldigungen vor Gott stehen, und die wahre Beschaffenheit ihres Selbst wird ihr kundgetan. Zu einem späteren Zeitpunkt wird die Liebe Gottes ihr, so sie zu den Paradiesbewohnern gehört, gestatten, bei Gott für jene um Verzeihung zu flehen, die sie auf Erden liebte.

All die Ermahnungen des Korans, den Tag des Gerichts ernst zu nehmen, beginnen damit, dass dem Menschen eingeschärft wird, alles zu tun, um voll und ganz zu begreifen, dass die Existenz Allahs eine Realität ist, die vom Gläubigen erfahren werden muss, dass also erst die Kommunikation mit dem Schöpfer zur Entfaltung des Verstehens, was der Sinn der menschlichen Existenz ist, führt. Sich eigene Vorstellungen über Gott zu machen, ohne sie durch Erfahrung mit seinem Wesen und Wirken begründen zu können, verhilft nicht zu der vom Koran geforderten Gottesfurcht (arabisch: Taqwa). Glauben steht zwischen Furcht und Hoffnung: der Furcht, durch Fehlverhalten Schaden zu erleiden, und der Hoffnung, dass die Barmherzigkeit Gottes Liebe gewährt. So heißt es im Koran:

»Diejenigen, die da glauben und gute Werke tun – ihnen wird der Gnadenreiche Liebe bereiten.« (19:97)

Jene jedoch, die vorgeben zu glauben, aber durch ihr Tun diesen Glauben leugnen, oder jene, die sich in Illusionen wiegen, ohne ihren Verstand zu gebrauchen, mögen sich formal als Gläubige bezeichnen und ebenso verhalten, aber der Koran sagt über sie, dass sie sich insgeheim den Zweifeln hingaben. Der Koran gibt die Situation wieder, in der diese Heuchler sich am Tag des Gerichts befinden werden:

»Und (gedenke) des Tags, da du die gläubigen Männer und die gläubigen Frauen sehen wirst, indes (die Strahlen) ihres Lichts vor ihnen und zu ihrer Rechten hervorbrechen: ›Frohe Botschaft euch heute! Gärten, durch die Ströme fließen, darin ihr weilen werdet. Das ist die höchste Glückseligkeit.‹ Am Tage, wenn die Heuchler und die Heuchlerinnen zu den Gläubigen sagen werden: ›Wartet auf uns! Wir wollen ein wenig von eurem Licht borgen‹, da wird (zu ihnen) gesprochen werden: ›Kehret zurück und suchet (dort) Licht.‹ Dann wird zwischen ihnen eine Mauer errichtet werden mit einem Tor darin. Ihre Innenseite wird Barmherzigkeit sein und ihre Außenseite Strafe. Sie (die Heuchler) werden jenen (Gläubigen) zurufen: ›Waren wir nicht mit euch?‹ Jene werden antworten: ›Doch, aber ihr versuchtet euch selber und wartetet und zweifeltet, und die eitlen Wünsche betörten euch, bis Allahs Befehl kam. Und der Betrüger belog euch über Allah. So soll heute kein Lösegeld von euch angenommen werden, noch von den Ungläubigen. Euer Aufenthalt ist das Feuer; das ist euer Hort. Und eine schlimme Bestimmung ist es !‹« (57:13–16)

Die Mauer, von der hier die Rede ist, betrifft die Unterscheidung zwischen der inneren Wahrheit und dem in Äußerlichkeiten sich verstrickenden Schaugehabe, also der Heuchelei, die nur »die Außenseite des Lebens in dieser Welt« kennt, »des Jenseits aber sind sie gänzlich achtlos.« (30:8)

Insofern muss beispielsweise das folgende Hadith dahingehend ausgelegt werden, ob die in ihm Benannten, denen Sicherheit vor dem Schrecken jenes Tages und der Einzug ins Paradies versprochen ist, jenen Kriterien genügen, die nach den Worten des Korans einen Gläubigen auszeichnen. Denn wenn ein Muezzin (Rufer zum Gebet) in Glauben und Verhalten ein Heuchler ist, dann wird ihm der Umstand, dass er eine gewisse Zeitlang den Adhan (Gebetsruf) verkündet hat, nichts nutzen. Indes, »der Befehl an jenem Tage ist (allein) Allahs«, heißt es in Sure 82:20. Und dass es das Herz ist, das zur Rechenschaft gezogen wird, besagt der folgende Vers:

»O die ihr glaubt, antwortet Allah und dem Gesandten, wenn er euch ruft, auf dass er euch Leben gebe, und wisset, dass Allah zwischen einen Menschen und sein Herz tritt, und dass zu Ihm ihr werdet versammelt werden.« (8:25)

Es ist also das Herz, das geprüft wird, und nicht die formale Zugehörigkeit zu einer Kategorie des Menschseins ist das Ausschlaggebende, was bei einer allzu wörtlichen Auslegung des folgenden Hadith beachtet werden müsste:

»Am Tage des Jüngsten Gerichts werden zehn Kategorien von Menschen nicht heimgesucht: der Prophet; der Ghazi (d.h. Dschihad-Kämpfer), der Gelehrte, der Märtyrer, derjenige, der den Koran kennt, der gerechte Imam; der Muezzin; die Frau, die während einer Kindsgeburt stirbt; derjenige, der ungerechterweise getötet worden ist; und derjenige, der freitags oder in der Freitagnacht stirbt.«

Es müsste einsichtig sein, dass der bloße Umstand, dass jemand freitags oder in der Freitagnacht stirbt, nicht automatisch die Vergebung seiner Sünden bewirken kann, wenngleich er ein Heuchler oder großer Betrüger und Irreführender war und die Beschlüsse Allahs ablehnte und sich somit dem Willen Gottes um seiner eigenen Bestrebungen und Wünsche willen widersetzte. Voraussetzung für ein paradiesisches Leben ist nach dem Koran stets, dass man alles in seinen Kräften Stehende tut, um Gutes zu tun und auf das zu achten, was Allah, der Allgegenwärtige und Lebendige, herabzusenden beliebt, und dem zu gehorchen, was von Allah als Zeichen durch die von ihm Auserwählten den Menschen überbracht wird:

»O Kinder Adams, wenn zu euch Gesandte kommen aus eurer Mitte, die euch Meine Zeichen verkünden – wer dann gottesfürchtig ist und gute Werke tut, keine Furcht soll über sie kommen, noch sollen sie trauern.« (7:36)

Es ist ein Grund für die Erstarrung in der heutigen islamischen Welt, dass die Muslime zu einem großen Teil in einer Buchstabengläubigkeit und der Vorstellung einer Determination oder Vorherbestimmung verharren und unfähig erscheinen zu begreifen, dass sie eine universale Verantwortung haben, weil Allah der »Herr des Ostens und des Westens« (2:116) und der »Herr der Himmel und der Erde« (18:15) ist, so dass sie sich jeder Parteinahme und übler Machenschaften enthalten sollten. Sie scheinen zum großen Teil vergessen zu haben, dass Allah Gebete erhört (42:27; 40:61) und beantwortet (2:187). Ein Glaube an bloße Form, also schon durch ein Amt (wie das des Muezzins) oder durch den Tod an einem bestimmten Tag oder in einer bestimmten Nacht das Wohlgefallen Allahs – das Paradies – zu erreichen, ist einfach unsinnig, ja absurd.

In einem anderen Hadith heißt es beispielsweise, dass jemand, der »Mohammed« heißt, vor dem Höllenfeuer gerettet und auf jeden Fall das Paradies betreten wird. Gibt es denn nicht genügend Menschen, die »Mohammed« hießen oder heißen, die schlimmster Verbrechen schuldig sind? Dieses Hadith macht nur dann Sinn, wenn wir es dahingehend interpretieren, dass jemand, der vom Glauben, Charakter und seiner Moral »Mohammed«, der vom Koran als Vorbild für alle Muslime eingesetzt wurde (33:22), auf seine eigene Weise verkörpert, am Tag des Gerichts vor der Hölle bewahrt werden wird.

In einem anderen Hadith heißt es wiederum, dass jemand, der den gesamten Koran auswendig gelernt hat, am Tag des Gerichts für das Paradies ausersehen ist. Wollten wir das wörtlich nehmen, wäre eine bloße Gedächtnisleistung, ohne dass man den Inhalt dessen, was man einherzusagen versteht, einigermaßen beachtet und sich danach verhält, ausreichend, um sich das Paradies zu erwerben. Klar scheint, dass mit dieser Äußerung des Heiligen

Propheten Mohammed gemeint ist, dass derjenige, der nach den Lehren des Korans lebt, Frieden finden wird, d.h. das Paradies.

Die Lehren des Islam über den Tag des Jüngsten Gerichts lassen, zusammengefasst, erkennen, dass das Tun und Lassen des Menschen Wirkungen in ihm und in seiner Umwelt zeitigt, die von Dauer sind und über seinen physischen Tod hinausreichen. Der Glaube an Gott bedingt, dem Islam zufolge, den Glauben an absolute Gerechtigkeit und allumfassende Barmherzigkeit Gottes. Die Gerechtigkeit wird in vollem Maße dann zum Ausdruck kommen, wenn der Mensch nach dem Zustand, der im Islam Barakh oder Grab genant wird, am Tag der Wiederauferstehung vor Gott tritt und ihm die Folgen seines Lebens enthüllt werden. Dann gelten keine Ausflüchte und Entschuldigungen mehr, das Tor der Reue ist geschlossen und die Möglichkeit, um Vergebung zu bitten und Gutes zu tun, ist vorüber. Der Koran sagt:

»Wenn der Tod an einen von ihnen herantritt, spricht er: ›Mein Herr, sende mich zurück, auf dass ich recht handeln möge in dem, was ich zurückließ.‹ Keineswegs, es ist nur ein Wort, das er ausspricht. Und hinter ihnen ist eine Schranke bis zum Tage, an dem sie auferweckt werden. Und wenn in die Posaune gestoßen wird, dann werden keine Verwandtschaftsbande zwischen ihnen sein an jenem Tage, noch werden sie einander befragen. Dann werden die, deren gute Werke gewichtig sind, die Erfolgreichen sein. Jene aber, deren gute Werke leicht wiegen, werden die sein, die ihre Seelen verlieren; in der Hölle müssen sie bleiben. Das Feuer wird ihre Gesichter verbrennen, und sie werden darin schwarze Gesichter haben. ›Wurden euch Meine Zeichen nicht vorgetragen, und ihr verwarfet sie?‹ Sie werden sprechen: ›Unser Herr, unsere Ruchlosigkeit überkam uns, und wir waren ein irrendes Volk. Unser Herr, führe uns heraus. Wenn wir (zum Ungehorsam) zurückkehren, dann werden wir wahrlich Frevler sein.‹ Er (Gott) wird sprechen: ›Hinab mit euch darein, und redet nicht mit Mir. Es gab eine Anzahl unter Meinen Dienern, die zu sprechen pflegten: ›Unser Herr, wir glauben; vergib uns darum und erbarme Dich unser, denn Du bist der beste Erbarmer.‹ Ihr aber habt sie mit Spott empfangen, so sehr, dass sie euch Meine Ermahnung vergessen ließen, während ihr sie verlachtet. Ich habe sie heute belohnt, denn sie waren standhaft. Wahrlich, sie sind es, die den Sieg erreicht haben.‹« (23:100–112)

Über das, was im einzelnen geschehen wird, allgemein gesprochen, gibt es ungezählte Hadithe, die das, was dann, wenn »die Stunde« eintritt (wie der Tag der Wiederauferstehung auch genannt wird – siehe 41:48), aus den verschiedensten Blickwinkeln erörtern. In ihnen wird vom jeweiligen Schicksal derer berichtet, die auf Erden bestimmte Sünden begangen haben (Neid, Geiz, Habgier, Trunksucht, Hurerei, Ehebruch, Tyrannei, Korruption, Hass, Rachsucht, Mord, Lüge, Betrug, Ausbeutung etc.). Himmel und Erde der alten Zeit werden zusammengerollt werden (39:68), alles Materielle wird vergehen (55:27,28), die Menschen werden alles sehen, was sie getan haben (18:50), es wird keinen Schatten geben vor dem Feuer der Sünden als den Schutz durch Allah, und das Urteil wie der Richtspruch und das Reich an jenem Tage werden allein Allahs sein (82:20; 22:57).

An jenem Tage werden mithin alle Sinne des Menschen auf ihren Zustand hin überprüft:

»Und verfolge nicht das, wovon du keine Kenntnis hast. Wahrlich, das Ohr und das Auge und das Herz – sie alle sollen zur Rechenschaft gezogen werden.« (17:37)

Der Koran sagt hier, dass der Mensch sich nicht als wissend aufspielen soll, wenn er in der Tat nicht über ein bestimmtes Gebiet Bescheid weiß. Er soll ehrlich sein, sich selbst gegenüber und im Umgang mit anderen, und er soll sich bewusst werden, dass all das, was er hört oder sieht oder was er an Herzensregungen verspürt, von ihm selbst auf Richtigkeit überprüft werden muss, damit sich Schlechtes in ihm nicht festsetzen kann. Am Tage des Gerichts wird letztgültig festgestellt werden, ob ein Mensch in seinem diesseitigen Leben die ihm aufgetragenen Pflichten verantwortungsvoll handhabte und ob er sich körperlich und intellektuell so verhielt, dass er Nutzen daraus zog hinsichtlich der notwendigen Evolution auf geistiger Ebene, ob er mithin eine moralische Vervollkommnung erlangte und spirituell durch die Gnade Allahs Gottesbewusstsein zu erzielen vermochte, so dass er den Bedingungen des Jenseits gemäß zu leben imstande war.

Vor den Gefahren, sich diesen Aufgaben nicht zu stellen, warnt der Koran in eindringlichen Bildern. Zugleich verspricht er im Diesseits wie im Jenseits denen vollkommenen Seelenfrieden und Glückseligkeit (56:27), die sich der Umwandlung ihres Lebens widmen, vom materiellen, auf Vergnügungen und egoistische Bestrebungen ausgerichteten Tun hin zu einem selbstkritischen Leben (der Koran bezeichnet diese Stufe als die der »sich selbst anklagenden Seele« (75:3)), das in Selbstlosigkeit, Transzendierung des Weltlichen und sündenlosem Verhalten münden soll, also dem Verbreiten von Frieden – oder, mit einem anderen Wort gesagt, dem Leben und Verkünden des Islam, der Lehre vom Erreichen eines Friedenszustandes innen und außen durch Unterwerfung unter den göttlichen Willen.

Ein solcher Weg ist aber nur möglich, lehrt der Islam, wenn man sich bewusst ist, dass man für alles, was man tut, am Tag des Gerichts zur Rechenschaft gezogen wird. Wenn dieses Bewusstsein nicht vorhanden ist, wenn der Mensch wähnt, er könne tun und lassen, was er wolle, ohne sich den Folgen seiner Handlungsweisen einem allgerechten Gott gegenüber verantworten zu müssen, wird er, um seiner egoistischen Befriedigungen willen, allen erdenklichen Formen von Verbrechen, Misshandlungen, Ausbeutungen und schadenbringenden Reizen nachgeben.

Insbesondere jene, die meinen, mit ihrer Macht und ihrem Reichtum sich alles erlauben zu dürfen, werden von Allah durch den Koran vor den bösen Folgen ihrer Gier nach weltlichen Dingen gewarnt. Immer wieder werden sie aufgefordert, dem Götzen Mammon nicht zu dienen, das ihnen von Allah gewährte Gut zum Nutzen der Armen und Bedürftigen zu spenden und sich durch weltliche Dinge nicht abhalten zu lassen vom Gottesdienst, daher ihrer Reinigung und Läuterung sich zu widmen und die Gegenwart des Allmächtigen zu suchen. »Wahrlich, die guten

Werke vertreiben die bösen«, heißt es in Sure 11 Vers 115 und »O mein Volk, das Leben hinieden ist nur ein vergänglicher Genuss; und das Jenseits allein ist die dauernde Heimstatt« in Sure 40 Vers 40, und »Nie könnt ihr zur vollkommenen Rechtschaffenheit gelangen, solange ihr nicht von dem spendet, was ihr liebt« in Sure 3 Vers 93. Als Beispiel dafür, welchen Wert der Koran dem Spenden als Mittel der Reinigung von weltlichen Anhaftungen beimisst und wie sehr er vor der Jagd auf weltlichen Reichtum warnt, sei hier die Sure Al-Takathur zitiert:

»Im Namen Allahs, des Gnädigen, des Barmherzigen. Der Wettstreit um die Mehrung lenkt euch ab, bis ihr die Gräber erreicht. Nein! Ihr werdet es bald erfahren. Wiederum nein! ihr werdet es bald erfahren. Nein! Wüsstet ihr's nur mit gewissem Wissen, ihr müsstet die Hölle (schon in diesem Leben) sehen. Ja doch, ihr sollt sie sicherlich sehen mit dem Auge der Gewissheit. Dann an jenem Tage, werdet ihr über die Glücksgüter befragt werden.« (Sure 102)

7

Die Hölle und der Satan

Von Abu Yazid al-Bestami, einem der berühmtesten, frühen Sufi-Meister, also einem islamischen Mystiker, wird berichtet, dass er sagte: »Derjenige ist mein Schüler, der am Rande der Hölle steht und mit seiner Hand jeden, der ihr überantwortet wird, herausholt und ihn in den Himmel bringt, und dann an seiner Stelle die Hölle betritt.« (*Muslimische Heilige und Mystiker* von Fariduddin Attar, S. 114)

Dies zeigt, dass denjenigen Muslimen, die die innere Bedeutung des Korans verstanden, offensichtlich war, dass »Hölle« nicht erst ein Zustand ist, der im Jenseits bestimmten Menschen zukommt, sondern dass er eine Realität im Leben auf der Erde ist. Der Koran unterstützt diese Auffassung, indem Allah in Sure Bani-Israil (17:73) sagt:

»Wer aber blind ist in dieser Welt, der wird auch im Jenseits blind sein und weit abirrend vom Weg.«

Die Lehre von Bestami besagte, dass es dem wahren Muslimen nicht nur obliegt, seine Freunde und andere vor der Hölle zu erretten, sondern zudem, dass es seine Aufgabe ist, sich über die Ursachen dessen, was in die Hölle führte, Aufschluss zu verschaffen, um das Übel an der Wurzel zu packen und auszurotten. Es ist also nicht der Weg jener großen Heiligen des Islam, posenhaft wider die Sünde zu wettern und prahlerisch Tugendhaftigkeit zu predigen, sondern zu verstehen, was zur Sünde verleitete und wie ihr zu begegnen sei, d. h. was das Gegengift oder Heilmittel für Sünde ist. Erst wenn Muslime das herausgefunden haben und auch anwenden – so die Herausforderung Bestamis und anderer, die mit ihm übereinstimmten oder übereinstimmen –, sind sie wahrhaft Gottergebene.

Der Koran nun erklärt auf mannigfache Weise, was die Hauptgründe für sündhaftes Betragen sind. Er tut dies, indem er das Prinzip des Bösen durch zwei Kräfte darstellt, die die Namen Satan und Iblis (Teufel) tragen.

Zum einen ist die Verkörperung des Bösen »Satan« (arabisch: Schaitan; wörtlich: er ging weg), womit der-, die-, oder dasjenige gemeint ist, das sich von Gott weit entfernt hat; etwa eine Person, die in bewusster Gottesferne oder getrennt von Gott lebt und keine Anstrengungen unternimmt, um diesen Zustand zu ändern. In den Wörterbüchern des Arabischen finden wir zu »Schaitan« z.B. folgende Erläuterungen:

1. Satan ist ein böser oder übler Geist;
2. Satan genannt wird jeder, der in verletzender Weise die maßgebenden Gesetze überschreitet und übetrieben stolz oder rebellisch ist;
3. Satan wird eine Schlange genannt;
4. Satan ist eine tadelnswerte Kraft oder Fähigkeit oder Neigung wie unbeherrschte Wut;
5. Satan ist irgendein überaus peinvoller Zustand wie äußerst heftiger Durst.
6. In weitgefasstem Sinne ist das Wort dann auch gebräuchlich für irgendetwas, das schädlich ist und boshaft und eine Ursache für Leiden.

Der Koran verwendet das Wort auch für Feinde der Wahrheit, die Verderben bringen (2:15). Der Prophet Mohammed nannte einmal einen Dieb, der einen seiner berühmtesten Gefährten, Abu Huraira, mehrfach bestohlen hatte, einen Satan (Bukhari überlieferte dieses Hadith). Ein schwarzer Straßenhund, der gefährlich war, wurde von ihm Satan genannt (die Hadithsammlung Madjah berichtet dieses Hadith). Ein anderes Mal sagte der Prophet, dass die Gläubigen Gefäße, die Nahrungsmittel oder Getränke enthalten, bedecken sollten, damit Satan nicht seinen Weg dort hinein fände, womit er meinte, dass schädliche Insekten, Krankheitskeime usw., die eine Verseuchung der Nahrungsmittel verursachen könnten, von ihnen ferngehalten werden sollten (Madjah). Auch wies er die Muslime an, morgens nach dem Schlaf ihre Nasenlöcher zu reinigen, da sich Satan in ihnen aufhalte, womit gemeint ist, dass über Nacht schadenbringende Substanzen in die Nasenlöcher geraten sein können, die, um des Erhaltens der Gesundheit willen, entfernt werden müssen (Muslim).

Der Weg »Satans« ist es somit, Schaden zu verursachen, Finsternis zu verbreiten, die sich als Licht ausgibt, Zweifel bis hin zur Verzweiflung zu säen und Unsicherheit anstelle von Gewissheit zu bringen:

»Nur Satan ist es, der seine Freunde erschreckt; also fürchtet nicht sie, sondern fürchtet Mich (d.h. Gott), wenn ihr Gläubige seid«, heißt es demzufolge in Sure 3 Vers 176. Und in Sure 17 Vers 89 warnt Allah:

»Sage Meinen Dienern, sie möchten nur das Beste reden, denn Satan stiftet zwischen ihnen Zwietracht. Satan ist dem Menschen fürwahr ein offenkundiger Feind.«

Derartige Aussagen erweiternd finden wir auch Hadithe, wie zum Beispiel jenes, in dem berichtet wird, dass der Prophet sagte: »Geduld kommt von Allah, Ungeduld vom Teufel.«

Satan oder satanisch ist also alles in allem ein Prinzip oder eine Kraft, die Unheil anrichtet, wenn man sie nicht besiegt. Die Menschen sollen, so der Koran (16:101), nicht Freunde Satans werden, der zum Feuer einlädt, also sich zum Beispiel nicht gegen eine rechtmäßige Regierung auf unrechtmäßige Art auflehnen (4:60). Satan, so heißt es auch, »stiftet Zwietracht« unter den Menschen und ist ihnen »ein offenkundiger Feind« (17:54; 2:169). Mit dem Satan gemeinsame Sache machen auf gewisse Weise jene, die sich zufrieden geben mit den niederen Dingen des Lebens in dieser Welt (2:62), die »ihr Gelüst zum Gott« machen (45:24), die im Egoismus verharren und nicht dagegen ankämpfen, indem sie sich von materiellen Abhängigkeiten und Anhaftungen zu reinigen bemühen, so dass sie widrigenfalls in die Fußstapfen Satans treten. Sie folgen ihren Traditionen, obwohl auch ihre Väter unwissend waren (18:6), und beten sozusagen den Bösen (das Böse,

Satan) an (4:118). Sie verhalten sich wie Affen und Schweine (5:61), d. h. sie kopieren Unsitten und abergläubische Vorstellungen und weigern sich, höhere Stufen des Bewusstseins, der Erkenntnis und der Liebe zu beschreiten, so dass ihre Herzen in Hüllen (2:89; 4:156) sind und daran gehindert, das Licht der Wahrheit anzunehmen, was sie von ihren Unfrieden stiftenden Abhängigkeiten (7:86) befreien könnte. »Ihre Herzen sind vergesslich« (21:4), d. h. sie machen sich keine ernsthaften Gedanken über die Folgen ihres Tuns. Sie sind verwirrt, geben sich Illusionen hin, reden, was sie nicht tun, und sind nicht in der Lage, einen Weg zu finden (26:226). Sie vertauschen um des billigen Profits willen Wahres mit Falschem (2:175), sind nur auf ihren eigenen Vorteil bedacht, so dass sie nicht von ihrem Reichtum oder Vermögen spenden oder sich um die Sorgen ihrer Mitmenschen kümmern (75:32,33), und sind somit »zäh in ihrer Liebe zu ihrem Besitz« (100:9). Sie leugnen die Zeichen Allahs, so dass sie »taub und stumm in Finsternissen« sind (6:40). Sie erfinden Lügen über Gott und sind nicht dankbar (10:61). Sie ziehen das Leben im Diesseits dem Leben im Jenseits vor (79:39), so dass in ihren Herzen »Krankheit« ist (9:125) und wiewohl sie »in jedem Jahr einmal, zweimal geprüft werden«, »bereuen sie nicht und lassen sich nicht mahnen« (9:126), denn Satan lässt ihnen ihre Werke »wohlgefällig« erscheinen (8:49).

All diese Verhaltensweisen entspringen nicht nur mangelndem Glauben, sondern auch dem, was man »mangelnden gesunden Menschenverstand« nennt. Der Koran weist darauf hin, dass das Gute, was ein Mensch tut, seiner Seele gut tut, und dass das Böse der Seele schadet (91:8-11). Wer aus Unwissenheit Böses getan hat, für den ist, nach Erlangen der Erkenntnis dessen, was richtig ist, der Weg zur Reue und Verzeihung und damit zum Fortschritt offen:

»Wer Böses tut oder sich wider seine Seele versündigt und dann bei Allah Vergebung sucht, der wird Allah allvergebend, barmherzig finden.« (4:111)

Mangelnder Glaube indes, so sagt der Koran, hängt mit fehlender Willenskraft, lückenhafter Anwendung von Vernunft sowie

Feigheit, sich Problemen zu stellen, zusammen. Die Entscheidung für oder gegen etwas und die Annahme von Glauben ist auch dem Verstand unterworfen. Allah indes zwingt den Menschen nicht zum Glauben, und den Muslimen ist es streng verboten, andere zum Glauben oder zur Annahme des Glaubens zu zwingen. Im Koran heißt es dazu u. a. in der Sure Yunus:

»Und hätte dein Herr Seinen Willen erzwungen, wahrlich, alle, die auf der Erde sind, würden geglaubt haben insgesamt. Willst du also die Menschen dazu zwingen, dass sie Gläubige werden? Niemandem steht es zu, zu glauben, es sei denn mit Allahs Erlaubnis. Er sendet (Seinen) Zorn über jene, die ihre Vernunft nicht gebrauchen mögen. Sprich: ›Betrachtet doch, was in den Himmeln und auf der Erde (geschieht). Allein Zeichen und Warner nützen nichts bei einem Volk, das nicht glauben will.‹ Was erwarten sie denn anderes als die Tage jener, die vor ihnen dahingegangen sind? Sprich: ›Wartet denn, ich bin mit euch unter den Wartenden.‹ Dann werden Wir Unsere Gesandten erretten und jene, die da glauben. Also obliegt es uns, dass Wir die Gläubigen retten.« (10:100–104)

Glauben an den Tag der Auferstehung, an dem jedes Stäubchen Gutes, das jemand getan hat, ebenso sichtbar wird wie jedes Stäubchen Übel, das jemand getan hat (99:8-9), ist zwar ein Heilmittel gegen unrechtmäßiges Handeln. Der Gläubige ist sich ja bewusst, dass er vor Allah nichts verbergen kann und zur Rechenschaft gezogen wird, wenn nicht in diesem Leben, dann doch am Tag des Jüngsten Gerichts. Aber die Lehre des Korans wendet sich auch auf eine Weise an den Menschen, die ihm vor Augen führt, dass die Geschichte der Völker wie das Leben der einzelnen Menschen beweisen, dass die vom Koran als schädlich für die Seele bezeichneten Handlungsweisen schon auf Erden (6:12) böse Auswirkungen haben, d. h. dem Menschen keinen wahrhaften, inneren Frieden und kein dauerhaftes Glück bringen.

Da dies offenkundig wurde durch die Lehren, die Gott den Menschen durch die zahlreichen Propheten und Gesandten gab, die zu allen Völkern kamen (35:25), sollte die Schlussfolgerung, so der Koran in den eben zitierten Versen, lauten, dass der Mensch gläubig wird oder zumindest gläubig werden möchte, um völlig von der Krankheit der Selbstsucht geheilt zu werden. Der Mensch sollte begreifen, dass er lernfähig und gläubig sein muss, um glücklich zu werden und das Leben im Diesseits wie im Jenseits wirklich genießen zu können.

Wenn auch der Mensch, von seiner Anlage her, wie ein Hadith besagt, im Zustand der Unschuld geboren wurde, so unterliegt er doch mannigfachen Einflüssen durch seine Erziehung, die gesellschaftlichen Umstände, mit denen er es zu tun bekommt, und den Besonderheiten seiner Zeit. Hinzu kommt, dass es notwendig ist für die Entwicklung eines Menschen, dass er lernt, sich zu verändern, d.h. an sich zu arbeiten und seine bislang ungezügelten Leidenschaften und Veranlagungen zu zähmen. Erst wenn er beispielsweise durch das Üben von Geduld zum geduldigen Menschen geworden ist, kann man dem Islam zufolge davon sprechen, dass er Moral, in diesem Falle die moralische Eigenschaft »Geduld« erlangt hat. Von einem Schaf etwa, das einen solchen Lernprozess nicht durchlaufen hat, kann man nicht sagen, dass es im moralischen Sinne geduldig ist, wenn auch sein Verhalten dem, was wir unter Geduld verstehen, zu entsprechen scheint. Aber erst die Umwandlung, ja, Transzendierung der Leidenschaften und Sinne wird von Schwäche zu Stärke führen.

Der Koran nimmt darauf Bezug, wenn Allah in der Sure Yusuf (Sure 12), die als »die schönste der Geschichten« (12:4) bezeichnet wird, exemplarisch den Propheten Josef über die Versuchung, sich durch Zulaikha verführen zu lassen, sagen lässt:

»Und ich erachte mich selbst nicht frei von Schwäche; denn die Seele gebietet oft Böses, die allein ausgenommen, derer mein Herr Sich erbarmt. Fürwahr, mein Herr ist allverzeihend, barmherzig.« (12:54)

Die Seele in diesem Zustand gewisser Wildheit wird im Islam »Nafse Amarah« genannt. Die darauf folgende Stufe, wenn das Gewissen erwacht und der Mensch sein Gewissen erwachen sieht, wird »die sich selbst anklagende Seele« (75:3), d.h. »Nafse

Lawwama«, genannt. Als Stufe der Vollendung gilt die »Nafse Mutmainnah«, von der es heißt, dass Gott zu ihr sagt:

»(Doch) du, o beruhigte Seele, kehre zurück zu deinem Herrn, befriedigt in (Seiner) Zufriedenheit! So tritt denn ein unter Meine Diener, und tritt ein in Meinen Garten.« (89:28–31)

Das Böse, personifiziert Satan genannt, muss vom Muslim durch das Gute abgewehrt werden (13:23). Er soll sich nicht durch das Äußerliche, den Schein, vom geraden Weg des Glaubens und Wirkens wohlbringender Taten abbringen lassen. Im Koran heißt es dazu:

»O ihr Menschen, fürwahr, die Verheißung Allahs ist wahr, darum lasst das Leben hinieden euch nicht betrügen, und lasst den Betrüger euch nicht betrügen über Allah. Wahrlich, Satan ist euch ein Feind; so haltet ihn für einen Feind. Er ruft seine Anhänger nur herbei, damit sie Bewohner des flammenden Feuers werden.« (35:6,7)

Dagegen ist es Gottes Weg, als Freund der Gläubigen diejenigen, die es wollen, aus den Finsternissen zum Licht zu führen (2:258). Voraussetzung dafür ist aber eben, dass der Mensch dies tatsächlich so möchte. Denn nur seine unerzwungene, eigene Entscheidung für oder gegen etwas kann zu einer Erkenntnis leiten, die zur Überzeugung wird. Er ist ja mit den Fähigkeiten zur Welt gekommen, Gutes und Böses zu begreifen (76:4; 91:9).

Gemäß dem Islam unterliegt er nicht einer Erbsünde, sondern ist unschuldig geboren, so heißt es in einem Hadith. Und der »verbotene Baum« im Paradies ist, laut Islam, nicht der Baum der Erkenntnis, weil der Mensch, um den »verbotenen Baum« von den erlaubten Bäumen zu unterscheiden, bereits die Fähigkeit zur Erkenntnis gehabt haben muss. Gott, so lautet die Aussage des Islam weiter, macht dem Menschen deutlich, was ihm nutzt oder was ihm schadet, sei es durch die von Propheten verkündeten Gebote oder aber das Gewissen. Aber diejenigen, die trotzig bei dem verharren (7:167), was ihnen als schadenbringend zu erkennen gegeben wurde, verfallen dem Zorn Gottes, d.h. dem Naturgesetz, dass sie nicht in der Lage sein werden, sich zu höherem

Verständnis hin zu entfalten; stattdessen werden sie Opfer bloßer Nachahmung von Sitten, Moden und letztlich abergläubischen Praktiken.

All dies beruht nur in gewissem Sinne auf Glauben, in dem Sinne nämlich, dass der Mensch aufgrund von Erfahrungen, etwa im Sinne einer Hochrechnung, sich vorstellen kann, wie es wäre, wenn er dies lasse oder jenes tue. So, wie man jemandem, der einen wiederholt verraten hat, »keinen Glauben mehr schenkt«. Aber eigensüchtige Überredung anderer oder ihre Manipulation oder das Ausüben von Zwang, damit andere glauben oder nicht, wird niemals den erlösten, bewussten Menschen hervorbringen, der aufgrund freien Entschlusses und gründlicher Kenntnis der Umstände für seine Überzeugung einzustehen vermag und wegen seines tiefen Wissens um die Ursachen und Folgen von Lüge und Wahrheit nicht von ihr abweicht, mag geschehen, was will.

Deswegen sagt Allah im Koran, dass diejenigen, die sich »vom Verführer« (womit das satanische Prinzip gemeint ist) nicht leiten lassen, glückselig werden (31:34), während diejenigen, die aufgrund ihrer eigenen Entscheidung Irregehen gegen Führung eintauschten, ins Verderben gelangen werden (2:17).

Deswegen auch verweist der Koran so oft darauf, dass der freie Wille des Menschen, zu glauben oder nicht zu glauben, ein ehernes, unverrückbares Gesetz Gottes ist. Dazu heißt es im Koran:

»In Glaubensdingen darf es keinen Zwang geben« (2:257);

Und: »Lass den gläubig sein, der will, und den ungläubig sein, der will« (18:30).

Kurzum, das Böse – die Hölle – ist das Ergebnis menschlichen Irrtums, Fehlverhaltens, Unglaubens, gespeist von einem Widerwillen des Menschen, die Gesetzmäßigkeiten der Psyche und der Natur zu untersuchen, daraus zu lernen und sich einer natürlichen Evolution entsprechend weiter zu entfalten. Es ist die Abwesenheit von Gutem. Das heißt Gottesferne.

So sagt der Koran:

»Satan warnt euch vor Armut und befiehlt euch Schändliches,

während Allah euch Seine Vergebung und Huld verheißt; und Allah ist huldreich, allwissend.« (2:269)

»Das Böse ihrer Taten wird ihnen (durch Satan) schön gemacht.« (9:37)

»Eure Gewaltat richtet sich nur gegen euch selbst.« (10:24)

»Wer das Rechte tut, es ist für seine eigene Seele; und wer Böses tut, es ist wider sie. Und dein Herr ist niemals ungerecht gegen die Diener.« (41:47)

»Gut und böse sind nicht gleich. Wehre (das Böse) mit dem ab, was das Beste ist, und siehe, der, zwischen dem und dir Feindschaft war, wird wie ein warmer Freund werden.« (41:35)

»Eure Seelen haben euch etwas vorgespiegelt.« (12:19)

In diesen beispielhaft angeführten Versen geht es jeweils darum, wie die negative Kraft wirkt bzw. wie man sich gegen sie wehren soll. Betrug und Täuschung ist das, was sich diejenigen einhandeln, die dem Feind des Menschen (Satan) Glauben schenken, Liebe und Licht hingegen ist die Belohnung derer, die sich ihm widersetzen. Die oftmals verborgene Ursache von Leiden wird offenbar, wenn man sich gegen das satanische Prinzip wendet, erst am Tag des Gerichts aber wird jedem einsichtig, wohin sein Unglaube oder Glaube führte. Der Koran sagt dazu:

»Und die Bewohner des Feuers werden den Bewohnern des Himmels zurufen: ›Schüttet etwas Wasser auf uns oder etwas von dem, was Allah euch gegeben hat.‹ Sie werden sprechen: ›Fürwahr, Allah hat beides verwehrt für die Ungläubigen, die ihren Glauben als einen Zeitvertreib und ein Spiel nahmen und die das irdische Leben betörte.‹ An diesem Tage (des Gerichts) nun werden Wir sie vergessen, wie sie die Begegnung an diesem ihrem Tage vergaßen und wie sie Unsere Zeichen zu leugnen pflegten.« (7:51,52)

Entsprechend den Aussagen des Heiligen Propheten Mohammed hat jeder Mensch bei sich einen Teufel, der ihn zu Schlechtem und Niederem herabzuziehen versucht, und einen Engel, der ihn auf Besseres und Höheres hinweist. Einmal wurde dazu der Prophet Mohammed befragt: Ob er denn auch einen Teufel habe?

Er antwortete: Ja, aber ich habe ihn zu einem Muslim gemacht. Dies anzustreben ist jeden Muslims Aufgabe.

Verständlicherweise enthält der Koran eine Fülle an beispielhaften Berichten über heilige Männer und Frauen, denen es gelungen war, Satan zu besiegen, über allen aber thront der Prophet Mohammed, der den Weg zu Gott vollkommen gegangen ist und in dem sich die Tugenden aller Propheten spiegelt. So heißt es:

»Wahrlich, ihr habt an dem Propheten Allahs ein schönes Vorbild für jeden, der auf Allah und den Letzten Tag hofft und Allahs häufig gedenkt.« (33:22)

Und:

»Sprich: ›Liebt ihr Allah, so folget mir; (dann) wird Allah euch lieben und euch eure Fehler verzeihen; denn Allah ist allverzeihend, barmherzig.‹« (3:32)

Über jene Menschen, die standfest bleiben im Glauben und Wirken guter Taten (28:81), die also in ihrem Dschihad (sich anstrengen und mühen auf dem Wege Allahs) erfolgreich sind, sagt der Koran, dass ihnen »unendlicher Lohn« wird (95:7).

Die Strafe für Böses, sagt der Koran, ist in gleichem Maß, aber für das Tun des Guten gibt es vielfache Belohnung (10:27–28). Wer aber, obwohl die Zeichen ihm deutlich geworden sind, aus Hochmut das Böse wählt, für den ist die Hölle (2:207), über deren Zustand der Koran vielfältige Angaben macht.

In jedem Falle aber ist sie gekennzeichnet durch die Abwesenheit von Licht, wobei »Licht« auch eine Eigenschaft Allahs ist (Al-Nuur). Hölle, zusammengefasst, ist jene Wirklichkeit, die durch die Abwesenheit des Guten, die selbstgewählte Abwesenheit Gottes entsteht. Sie ist satanisch, d.h. ohne Gott. Und ihre Insassen sind diejenigen, die Satan (also der Verführung zum Bösen) folgten und auf gewisse Weise selbst satanisch wurden.

Über sie wird im Koran gesagt:

»Sie rufen neben Ihm (d.h. Gott) nur Lebloses an, und sie rufen nur Satan an, den Empörer, den Allah von Sich gewiesen hat und der gesagt hat: ›Ich will wahrlich von Deinen Dienern einen bestimmten Teil nehmen; wahrlich, ich will sie irreleiten; wahrlich, ich will eitle Wünsche in ihnen erregen; wahrlich, ich will sie aufreizen, und sie werden dem Vieh die Ohren abschneiden; wahrlich, ich will sie aufreizen, und sie werden Allahs Schöpfung verunstalten.‹ Und wer sich Satan zum Freund nimmt statt Allah, der hat sicherlich einen offenkundigen Verlust erlitten. Er gaukelt ihnen Versprechungen vor und erregt eitle Begierden in ihnen, und was Satan ihnen verspricht, ist eitel Trug. Ihr Aufenthalt wird die Hölle sein; und sie werden keinen Ausweg daraus finden.« (4:118–122)

Sicherlich hat, wie zuvor schon hinsichtlich der Dialoge im Koran erläutert, eine solche Diskussion nicht buchstäblich stattgefunden, und zudem ist diese Rede Satans nicht als wortwörtliche Äußerung eines leibhaftigen Teufels zu verstehen. Satan oder der Teufel ist keine Person, sondern eine Kraft oder Macht oder ein Prinzip. Erklärt wird hier, dass dann, wenn der Mensch sich dem Materialismus hingibt, indem er aus materiellen Dingen allein Leben zu ziehen versucht (so dass man sagen kann, dass ein solcher Mensch »Lebloses« anruft, d.h. »anbetet«), er bezüglich dessen, was ihn inhaltlich, also hinsichtlich der Verbesserung seines moralischen und spirituellen Zustandes, voranbringen würde, der Führung beraubt ist, welche ihm durch Kommunikation mit Gott zuteil werden könnte. Statt Gott zu suchen, verfällt ein solcher Mensch letztlich der »Anbetung Satans«, d.h. er erhofft sich von zerstörerischen Akten Hilfe und Behagen, sei es durch Unterdrückung anderer, durch Machtmissbrauch, Terrorismus, Manipulation, Herrschsucht, Erniedrigung anderer, Alkohol- und Drogenmissbrauch oder das ungehemmte Ausleben von Obsessionen und Gelüsten, mit denen er sich und anderen Schaden zufügt.

Satan ist ebensowenig eine Person wie Iblis, ein anderer Name für den Teufel, der im Koran genannt wird. So, wie der Prophet Mohammed einmal einen schlimmen Hund als Satan bezeichnete, kann es Menschen geben, die zu einer Art Verkörperung Satans werden, also hingegeben dem negativ-zerstörerischen Prinzip. Aber Satan ist nicht der Widersacher Gottes, indem er eine Figur darstellte, die über die Erde oder die Hölle herrsche. Allah allein hat Macht über die Himmel und die Erde und eben auch die Hölle. Er lässt irregehen oder gibt Anleitung, je nachdem, wie der Mensch es will oder wie Gott es in seinem Wissen für richtig hält.

Dass Gott irregehen lässt (14:5), heißt nicht, dass Gott kein »Interesse« an jenen Menschen hat, die seiner Führung nicht folgen und nicht geleitet werden möchten. Ihnen kommen Warnungen zu, sagt der Koran (2:214), und eine Warnung kann auch sein, dass jemand einen heilsamen Schrecken erlebt, also eine Erfahrung mit etwas Schlechtem macht, durch die er belehrt und auf Gutes hingewiesen wird. Der Mensch lernt bisweilen nur aufgrund des Prinzips von »trial and error« (Versuch und Irrtum), und Allah weiß am besten, was im Innersten der Herzen verborgen liegt (27:75) und welche Erfahrungen ein Mensch durchmachen und durchleiden muss, um klug zu werden und zur vollen Entfaltung seiner Schönheit zu gelangen.

Mit »Satan« (dem Gottfernen) ist also letztlich die Möglichkeit des Menschen bezeichnet, etwas Böses, also Gottfernes, zu tun. Dass diese Möglichkeit offen steht, ist unerlässlich für den Fortschritt des Menschen. Wie sonst könnte er sich dem Schönen zuwenden, wenn nicht dadurch, dass er vom Hässlichen oder auch nur nicht ganz so Schönem erfährt, so dass er sich davon abzuwenden vermag? Diese gewisse Abhängigkeit des einen vom anderen ist in Wirklichkeit kein sozusagen immerwährendes dualistisches Prinzip, sondern der Weg zur Einheit, der Weg zur Vereinigung des Menschen mit Gott, über den es in Sure 5 Vers 36 heißt:

»O die ihr glaubt, fürchtet Allah (d.h. fürchtet, Seine Liebe und Zuwendung zu verlieren) und suchet den Weg der Vereinigung mit Ihm und strebet auf Seinem Wege, auf dass ihr Erfolg habt.«

Die Möglichkeiten, zur Erkenntnis zu gelangen, führen über das Abwägen von Richtig oder Falsch, also das Denken, die Vernunft, sagt der Islam. Im Koran werden deswegen die Gläubigen immer wieder ermahnt:

»Wollt ihr denn nicht nachdenken?« (47:25; 23:86)

»So macht Allah euch die Gebote klar, auf dass ihr nachdenkt.« (2:220)

»Sprich: ›Ich mahne euch nur an eines: dass ihr vor Allah hintretet zu zweit oder einzeln und dann nachdenkt. Es ist kein Wahnsinn in eurem Gefährten (dem Propheten); er ist euch nur ein Warner vor einer bevorstehenden strengen Strafe.‹« (34:47)

»Er (Allah) sendet Seinen Zorn über jene, die ihre Vernunft nicht gebrauchen mögen.« (10:101)

Indes ist die Nutzung des Gehirns nur eine Möglichkeit unter anderen, zur Erkenntnis zu gelangen. Das Gewissen (was in sich einen Beweis für die Existenz Gottes darstellt) und die Seele aber sind jene Instanzen, die den »Computer« Gehirn beeinflussen sollten, so dass der Mensch Selbstkritik beherzigt und von seinem Verständnis aus urteilt.

Weitere Stufen des Erkennens, die ermöglichen, Satanisches zu erkennen und zu verlassen, sind eher mystischer Natur, zum Beispiel das »Verstehen« von etwas, ohne dass man es von A bis Z durchdacht hat, eine Art der Intuition mithin, die aber für den Mystiker nicht aus dem Bereich des Unbewussten kommt, sondern aus dem Bereich der Offenbarung, also der himmlischen Zuwendung, mit der Gott durch den »Heiligen Geist«, womit der Erzengel Gabriel auch bezeichnet wird (Ruh Quddus) (2:88;16:103), wirkt.

Intuition kann zeitweilig begrenzt sein, ebenso wie Inspiration. Und beide können der Verantwortung der Vernunft wieder unterstellt werden, indem man im Nachhinein durch Denken untersucht, was eigentlich geschehen ist. Die Ebene des Verstehens, von der die Mystiker künden, ist indes zweifelsfrei und eine höhere Form der Realität. Auf dieser Stufe ist eine Einheit erreicht, die Erkennen und Begreifen, das dualistische Abwägen oder Analysieren, ohne ins Einzelne gehen zu müssen, als selbstverständlich beinhaltet. Das Vollziehen rationaler Erkenntniswege bleibt aber natürlich als Option, als Möglichkeit erhalten. Der Mensch, der eine solche Einheit erlangt hat, wird sich auf sie bei Bedarf besinnen können, dann nämlich, wenn Gott es für richtig hält, d.h.

zum Beispiel, wenn er vor eine Herausforderung gestellt wird, auf der Ebene der Ratio etwas zu vermitteln. Dieses »Verstehen«, von dem hier die Rede ist, ist keine Naturbegabung, sondern etwas, das sich der Gläubige durch die Gnade Allahs erwerben durfte, wohin ihn viele Anstrengungen geführt haben. Er wird also in bestimmten Angelegenheiten nicht mehr vor der Frage stehen: Was tun? und durch Überlegen zu einem Entschluss kommen müssen, sondern er wird verstehen und unmittelbar handeln, also das Richtige tun. Im Koran heißt es dazu:

»Und hätte dein Herr Seinen Willen erzwungen, wahrlich, Er hätte die Menschen alle zu einer einzigen Gemeinde gemacht; doch sie wollen nicht ablassen, uneinig zu sein; die allein ausgenommen, derer dein Herr Sich erbarmt hat, und dazu hat Er sie erschaffen, doch das Wort deines Herrn soll erfüllt werden: ›Wahrlich, Ich will die Hölle füllen mit Dschinn und Menschen insgesamt.‹« (11:119–120)

Es ist dies die Hölle des Zweifelns, des erfolglosen Grübelns, der inneren Zerrissenheit bezüglich einer zu treffenden oder geschehenen Entscheidung, die Hölle der Ungewissheit. Ihr, was das Leben auf der Erde betrifft, zu entrinnen ist möglich durch die Mittel, die Gott dem Menschen durch die Natur und die Mittel der Reinigung, vor allem jene spirituelle Sphäre, gegeben hat, so dass ein Mensch, der sich dieser Wege bedient, zum Friedenszustand gelangen kann, dann nämlich, wenn er untrüglich erlebt, dass Gott Gebete beantwortet (2:187).

Mit dem Wort »Dschinn« im vorgenannten Vers sind im übrigen nicht Geistwesen gemeint, sondern, entsprechend der wörtlichen Bedeutung von Dschinn, jene Menschen, die sich im Alltagsgeschehen von anderen aufgrund ihres Status fernhalten. Ihr Zustand im Jenseits jedoch ist allein Allahs Angelegenheit.

Von den zuvor erwähnten Auserwählten und den Gläubigen, die sich nach bestem Wissen und Gewissen bemühen, den geraden Weg (1:6) einzuhalten, wird im Koran gesagt, dass Satan keine Macht mehr über sie hat. Es heißt dazu in Sure 16, Verse 97–101:

»Was bei euch ist, vergeht, und was bei Allah ist, besteht. Und

Wir werden gewisslich denen, die standhaft sind, ihren Lohn bemessen nach dem besten ihrer Werke. Wer recht handelt, ob Mann oder Frau, und gläubig ist, dem werden Wir gewisslich ein reines Leben gewähren; und Wir werden gewisslich solchen ihren Lohn bemessen nach dem besten ihrer Werke. Und wenn du den Qur-an liest, so suche Zuflucht bei Allah vor Satan, dem Verworfenen. Wahrlich, er hat keine Macht über die, welche da glauben und auf ihren Herrn vertrauen. Seine Macht reicht nur über jene, die mit ihm Freundschaft schließen und die Ihm Götter zur Seite stellen.«

Iblis

Der zweite Name, der im Koran mit Hölle assoziiert wird, lautet Iblis. Die wörtliche Übersetzung des arabischen Wortes »Iblis« lautet: enttäuscht sein, oder im ausführlicheren Bedeutungsrahmen: jemand, der keine Hoffnung mehr hat; jemand, der nichts Gutes in sich trägt; jemand, der andere hoffnungslos gemacht hat; jemand, der andere verwirrte; jemand, der voller Kummer ist.

Wenn wir das arabische Wort »Ablasa«, von dem das Wort Iblis abstammt, genauer untersuchen, können wir den Charakter von Iblis noch exakter bestimmen. Ablasa bedeutet:

1. das Gute oder die Tugend in jemandem nahm ab;
2. er gab seine Hoffnung auf oder verzweifelte hinsichtlich der Barmherzigkeit Gottes;
3. er zerbrach im Geiste;
4. er war verwirrt und nicht in der Lage, seinen Weg zu finden;
5. er wurde daran gehindert, sich seinen Wunsch zu erfüllen.

Ein Iblis ist also, zusammengefasst, derjenige, der die Hoffnung auf die Barmherzigkeit Gottes verloren hat. Dies ist, neben Satan, der Gottferne symbolisiert, ein weiterer Aspekt des Zustandes derer, die sich nicht um ihre Beziehung zu Gott kümmern oder sie als Spiel nehmen. Keinesfalls können »Satan« und »Iblis« als inhaltlich synonym gesehen werden. Sie bezeichnen unterschiedliche Verhaltensweisen, wenngleich sich ihre Eigenschaften bisweilen überschneiden.

Im Volksglauben der Muslime und in der Sicht der orthodoxen Gelehrten des Islam gilt Iblis als eine Art Engel, der indes dem Befehl Allahs, sich Adam, dem »Prototyp« des zivilisierten Menschen, zu unterwerfen, nicht gehorchte und es somit vorzog, gegen Gott und Adam zu rebellieren. Eine solche Meinung beachtet aber nicht, dass die Engel gemäß der Lehre des Korans nicht über die Freiheit verfügen, einen eigenen Willen zu äußern. Sie sind, wie aus Sure 66 Vers 7 hervorgeht, stets dem Willen Gottes unterworfen und somit unter allen Umständen Gott gehorsam:

»O die ihr glaubt, rettet euch und die Euren vor einem Feuer, dessen Brennstoff Menschen und Steine sind, darüber Engel gesetzt sind, streng, gewaltig, die Allah nicht ungehorsam sind in dem, was Er ihnen befiehlt, sondern alles vollbringen, was ihnen geheißen wird.«

Über die Hölle herrschen also nicht Teufel, Kräfte also, die von ihrer Natur her rebellisch und hochmütig sind und sich Gottes Anordnungen widersetzen können, sondern Engel, die darauf achten, dass jene, die sich vergangen haben und deswegen in die Hölle eingingen, jene, die im Himmel sind, nicht beeinträchtigen und in ihrem Frieden stören können. Das ist sicher graduell zu verstehen, das heißt, dass Teufel und Feinde Gottes mit ihren Machenschaften nicht wirklich in der Lage sind, den Zustand des Glaubens ernsthaft zu erschüttern, wenn er einmal eine absolute Gewissheit, die immer wieder durch Zeichen Allahs bestätigt wird, erlangt hat.

Der Koran spricht von solchen Dienern Gottes, also den wahrhaft Gottergebenen, als denen, die Freunde Allahs wurden und über die der Teufel (ob es nun ein Iblis oder ein Satan ist) keine Macht hat:

»Er (Iblis) antwortete (Gott): ›Mein Herr, da Du mich als verloren erklärt hast, will ich ihnen wahrlich (das Böse) auf Erden herausschmücken, und wahrlich, ich will sie alle irreleiten, bis auf Deine erwählten Diener unter ihnen.‹ (Gott) sprach: ›Dies (d.h. die Leitung durch Gottes Weisungen) ist ein gerader Weg zu Mir. Fürwahr, du sollst keine Macht haben über Meine Diener, bis auf jene der Verführten, die dir folgen.‹« (15:40-43)

Wie gesagt, wird Iblis bisweilen als ein gefallener Engel bezeichnet. Die Verwirrung über die Beschaffenheit des Iblis kam zustande, weil man den Vers 35 der Sure 2 falsch verstand, in dem Iblis in einem Zusammenhang mit den Engeln erwähnt wird:

»Und (gedenke der Zeit), da Wir (d.h. Gott) zu den Engeln sprachen: ›Gehorchet Adam‹, und sie alle gehorchten; nur Iblis nicht. Er weigerte sich und war zu stolz, denn er war der Ungläubigen einer.« Es geht aber aus diesem Vers klar hervor, dass Iblis ein Ungläubiger war, während es von den Engeln in Sure 66 Vers 7 heißt, dass sie Gott nicht ungehorsam sein können. Zudem wird Iblis in Sure 18 Vers 51 unter die Dschinn eingeordnet.

Im Kern berichtet der oben zitierte Vers davon, dass alle Engel sich Adam unterwarfen, d.h. ihm zu dienen bereit waren. Iblis hingegen, der auch dazu aufgefordert war, weigerte sich, es den Engeln gleich zu tun, weil er die Wurzel des Übels nicht bekämpfte, nämlich falschem Stolz nicht nachzugeben, was bedeutet, dass er arrogante und hochmütige Verhaltensweisen bevorzugte. Er benutzte überdies seinen Verstand nicht dazu, sich Aufschluss über den Wert und Sinn wahren Glaubens zu verschaffen, sondern gab, ohne eine Lösung für sein Problem gefunden zu haben, vorzeitig auf, d.h. er sah sich in seinen Bemühungen enttäuscht, ohne die Ursache für diesen Missstand zu untersuchen oder zu erkennen, so dass er seine Energie fortan nicht mehr der Gottsuche zuwandte, sondern sie auf negative Weise verwandte, indem er alles tat, um andere zu verwirren und in die Hoffnungslosigkeit und Verzweiflung zu treiben. Der Wendepunkt auf seinem Weg, an dem er ungläubig wurde, trat ein, als er sich als etwas Besseres dünkte denn Adam, worauf in Sure 7:7–18 Bezug genommen wird:

»Wahrlich, fragen werden Wir jene, zu denen (die Gesandten) geschickt wurden, und fragen werden Wir die Gesandten. Dann werden Wir ihnen wahrlich (ihre Taten) aufzählen mit Wissen, denn Wir waren niemals abwesend. Und das Wägen an jenem Tage wird wahrhaftig sein. Deren Waagschale dann schwer ist, die werden Erfolg haben. Deren Waagschale aber leicht ist, das sind jene, die ihre Seelen zugrunde gerichtet haben, weil sie sich vergingen gegen Unsere Zeichen. Wir haben euch auf der Erde festgesetzt und euch darin die Mittel bereitet zum Unterhalt. Wie wenig seid ihr dankbar! Und Wir haben euch hervorgebracht, dann gaben Wir euch Gestalt; dann sprachen Wir zu den Engeln: ›Unterwerft euch Adam‹; und sie alle unterwarfen sich. Nur Iblis nicht; er gehörte nicht zu denen, die sich unterwerfen. Er (d.h. Gott) sprach: ›Was hinderte dich, dass du dich nicht unterwarfest, als Ich es dir gebot?‹ Er (d.h. Iblis) sagte: ›Ich bin besser als er. Du hast mich aus Feuer erschaffen, ihn aber erschufst Du aus Lehm!‹ Er (d.h. Gott) sprach: ›Hinab mit dir von hier; es ziemt sich nicht für dich, hier hoffärtig zu sein. Hinaus denn; du bist wahrlich der Erniedrigten einer.‹ Er (d.h. Iblis) sprach: ›Gewähre mir Aufschub bis zum Tage, wenn sie auferweckt werden.‹ Er (d.h. Gott) sprach: ›Dir sei Aufschub gewährt.‹ Er (d.h. Iblis) sprach: ›Wohlan, da Du mich als verloren verurteilt hast, will ich ihnen gewisslich auflauern auf Deinem geraden Weg. Dann will ich über sie kommen von vorne und von hinten, von ihrer Rechten und von ihrer Linken, und Du wirst die Mehrzahl von ihnen nicht dankbar finden.‹ Er (d.h. Gott) sprach: ›Hinweg mit dir, verachtet und verstoßen! Wahrlich, wer von ihnen dir folgt – Ich werde die Hölle füllen mit euch allesamt.‹«

Iblis war also aufgefordert, sich den Engeln gleich zu verhalten, die Gott allein gehorsam sind, indes gehört es zu seinen Fähigkeiten, sich frei zu entscheiden. Deswegen fragt Allah ihn ja, was ihn denn daran hindere, sich zu unterwerfen, d.h. zum Gottergebenen (was Muslim auf Deutsch heißt) zu werden. Die Sünde nun, die Iblis, in welcher Gestalt er auch immer sichtbar wird, vom Pfade Gottes ablenkte und in die Irre gehen ließ, ist, dass er sich dünkt, besser zu sein als der gewöhnliche Mensch, d.h. Stolz treibt zur Sünde (2:207), mithin also ein Mangel an Demut, eine Herrschsucht, vor der der Koran die Gläubigen warnt.

In Sure 57 Verse 23 und 24 heißt es auch:

»Es geschieht kein Unheil auf Erden oder an euch, das nicht in einem Buch wäre (d.h. einer Gesetzmäßigkeit folgte) – fürwahr, das ist Allah ein leichtes – auf dass ihr euch nicht betrübet um das, was euch entging, noch euch überhebet über das, was Er euch gegeben hat. Und Allah liebt keinen der eingebildeten Prahler.«

Das Merkmal indes, auf das sich Iblis, der auch als »Ungläubiger« bezeichnet wird (2:35), in seiner Auseinandersetzung mit dem Göttlichen beruft, ist der Umstand, dass er aus »Feuer« geschaffen wurde (7:13) und nicht wie Adam aus »Lehm« (oder wie es in Sure 15:27 heißt: »aus trockenem, tönendem Lehm«, »aus schwarzem, zu Gestalt gebildetem Schlamm«).

Die Metapher »Lehm« meint, dass Adam in einem Zustand geschaffen wurde, in dem er sich formen ließ (so, wie man aus Ton ein Gefäß formen kann), während mit »Feuer« die Eigenschaft gemeint ist, leicht hochfahrend, arrogant, rebellisch und aufsässig zu werden. Iblis wird somit in einen Zusammenhang mit den Dschinn gestellt, die »aus dem Feuer des heißen Windes« (15:28) geschaffen wurden und auch direkt als »Dschinn« bezeichnet (18:51), ein Begriff, der im Koran für unterschiedliche Formen der Schöpfung verwandt wird, für Bakterien, Fremde, in Abgeschiedenheit von den anderen Menschen Lebende, somit also auch für Menschen, die sich unrechtmäßig über andere erheben und sich für etwas Besseres halten. Allah hat indes Dschinn und Menschen nur darum geschaffen, dass sie ihm dienen (51:57), d.h. dass sie auf die ihnen jeweils mögliche Weise Eigenschaften Allahs annehmen.

Iblis ist daher auch ein Satan, aber seine Versuche, Menschen zu verführen und zu beeinflussen, sind anderer Art als die des Satans. Von Iblis heißt es im Koran (17:66), dass er keine Macht über die »Diener Gottes« hat. Adam ist sozusagen immun gegen ihn, und Iblis hat nur Macht über jene, die ihm folgen wollen. Satan hingegen durchkreuzt beispielsweise die Pläne der Propheten zunächst (22:53,54), bis Gott Umstände bewirkt, durch die seine Propheten letztlich siegreich sein werden, d.h. Propheten unterliegen stets der Verfolgung, sie bleiben aber geduldig und standfest, bis Gottes Hilfe zu ihnen kommt und sie wie die mit ihnen Glaubenden erfolgreich werden, indem die Wahrheit der

Lehre von Gott, die sie verkündeten, weithin von den Menschen angenommen und beherzigt wird.

In der allegorischen Geschichte von Adam und Eva (die prototypisch ist und sich in jedem Menschen auf gewisse Weise wiederholt) heißt es somit zuerst, dass Iblis sich nicht unterwerfen will (2:35), wodurch er zum Feind Gottes und Widersacher Adams wird, während die Verführung Adams durch Satan geschieht (2:37), der eine Schwäche Adams ausnutzt, so dass Adam vom »verbotenen Baum« isst. Allah sagt jedoch über Adam, dass er sich nicht bewusst war, Böses zu tun, und der Zusammenhang, in dem die Beteuerung, dass Adam sündenlos war, zu finden ist, macht deutlich, dass es mangelndes Wissen über die Konsequenzen seines Tuns war, das Adam verleitete:

»Hoch erhaben ist Allah, der wahre König! Und überhaste dich nicht mit dem Quran, ehe seine Offenbarung dir vollständig zuteil geworden, sondern sprich: ›O mein Herr, mehre mich an Wissen‹. Wahrlich, Wir schlossen einen Bund mit Adam zuvor, aber er vergaß. Wir fanden jedoch in ihm keine Absicht (zum Bösen).« (20:115-116)

Indes musste Adam die Folgen seines Fehlverhaltens erdulden, was aber gleichzeitig zu seiner Stärkung führte, weil Gott ihm einen Ausweg eröffnete:

»Dann (also nachdem Adam und Eva den ›Garten‹, d.h. den Ort der Sicherheit, verlassen mussten) empfing Adam von seinem Herrn gewisse Worte (des Gebets). So kehrte Er Sich gnädig zu ihm; wahrlich, Er ist der oft gnädig Sich Wendende, der Barmherzige.« (2:38)

Letztlich also führt die Auseinandersetzung, in die Adam mit Satan verwickelt war, zu einer Art Bewusstseinserweiterung, während das Verhältnis von Iblis zu dem Menschen in einer Unterscheidung von Gut und Böse, Wahr und Falsch mündet. Iblis ist das verwirrende Prinzip, das Zweifel sät und Misstrauen, dessen Bekämpfung durch Nachdenken und Erfahrungen möglich ist, bis der Mensch aufgrund seiner Erkenntnis und Erfahrung der Wahrheit felsenfest von ihr überzeugt wird und sich ausschließlich auf den geraden Weg zu Allah konzentriert, indem er Gutes tut und das Böse meidet. Satan aber ist das Prinzip, das dem Menschen Böses einflüstert (7:21) und durch »Trug« (7:23), also betrügerische Versprechungen, das Vorgaukeln von Illusionen und Vorspiegelung von in Wirklichkeit unnützen Zielen verführen will.

Über Satan heißt es beispielsweise in Sure 2 Verse 169–170:

»O ihr Menschen, esset von dem, was erlaubt (und) gut auf der Erde ist; und folget nicht den Fußstapfen Satans, er ist euch ein offenkundiger Feind. Er heißt euch nur Böses und Schlechtes (tun) und dass ihr von Allah redet, was ihr nicht wisst.«

Was hier kategorisch gesagt ist, wird in allen Einzelheiten durch viele Verse des Korans erläutert, ohne dass hier der Ort ist, um dies in aller Ausführlichkeit (indem wir die Morallehre des Islam in allen Einzelheiten erklärten) darzulegen. Aber gewiss ist einsichtig, dass es zu einfach gedacht ist, wenn wir die Ermahnung des eben zitierten Verses, nur von dem zu essen, was erlaubt und gut ist, ausschließlich auf physische Ernährung bezögen. Gemeint ist auch »geistige Nahrung« oder »food for brain«. Alles in allem aber wird hier erläutert, dass das, was der Mensch an Nahrung in seinen Körper aufnimmt, eine Wirkung auf sein Denken und Tun hat, woraus sich Wesentliches für seine Beziehung zu Gott ergibt.

»Satans Fußstapfen« aber, vor denen die Gläubigen gewarnt werden, sind jene üblen Geschehnisse in der Geschichte der Menschheit, ob sie nun individuell oder gesellschaftlich von Relevanz sind, die einzelne Menschen oder auch Völker in den Ruin und ins Verderben geführt haben.

Über Iblis hingegen heißt es:

»Er (Iblis) antwortete (Gott): ›Mein Herr, da Du mich als verloren erklärt hast, will ich ihnen (den Menschen) wahrlich (das Böse) auf Erden herausschmücken, und wahrlich, ich will sie alle irreleiten, bis auf Deine erwählten Diener unter ihnen‹. (Gott) sprach: ›Dies ist ein gerader Weg zu Mir. Fürwahr, du sollst keine Macht haben über Meine Diener, bis auf jene der Verführten, die dir folgen.‹« (15:40–43)

Im Lichte jener Verse des Korans, die die »Außenseite«, das totale Erliegen gegenüber den niederen Leidenschaften und völlige Aufgehen in materiellen Reizen, als »Strafe« bezeichnen (z.B. 57:14), lassen sich die eben zitierten Verse als Hinweis darauf verstehen, dass Selbstbetrug, unkritisches Konsumieren, das Festhalten an Illusionen und die Hinwendung zu einem Verhalten, das in Leugnung des Jenseits den Egoismus propagiert, erfolgreich überwunden werden können, wenn man sich an diejenigen hält, die von Allah zu Vorbildern für die nach Wahrheit Suchenden gemacht wurden: zum einen jene, die auserwählt wurden, die Botschaft Gottes zu überbringen, also beispielsweise die Propheten (die vom Islam allesamt als sündenfrei angesehen werden); oder aber jene, die durch unermüdliche Anstrengung auf dem Wege Allahs (Dschihad) eine Stufe erlangen durften, auf die Iblis keinen Einfluss mehr hat. Dazu heißt es in Sure 18 Vers 29:

»Halte dich zu denen, die ihren Herrn anrufen des Morgens und des Abends, im Trachten nach Seinem Wohlgefallen; und lass deine Blicke nicht über sie hinauswandern, indem du nach dem Gepränge des irdischen Lebens begehrst; und gehorche nicht dem, dessen Herz Wir achtlos machten der Erinnerung an Uns, der seinen bösen Gelüsten folgt und dessen Fall ein äußerster ist.«

Es ist indes ein Irrtum zu glauben, manche Menschen seien von vorherein verdammt, also zur Hölle bestimmt, und sie könnten nichts gegen Satan oder Iblis tun, da Allah ja ihr Herz achtlos machte. In vielen Versen des Korans heißt es, dass alle Menschen die Wahl haben zwischen Gut und Böse. Allah hingegen ist allgerecht und er straft nicht, ehe er denn eine Warnung, ein Zeichen geschickt hat, dass die Menschen auch entsprechend wahrnehmen können. Dazu heißt es im Koran:

»Wahrlich, Wir haben in diesem Quran für die Menschen Gleichnisse aller Art ausführlich erläutert, doch von allen Dingen ist der Mensch am streitsüchtigsten. Und nichts hinderte die Menschen, daran zu glauben, als die Führung zu ihnen kam, und ihren Herrn um Verzeihung zu bitten, (sie warteten) denn, bis das Beispiel der Früheren über sie käme oder die Strafe ihnen offen vor

Augen gestellt würde. Und Wir schicken die Gesandten ja nur als Bringer froher Botschaft und als Warner. Die aber, die ungläubig sind, streiten mit Falschheit, damit sie dadurch die Wahrheit widerlegen. Und sie verspotten Meine Zeichen und das, womit sie gewarnt werden. Und wer ist ungerechter als der, der an die Zeichen seines Herrn gemahnt wurde, er wandte sich aber ab von ihnen und vergaß, was seine Hände vorausgeschickt hatten? Wahrlich, Wir haben Schleier über ihre Herzen gelegt, so dass sie es nicht begreifen, und Taubheit in ihre Ohren. Und selbst wenn du sie zum rechten Weg rufst, werden sie nie den rechten Weg einschlagen.« (18:55–58)

Nicht Gott ist ungerecht gegen die Seelen, es ist vielmehr der Mensch, der sich gegen seine eigene Seele versündigt und danach die Möglichkeit, sich aus Abhängigkeiten von Schlechtem und Verstrickungen in Übles zu befreien, nicht annimmt, der als Folge seine moralischen und spirituellen Fähigkeiten verkümmern lässt, so dass als dessen Ergebnis ein Verstehen über die Ebene des Herzens quasi unmöglich wird, da er keinem guten Ratschlag mehr Beachtung schenken will. Die natürliche Folge solchen Verhaltens ist, dass die Herzen nicht mehr die Wirklichkeit wahrnehmen und die Menschen auf keine Weisheit mehr hören wollen, so dass Schleier über den Herzen liegen und Taubheit in den Ohren ist. Das Ergebnis ist das, was wir Hölle nennen.

Die Hölle

Das Wort, das im Koran für Hölle verwendet wird, heißt »Jahannam«. Es ist, nach Ansicht der Lexikographen ein orginäres arabisches Wort, das keine andere Wurzelbedeutung kennt und eben den Ort der Verdammnis, die Hölle, bezeichnet. Im Umfeld von »Jahannam« finden wir jedoch Worte, die etwa »jemand wurde hässlich im Gesicht«, »die dunkelste Stunde der Nacht«, »Wolken ohne Wasser« oder »Streitsüchtiger« bedeuten (Lane). Es lässt sich somit sagen, dass »Jahannam« ein Ort der Bestrafung ist, voller Dunkelheit, ohne Wasser und so beschaffen, dass er seine Einwohner hässlich macht.

In einem Hadith wird überliefert, dass der Erzengel Gabriel einst zuschaute, als Allah das Paradies erschuf. Gabriel berichtet, dass das Paradies so schön ist, dass er sich nicht vorstellen konnte, es könne irgendjemanden geben, der dort nicht eingehen wollte. Dann umgab Allah das Paradies mit so vielen Prüfungen und Schwierigkeiten, dass Gabriel sagte, ihm schiene es unmöglich, irgendjemand könnte in das Paradies gelangen. Anschließend schuf Allah die Hölle, und Gabriel berichtete, die Hölle sei so schrecklich, dass er sich nicht vorzustellen vermochte, es würde irgendjemanden geben, der dort hingelangen wollte. Aber Allah umgab die Hölle daraufhin mit so vielen Annehmlichkeiten und Vergnügungen weltlicher Art, dass der Erzengel Gabriel sagte, er könne sich nicht vorstellen, irgendjemand würde nicht in die Hölle fallen.

Dieses Hadith enthält eine große Weisheit über die dem Menschen möglichen Wege und gibt zudem Aufschluss über die menschliche Natur. Wie im Koran näher ausgeführt, wird ein Mensch, der sich dem aufrechten Gang und der Wahrheit, der absoluten Gerechtigkeit und gewissenhaftem Bemühen verpflichtet weiß, eine Fülle von Problemen zu gewärtigen haben. Moralisches Verhalten zu erlangen und dann standfest zu bleiben ist ein Unterfangen, das von Versuchungen, die viel versprechen, wenn man lügt oder betrügt, angegriffen wird. Ehrlichkeit im Handeln sieht sich der Chance gegenüber, leichten Gewinn zu machen, wenn man unredlich wird. Harte Zeiten, die in der Ehe auftreten mögen, gehen einher mit der Möglichkeit, untreu zu werden. Fleiß und der Verzicht auf Spaß in übertriebenem Maße können oft nicht bestehen, wenn Lust auf billige Freude verlockt und man dem Einfall unterliegt, dass morgen auch noch ein Tag sei.

Die Beispiele lassen sich fortsetzen, und ihre Moral mag in dem alten lateinischen Spruch wiedergegeben werden: per aspera ad astra: durch Überwindung von Schwierigkeiten zu den Sternen.

Aus all dem ergibt sich, dass die Hölle der Ort der vertanen, ungenutzten Gelegenheiten, sich und den anderen mehr als nur flüchtiges, mithin wesentliches Gutes anzutun, ist, die »Gaststätte« (wie der Koran die Hölle in Sure 18:103 bezeichnet), in der man verkommt und, anstatt auf den Sinn der Worte und der Taten zu schauen bzw. sie daraufhin zu überprüfen, ob sie selbstsüchtig oder selbstlos sind, sich dem selbstsüchtigen Behagen hingibt.

Zwar wohnt in jedem Menschen so viel Fähigkeit inne, kraft seines Gewissens das Ergebnis von eigenem und fremdem Tun zu verstehen, dass der Koran sagt, dass jene, die nicht glauben wollen, sich oft wünschen werden, sie seien Gottergebene (15:3), aber im Anschluss sagt Allah auch, dass es denen, die den weltlichen Vergnügungen verfallen, äußerst schwer fällt, ihr »Schmausen und Genießen« aufzugeben, weil sie sich von »eitlen Hoffnungen einlullen« lassen, so dass sie der Macht der Gewohnheit unterliegen und sich nicht dazu aufraffen können, sich zu Wesen umzubilden, die dem höheren Zweck der Erschaffung des Menschen folgen, nämlich: mit Gott zu leben und durch diese Form der Gemeinschaft die anliegenden Aufgaben glücklich und erfolgreich zu bewältigen.

Das koranische Konzept, oder sagen wir: Heilmittel gegen die Hölle, also die völlige Hingabe an materielle Güter, besteht darin, sich deutlich vor Augen zu führen, dass das Leben auf der Erde nicht das Endziel des Menschen ist, dass es Gesetzmäßigkeiten gibt, denen zufolge für jedes Tun oder Nicht-Tun Rechenschaft abgelegt werden muss, und dass es von ihrer Einhaltung abhängt, ob man der Hölle entrinnt und auf die nächsthöhere Stufe des Wissens und des Gottesbewusstseins, also zu glücklicherem Leben gelangt. Durch die spürbaren, erfahrenen Konsequenzen schlechten oder guten Verhaltens werden wir ständig auf diese Alternativen hingewiesen. Im Koran heißt es dazu:

»Dieses irdische Leben ist nichts als ein eitles Getändel und ein Spiel; die Wohnstatt des Jenseits aber – das ist Leben fürwahr, wenn sie es nur wüssten.« (29:65)

Und:

»Die Verheißung Allahs – Allah bricht Seine Verheißung nicht –, allein die meisten Menschen wissen es nicht. Sie kennen nur die

Außenseite des Lebens in dieser Welt, des Jenseits aber sind sie gänzlich achtlos.« (30:7,8)

Von daher gesehen ist der Islam keine diesseitige Religion oder ein Lebensweg, der im Diesseitigen aufgeht und in ihm seinen Hauptzweck sieht. Vielmehr sagt der Prophet Mohammed, dass die diesseitige Welt ein Paradies für die Ungläubigen, aber ein Gefängnis für die Gläubigen ist. Und im Koran heißt es, dass alle Menschen auf gewisse Weise auf Erden in der Hölle sein werden:

»Und es spricht der Mensch: ›Wie! wenn ich tot bin, soll ich dann wirklich zum Leben erstehen?‹ Bedenkt der Mensch denn nicht, dass Wir ihn zuvor erschufen, und er war ein Nichts? Und, bei deinem Herrn, Wir werden sie ganz gewiss versammeln, und die Teufel (auch); dann werden Wir sie auf den Knien rund um die Hölle bringen. Alsdann werden Wir aus jeder Gruppe die herausgreifen, die am trotzigsten waren in der Empörung wider den Gnadenreichen. Und Wir kennen die am besten, die es am meisten verdienen, darein zu gehen. Keiner ist unter euch, der nicht dahin kommen wird – das ist ein endgültiger Erlass bei deinem Herrn. Dann werden Wir die Gerechten erretten, die Frevler aber werden Wir darinnen belassen auf ihren Knien.« (19:67–73)

Die Mystik des Islam indes hat darauf aufmerksam gemacht, dass das Verlassen der Hölle trügerischen Lebens, also die Überwindung der Welt, eine Frage gradueller Entwicklung ist. Allah erklärt ja auch im Koran, dass der Koran stückweise herabgesandt worden ist:

»Wir senden vom Qur-an (allmählich) das hinab, was Heilung ist und Barmherzigkeit für die Gläubigen; den Ungerechten aber mehrt es die Strafe.«(17:83)

Dementsprechend ist von Ibn Ata, dem großen Sufi-Heiligen, überliefert, dass er auf die Frage, wie oft er den Koran täglich rezitiere, antwortete: »Früher pflegte ich den gesamten Koran zweimal innerhalb von 24 Stunden zu lesen. Nun habe ich den Koran seit 14 Jahren rezitiert und bin nur bis zur Sure der Beute (Sure 8) gelangt.« (Muslim Saints and Mystics by Farid al-Din Attar, S. 237)

Über die Offenbarung des Korans sagt Allah auch, dass sie abschnittsweise geschah, damit dadurch das Herz des Gläubigen gestärkt würde (25:33), was bedeutet, dass ähnlich der Evolution, die von der Urzelle bis hin zum Menschen in einem überaus großen Zeitraum entfaltet wurde, auch die spirituelle Entwicklung in angemessener Ruhe und Ordnung geschieht. Und bis der Glaubende sein Ziel, eine unverbrüchliche Verbindung mit Gott, erlangt hat, befindet er sich sozusagen mit dem einen Fuß im Himmel und mit dem anderen in der Hölle.

Demgemäß heißt es auch im Koran, dass die Glaubenden viele Prüfungen bestehen müssen, bis sie in den Himmel eingehen dürfen (2:215), und dass Allah die Gläubigen »aus den Finsternissen ans Licht« führt (2:258), d.h. Dunkelheit, also Nicht-Verstehen, oder Finsternis, Nacht, ist hier im Plural verwandt worden, was bedeutet, dass auf eine Erkenntnis, die Licht bringt, weitere Erkenntnisse folgen werden, bis der Zustand des Menschen so beschaffen sein mag, dass es ihm gewährt wird, binnen einer Nacht des Wachens und Betens mehr an Wissen zu erlangen, als anderen ihr Leben lang vergönnt ist.

Als möglichen Weg aus der Hölle, vom Zweifel zum Glauben, empfiehlt der Koran eine aufmerksame Lebensweise (7:30) und den Erwerb von Wissen (20:115). Deswegen auch legte der Heilige Prophet Mohammed fest:

»Sich Wissen zu erwerben ist Pflicht für den muslimischen Mann und die muslimische Frau.« (Ibne Maja)

Und in einem anderen, wohlbekannten Hadith heißt es:

»Erwerbt Wissen, und wenn ihr dafür bis nach China wandern müsst.« (Wobei China damals der im Vorstellungsvermögen seiner Zeitgenossen entfernteste Ort von Arabien aus gesehen war).

Der Weg zur Hölle ist also gepflastert mit Unwissen und dem Unwillen, umzulernen. Auf diesen Punkt weist Allah im Koran immer wieder hin, wenn er sagt:

»Ist dies (die Versorgung im Paradies) besser als Bewirtung oder der Baum Saqqum? Denn Wir haben ihn zu einer Versuchung gemacht für die Missetäter. Er ist ein Baum, der aus dem

Grunde der Hölle emporwächst; seine Frucht ist, als wären es Schlangenköpfe. Sie sollen davon essen und (ihre) Bäuche damit füllen. Dann sollen sie darauf eine Mischung von siedendem Wasser (zum Trank) erhalten. Danach soll ihre Rückkehr zur Hölle sein. Sie fanden ihre Väter als Irrende vor, und sie folgten eilends in ihren Fußstapfen. Und die meisten der Vorfahren waren irregegangen vor ihnen, und Wir hatten Warner unter sie gesandt. Betrachte nun, wie der Ausgang derer war, die gewarnt worden waren, mit Ausnahme der erwählten Diener Allahs !« (37:63–75)

Allahs Diener sind jene, die das Böse der Hölle durch das Gute des Himmels abwehren (13:23). Das Gute, das sie sagen oder tun, wird im Koran auch als »guter Baum« beschrieben, während diejenigen, die Allah leugen und das Böse bevorzugen, nach einem möglichen, kurzfristigen, auf Betrug beruhenden Gewinn in dieser Welt im Jenseits, und oftmals auch schon im Diesseits, erleben müssen, dass ihre »Frucht verwüstet« (18:43) wird. Das Gleichnis vom guten und schlechten Baum steht in der Sure Ibrahim (Abraham):

»Siehst du nicht, wie Allah das Gleichnis eines guten Wortes prägt? (Es ist) wie ein guter Baum, dessen Wurzel fest ist und dessen Zweige in den Himmel (reichen). Er bringt seine Frucht hervor zu jeder Zeit nach seines Herrn Gebot. Und Allah prägt Gleichnisse für die Menschen, auf dass sie nachdenken mögen. Ein schlechtes Wort aber ist wie ein schlechter Baum, der aus der Erde entwurzelt ist und keine Festigkeit hat.« (14:25–27)

In der Hölle nun befindet sich ebenfalls, wie zuvor zitiert, ein Baum. Er wird im Koran dreimal erwähnt (37:63; 44:44; 56:53) und »Saqqum« genannt.

»Saqqum« (eigentlich: Zaqqum) stammt von dem Wort »zaqm« ab, das schlucken, verschlingen bedeutet. Es entspricht auch der Bezeichnung für einen staubfarbigen Baum, der einen schlechten Geruch ausströmt, von bitterem Geschmack und mit Blättern behangen ist, die stinken. Das Wort bedeutet auch: irgendeine tödliche Nahrung. Im Koran steht »Saqqum« für Unglauben schlechthin. Unglauben ist oftmals die Ursache für schlechte

Taten, die Verderben über Menschen bringen. Nehmen wir »Saqqum« als einen Ausdruck für tödliche Nahrung, kann gesagt werden, dass Menschen, die nicht glauben wollen und daher vom Baum Saqqum essen, einen spirituellen Tod erleiden, durch den sie in die Hölle des rein materialistischen Denkens geworfen werden, so dass sie der Schönheit der spirituellen Welt beraubt werden.

Der Koran beschreibt Hölle wie Paradies, im Diesseits wie im Jenseits, als Folge des Denkens, der Worte und der Taten des Menschen. Nach dem Tag der Auferstehung erwartet diejenigen, so sagt der Koran, die ihr Leben verschwendeten und nicht jenen glichen, die nach bestem Wissen und Gewissen bestrebt waren, den Weg zu gehen, den Allah als Voraussetzung zum Erlangen immerwährender Glückseligkeit vorgezeichnet und beschrieben hat (29:70), naturgemäß an dem Ort, an den sie am Ende ihres irdischen Lebens angelangten, das Ergebnis ihres Tuns: also die Wirkung ihrer schlechten Verhaltensweisen. Diese Verhaltensweisen sind dort die Nahrung ihrer Seele. Damit müssen sie fertig werden: mit der bitteren Einsicht, dass sie sich haben irreführen lassen.

Als Symbol (und Namen) dafür steht in der metaphorischen Sprache des Korans der Baum Saqqum für diejenigen Folgen schlechten Wirkens, die im Jenseits erfahren werden. Dass die Höllenbewohner, nachdem sie die Früchte ihrer schlechten Taten genossen haben, wieder in die Hölle zurückkehren werden, zeigt, dass die Hölle ein Ort ist, an dem diese schlechten Taten verarbeitet werden.

Zugleich aber ist dieser Baum alles in allem der Baum des Unglaubens und damit auf gewisse Weise auch jener, von dem der Prophet Adam irrtümlich aß. Dieser wie jener Baum waren und sind eine Prüfung, eine Versuchung, der es zu widerstehen gilt. Notwendig ist diese Prüfung oder die Möglichkeit, der Versuchung zu unterliegen, damit der Mensch seine ihm gegebenen Kräfte kennen und schätzen lernt und damit er seinen Stand oder Rang untrüglich erfährt.

Dass in dem eben zitierten Vers der Baum Saqqum als eine bestehende Versuchung bezeichnet wird – d.h. »Wir haben ihn zu einer Versuchung für die Missetäter gemacht« (37:64), meint ja nicht, dass die Missetäter, nachdem sie am Tage der Auferstehung verurteilt wurden, erst noch in Versuchung gebracht werden – zeigt, dass Gegenwart und jenseitige Zukunft in einen Zusammenhang gebracht werden, und stellt nochmals klar, dass das Jenseits eine Entsprechung des Diesseitigen, indes auf einer rein geistigen Ebene, ist. Dies belegt ja der schon mehrfach zitierte Koran-Vers (17:73), in dem es heißt, dass der, der im Diesseits blind ist, auch im Jenseits blind sein wird, was sich ja nicht auf den physischen Bereich des Menschen bezieht.

Dass der jenseitige schlechte Baum den Menschen im Diesseits als Versuchung dient, verweist darauf, dass Ungläubige über die Gläubigen und ihre Erwartung des Tages der Abrechnung, ihre Hoffnung auf Belohnung im Paradies und ihre Furcht vor der Bestrafung in der Hölle, oft spotten; und dass die Gläubigen von den Ungläubigen verhöhnt und lächerlich gemacht werden, indem diejenigen, die nicht an das Jenseits glauben, jene, die an das Jenseits glauben, als dumm, naiv und weltfremd bezeichnen (83:30–33).

Die Früchte des Baumes Saqqum werden in der hier benutzten Übersetzung als »Schlangenköpfe« bezeichnet. Genau genommen heißt das Wort »Satans-Köpfe«. Satan ist das deutsche Wort für das arabische, im Koran verwandte »Schaitan«, das von dem Wort »Schait« abgeleitet ist, das »Verderben« bedeutet. Eine Schlange wird oftmals auch als Satan bezeichnet. In jedem Falle aber meint dieser Vers, dass diejenigen, die vom Baume Saqqum essen, sich der Verdammnis ausliefern und ins Verderben gehen. Als logische Folge des Genusses jener Dinge, die spirituellen Tod, Unglauben und damit Verderbnis nach sich ziehen, ergibt sich eine leicht aufbrausende, hochmütige Haltung, die nicht der Demut, dem Verzeihen, der Überwindung von Hassgefühlen, der Suche nach Gerechtigkeit, Wahrhaftigkeit und Liebe zugewandt ist (wenngleich all diese Empfindungen und Tugenden sich auch in ihren Gegensätzen, obwohl unscheinbar, manifestieren).

Im Koran heißt es dazu, dass Stolz den Teufel zur Sünde treibt (2:207). Mit dem gerade eben zitierten Vers, in dem davon die Rede ist, dass nach dem Essen vom Baume Saqqum, also den Vorstellungen und Handlungsweisen satanischer Art, die Höllenbewohner »eine Mischung von siedendem Wasser« zu trinken bekommen, wird somit beschrieben, wie etwa Wut oder Stolz einen Menschen bis zum Siedepunkt erhitzen können, so dass er seine rationale Kontrolle verliert und blindlings mordet oder andere Verbrechen, seien sie intellektuell oder physisch in ihren Auswirkungen, begeht. Da, wie beschrieben, die negativen Eigenschaften eine positive Entsprechung haben, ist in dieser »Mischung von siedendem Wasser« immanent auch die Heilung für die moralischen und vor allem spirituellen Übel enthalten.

So ausgestattet gelangen die, denen diese Nahrung zuteil werden muss, in den eigentlichen Zustand Hölle, wo ihnen die Folgen ihrer schlechten Handlungen und Lebensweisen, die sie nunmehr nicht wieder gut machen können, bewusst werden, was der letzte der soeben zitierten Verse besagt.

In der Sure 44, Verse 44–51, wird der Baum Saqqum folgendermaßen beschrieben:

»Siehe, der Baum Saqqum ist die Speise des Sünders. Wie geschmolzenes Erz wird sie brodeln in (ihren) Bäuchen, wie das Brodeln kochenden Wassers. ›Ergreift ihn und zerrt ihn in die Mitte des flammenden Feuers; dann gießet auf sein Haupt die Pein des siedenden Wassers. Koste! Du hieltest dich für den Mächtigen, den Angesehenen. Siehe, dies ist nun das, woran ihr zu zweifeln pflegtet.‹«

Ein in diesen Versen zur Sprache gebrachter weiterer Aspekt dessen, was die »Speise des Sünders« hervorbringt, bezieht sich insbesondere auf die in dieser Welt Reichen und Mächtigen, die ihre Position nicht für Gutes nutzten, sondern sich dem Eigenlob und der Selbsterhöhung hingaben. So wie Erze als Adern das Erdreich durchziehen, pulsiert das Blut des Wunsches nach Idolisierung, Anerkennung und Ruhm in den Adern vieler der angeblich Großen der diesseitigen Welt. Sie geben sich als Diener des Volkes aus, pflegen sich aber arrogant zu benehmen und auf die Gläubigen, die demütig waren, hinabzuschauen. Die Gläubigen waren für sie »Törichte«, während in Wirklichkeit jene Angesehenen aus Politik, Religion und Kultur, die sie zu führen beanspruchten, Heuchler waren. Der Koran sagt:

»Unter den Leuten sind solche, die sagen: ›Wir glauben an Allah und an den Jüngsten Tag‹, und sind gar nicht Gläubige. Sie möchten Allah betrügen und diejenigen, die gläubig sind; doch sie betrügen nur sich selbst; allein sie begreifen es nicht. In ihren Herzen war Krankheit, und Allah hat ihre Krankheit vermehrt (damit sie vielleicht doch einsehen, in welcher Verfassung sie sich in Wirklichkeit befinden); und eine qualvolle Strafe wird ihnen, weil sie logen. Und wenn ihnen gesagt wird: ›Stiftet kein Unheil auf Erden‹, antworten sie: ›Wir sind nur Förderer des Friedens‹. Höret! gewiß sind sie es, die Unheil stiften; allein sie begreifen es nicht. Und wenn ihnen gesagt wird: ›Glaubet, wie andere geglaubt haben‹, so sprechen sie: ›Sollen wir glauben, wie die Toren glaubten?‹ Höret! sie sind die Toren, allein sie wissen es nicht.« (2:9–14)

Mit den »Toren« (arabisch: sufaha, wörtlich: jemand, der närrisch, unwissend, unsicher, von schwacher Intteligenz ist, dessen Meinung keine Bedeutung hat oder der sein Geld sinnlos verschleudert) sind in Wirklichkeit die Sanftmütigen im Geiste gemeint, eben jene, die nicht den Wunsch nach Luxus und Idolisierung ihrer Person haben. So sagt Allah im Koran:

»Halte dich zu denen, die ihren Herrn anrufen des Morgens und des Abends, im Trachten nach Seinem Wohlgefallen; und lass deine Blicke nicht über sie hinauswandern, indem du nach dem Gepränge des irdischen Lebens begehrst; und gehorche nicht dem, dessen Herz wir achtlos machten der Erinnerung an Uns (d.h. das natürliche Ergebnis seines Verhaltens war, dass ihm Gott gleichgültig wurde), der seinen bösen Gelüsten folgt und dessen Fall ein äußerster ist. Und sprich: ›Lass den gläubig sein, der will, und den ungläubig sein, der will.‹ Siehe, Wir haben für die Frevler ein Feuer bereitet, dessen Zelt sie umschließen wird. Wenn sie dann um Hilfe schreien, so wird ihnen geholfen werden mit Wasser gleich geschmolzenem Blei, das die Gesichter verbrennt. Wie schrecklich ist der Trank, und wie schlimm ist das (Feuer) als Lagerstatt.« (18:29–30)

Der hier beschriebene Zustand der Höllenbewohner lässt zum einen erkennen, dass Leidenschaften wie Lust, Neid, Gier oder Rauschmittelmissbrauch den Eigenschaften des Feuers ähneln, das hochsteigt und die Materialien, von denen es zehrt, zu Asche verbrennt. Ganz gewiss haben wir es nicht mit einem solchen Feuer zu tun, das sich von Holz und Kohle ernährt, da, wie wir darlegten, eine physische Bestrafung nicht Heilung von moralischen und spirituellen Krankheiten bewirken kann, denn zur Gesundung davon ist Einsicht durch Verstand und eine Beachtung des Gewissens vonnöten.

Wer aber vom Feuer der zerstörerischen Leidenschaften gepackt wird, sieht letztlich keinen Ausweg mehr außer durch die Befriedigung der Gelüste, mag er auch noch so viel Schaden damit anrichten und andere mit ins Verderben ziehen. Solche Menschen sind eingeschlossen von ihren wutentbrannten Taten. Das, was ihnen in der Hölle zuteil wird, gleicht einer schier wahnsinnigen Angst und Verzweiflung, sich selbst um den Frieden (der das Paradies auszeichnet) gebracht zu haben. »Wasser« ist eine oft im Koran aufgeführte Metapher für »Ilham« (Offenbarung), aber auch das, was im Islam »taqwa« genannt wird. »Taqwa« kann mit »Gottesfurcht« übersetzt werden, also der Furcht, durch Fehlverhalten die Liebe und Nähe Gottes zu verlieren und in den Zustand der Ungnade zu fallen. Wer »Taqwa« hat, ist sehr selbstkritisch, nachdenklich und sorgsam darauf bedacht, keinen Fehler zu machen. Dieser Zustand ist vergleichbar mit dem eines Schülers, der seine Aufgaben besonders gut macht, um ein bestmögliches Zeugnis zu erhalten.

In diesem Bild gesehen ist das Wasser, das den Frevlern zukommt, etwas, das in ihnen die schreckliche Erkenntnis reifen lässt, was ihren Zustand verschuldete, also große Furcht oder Angst, hervorgerufen durch plötzliche Einsicht in die tatsächlichen Umstände ihres Lebens und Verhaltens.

Geschmolzenes Blei, mit dem dieses Wasser hier verglichen

wird, kann für vielfältige Aufgaben benutzt werden, im Bereich der Kunst etwa oder über eine lange Zeit hin im Bereich des Druckens von Büchern und Zeitungen etc. Es hat die Eigenschaft, etwas abzudichten (etwa ein Kabel) oder vor etwas zu schützen (etwa vor Strahlungen), auch wird es in Verbindungen mit Wasser als Malerfarbe gebraucht. Dass es »die Gesichter verbrennt«, meint wohl, dass jenes Bild, das die Frevler sich in Selbstverkennung, Selbstüberschätzung und mangels Selbsteinsicht von sich machten, nun aufgelöst wird. Die bislang beschützte Wahrheit, die bisher abgedichtete Erkenntnis beginnen zu wirken und dadurch werden die Illusionen verbrannt, so wie ein Enthüllungsbericht, wenn er gedruckt erscheint und überzeugend, nicht widerlegbar ist, die Gesichtsfassade enthüllt: Der Mensch verliert sein Gesicht.

Die dritte Stelle im Koran, die den Baum Saqqum erwähnt, befindet sich in der Sure Al-Waqe'ah (zu deutsch: das Unvermeidliche). Darin ist die Rede von denen, die »zur Linken« (56:42) sein werden, also denen, die am Tag des Gerichts für die Hölle bestimmt werden. Der Islam hat eine eigene Terminologie, mit der bestimmte Zustände, Situationen, Verhaltensweisen etc. benannt werden. Ihr zufolge hat der Mensch auf seiner rechten Seite einen Engel, der die guten Taten des Menschen aufschreibt, und zur Linken einen Engel, der die schlechten Taten aufschreibt (50:18). Die Verse über diejenigen, deren Taten auf der linken Seite überwiegen, lauten:

»Und die zur Linken, was (wisst ihr) von denen, die zur Linken sein werden? –, (sie werden) inmitten von glühenden Winden und siedendem Wasser (sein) und im Schatten schwarzen Rauches, weder kühl noch erfrischend. Vor diesem waren sie in der Tat verbraucht durch Üppigkeit und verharrten in der großen Sünde. Und sie pflegten zu sprechen: ›Wie! wenn wir tot sind und zu Staub und Gebeine geworden, sollen wir dann wirklich auferweckt werden? Und unsere Vorväter auch?‹ Sprich: ›Die Früheren und die Späteren werden alle versammelt werden zur gesetzten Frist eines bestimmten Tags. Dann, o ihr Irregegangenen und Leugner, sollt ihr essen vom Baume Saqqum, und damit die Bäuche füllen, und darauf von siedendem Wasser trinken, trinkend wie die unersättlichen Kamele trinken.‹ Das wird ihre Bewirtung sein am Tage des Gerichts.« (56:42–57)

Leiden werden die Höllenbewohner also an den Folgen ihrer hochfahrenden Pläne und Kampagnen, mit denen sie wie glühende Winde die Gemüter der Massen erhitzten, um sie auszubeuten. In ihrer Unverfrorenheit und maßlosen Eitelkeit glaubten sie, die ganze Welt unter ihr vor Stolz kochendes Temperament zwingen zu können, so wie siedendes Wasser jedes eigenständige Leben in sich abtötet. Ihr Groll auf jene, die sich nicht fügten und ihre üblen Spiele nicht mitspielten, lastet wie ein schwarzer Rauch über ihnen, der wie ein Schatten aussieht, der Kühle und Erquickung zu bringen vermöchte, während er doch nur Wut und Stolz weckt, die noch niemals ein Zeichen von wirklicher Intelligenz oder einem kühlen, abwägenden Kopf gewesen sind.

Während die Folgen dieser Lebensweisen sie einholen, wird ihnen bewusst werden, was die eigentliche Wurzel ihres Vorgehens gewesen ist: eine ungebändigte Lust auf Macht und Reichtum, »Üppigkeit«, durch die sie ihre Essenz, die Fähigkeit, moralisch und spirituell zu lernen und zu wachsen, verbrauchten; vor allem aber ihr Leugnen und Negieren der Einzigartigkeit des Schöpfers, des allmächtigen Gottes, auf den jedes Geschöpf und die Materie hinweisen. Mit der »großen Sünde« bezeichnet der Koran das, was in der islamischen Terminologie »Schirk« heißt, also die Gleichstellung von Personen oder Kräften mit der Ursache aller Personen und Kräfte, nämlich Gott, der »eins« ist und dem niemand und nichts gleicht (Sure 112).

Das Wesen des Islam ist die Lehre von der Einheit und Einzigartigkeit Gottes, der sich dem Propheten Mohammed mit dem Eigennamen »Allah« offenbarte, wenngleich er viele Namen haben kann. So heißt es im Koran:

»Sprich: ›Rufet Allah an oder rufet Rahman (den Gnadenreichen) an – bei welchem (Namen) immer ihr (Ihn) ruft, Sein sind die schönsten Namen.‹« (17:111)

Und:

»Allahs sind die schönsten Namen; so rufet Ihn an mit ihnen. Und lasset jene sein, die Seine Namen verketzern. Ihnen soll Lohn werden nach ihrem Tun.« (7:181)

Mit diesem Vers wird nicht nur die Auffassung von orthodoxen Muslimen, dass Blasphemie mit Todesstrafe geahndet werden müsse, widerlegt (wie in zahlreichen anderen Versen des Korans auch), denn Allah sagt hier, dass die Gläubigen jene, die die Namen Allahs schmähen, für sich lassen sollen; mit diesem Vers wird auch gesagt, dass die Anrufung des Einen Gottes nicht unbedingt mit jenem Namen geschehen muss, mit dem er sich im Koran offenbart hat. Aber unmissverständlich wird in ihm auch gesagt, dass Gott eins ist.

Diese Einheit Gottes, die den ersten Teil des Glaubensbekenntnisses des Islam bildet, wird »Tauhid« genannt. Auf sie weist die Einzigartigkeit eines jeden Menschen hin (zum Beispiel, weil jeder Mensch andere Fingerabdrücke als alle anderen Menschen hat; Ähnliches gilt für die Augen des Menschen) und die Tatsache, dass das gesamte Weltall von einer einzigen physikalischen Kraft bewegt wird, wie der Ahmadiyya-Muslim Abdus Salam, Nobelpreisträger für theoretische Physik im Jahre 1979, in seinen preisgekrönten Untersuchungen nachgewiesen hat.

Die Verurteilung jener Menschen, die »in der großen Sünde« (Polytheismus) verharren, geschieht deswegen so kategorisch und kompromisslos, weil der Mensch durch einen Glauben an viele Götter von seinem Weg zu seiner eigenen Einheit (Identität) abgebracht wird. Wenn der Mensch weder in sich noch in der ihn umgebenden Natur das Wirken der Einheit Gottes sieht und sich stattdessen »Götter« nimmt, versündigt er sich wider sich selbst (indem er zu einer Einswerdung nicht gelangen kann) und wider die Natur von Zusammenleben der Menschen (indem er sich abhängig macht von abergläubischer Verehrung oder so vergänglichen Mitteln wie Geld, Einfluss, Macht etc.). Damit aber wird er unfähig, das Paradies zu betreten, das ja der Ort der Vereinigung der einen Seele mit dem einen Gott ist, also der Bereich der Erkenntnis der Einheit Gottes, der einzigartig ist und auf dessen Einheit die gesamte Schöpfung hinweist. Das Universum wie der Mensch sind eine Manifestation Gottes (31:28) – wenngleich er von seiner Schöpfung unabhängig ist, was in seiner Eigenschaft »Al-Samad« zu sein, d.h. der Unabhängige und von allen Angeflehte, zum Ausdruck kommt (112:3).

Die Folge der Verkennung der Gesetze der Natur ist der Unglaube an das Gesetz von Ursache und Wirkung, d.h. dass etwas, das ich tue, eine Wirkung zeitigt, wie auch immer. Und die Folge eines falschen Glaubens oder Unglaubens ist die Hölle mit ihrem Baum Saqqum. Seine »Schlangenköpfe« oder »Satansköpfe« sind somit die Früchte jener, die nicht nach Gott suchen oder nicht im Bewusstsein leben, dass es ihn gibt, so dass sie dem Irrtum verfallen, ihre Handlungsweisen würden letztlich auf Dauer keine Wirkung zeigen, schon gar nicht über den physischen Tod hinaus. Und doch, so mahnt Allah im Koran immer wieder, weisen die Geschehnisse der Vergangenheit darauf hin, dass zum Beispiel Ideen, die unser Bewusstsein – oder unsere Seele – hervorbrachten, die Zeitläufte überdauern können, ob sie nun Gutes oder Böses bewirkten. Wenn also durch das, was wir in Mythologie oder Geschichte, Religionswissenschaft oder Dichtung etc. finden, deutlich wird, dass die körperliche Anwesenheit derjenigen Person, die für diese oder jene Idee verantwortlich ist, nicht notwendig für ihr Überdauern ist, warum dann den Tod als absolute Grenze nehmen, durch den der Mensch sich seiner Verantwortung entziehen könnte oder für sein Gutes oder Böses nicht weiterhin zugänglich wäre? Der Koran sagt:

»Und jene, die nicht an das Jenseits glauben, weichen wahrlich ab von dem Weg.« (23:75)

Auf die zweifelnde Frage derer, die sich der Vorstellung von einem Weiterleben nach dem Tode verschließen, antwortet Allah in der hier diskutierten Sure Waqe'ah mit der kategorischen Aussage, dass es so sein wird. Dies ist eine Herausforderung, den Gegenbeweis anzutreten. In vielen anderen Versen des Korans werden indes Argumente für den Glauben an eine Existenz des Menschen nach seinem physischen Tode dargelegt.

Den in dieser Antwort (56:50) vorkommenden Terminus »Die Früheren und die Späteren« müssen wir näher erläutern. Gemeint sind damit vor allem diejenigen, die zur Zeit des Propheten Mohammed lebten; sie werden als die »Früheren« bezeichnet (man kann hierbei von einem Zeitraum, der 300 Jahre von der Berufung des Propheten an gerechnet wird, sprechen, der sogenannten »goldenen« Zeit des Islam), und mit den »Späteren« sind diejenigen wahrhaften Muslime gemeint, die zur Zeit des vom Propheten Mohammed für die Endzeit prophezeiten islamischen Mahdis (Rechtgeleiteten), der zugleich die Wiederkunft von Jesus verkörpert (wie ausführlich in der Hadithsammlung Bukhari und anderen überliefert ist), leben werden. Darauf näher einzugehen ist hier nicht möglich, aber verwiesen werden soll in diesem Zusammenhang zumindest auf die Sure Al-Dschumu'ah, in der von »den anderen« die Rede ist (62:4), womit die Gefolgsleute der islamischen Mahdis und der Messias gemeint sind, wie zudem aus einem Hadith hervorgeht, in dem der Prophet dies ausdrücklich sagte.

Im Anschluss an das Verdikt Gottes, dass es einen Tag der Auferstehung, an dem Gericht gehalten wird (56:51), geben wird, spricht der Koran dann (56:52) vom Zustand der »Irregegangenen«, d.h. denen, die sich auf den Weg zu Gott begaben, aber auf ihm scheiterten, weil sie andere Wege, die ihnen angeboten wurden, bevorzugten; und dem der »Leugner«, d.h. denen, die die Propheten als Erfinder von Fabeln (68:16), als Wahnsinnige (68:3) oder Erdichter (52:31) bezeichneten und die die Existenz Gottes, des Tags der Auferstehung und des Jenseits ablehnten.

Von ihnen also wird gesagt, dass sie vom »Baume Saqqum« essen werden und, ähnlich kranken, ewig durstenden Kamelen, niemals befriedigt sein werden, also unfähig, Erlösung zu finden.

Sie werden Ausflüchte vorzubringen versuchen, aber ihre selbstbetrügerischen, eitlen Entschuldigungen werden ihnen nichts nützen:

»Wahrlich, helfen werden Wir (d.h. Gott) Unseren Gesandten und denen, die gläubig sind, im Leben hinieden und an dem Tage, da die Zeugen vortreten werden. Dem Tage, da ihre Ausrede den Frevlern nichts nützen wird; und ihrer wird der Fluch sein und ihrer der schlimmste Aufenthalt.« (40:52–53)

Demzufolge werden die Gedankengänge derer, die sich selbst beschwichtigten und nicht wirklich ihrem Gewissen und dem geraden Weg folgten, als Rationalisierung entlarvt werden. Was immer jene sich zurechtgelegt haben und womit sie sich schön reden wollen, wird offenkundig werden, und die wahren Ursachen ihrer Motive und ihres Wirkens werden ihnen vor Augen geführt. Im Koran ist dazu von denen die Rede, die sich »ihr Gelüst zum Gott nehmen« (45:24), die »einem bloßen Wahn und dem Wunsche (ihres) Ichs« folgen (53:24), die ihren Verstand nicht benutzten (10:100) und »genießen und essen wie das Vieh« (47:13), die »niederen Gelüsten« den Vorrang vor der Gnade Allahs gaben (4:27), die »ihre eignen Seelen vergessen« (59:20) und das Diesseits dem Jenseits vorzogen (16:108).

Zu den Bewohnern der Hölle werden jene, die die Botschaften Gottes pervertieren, indem sie durch Gewalttaten der Liebe und Barmherzigkeit Allahs Hohn sprechen. Dazu heißt es in Sure 3 Verse 22–23:

»Die Allahs Zeichen leugnen und die Propheten grundlos morden möchten und morden möchten diejenigen unter den Menschen, die Gerechtigkeit predigen – künde ihnen schmerzliche Strafe an. Sie sind es, deren Werke nichtig sein sollen in dieser und in jener Welt, und keine Helfer werden sie finden.«

Wichtig ist hier, dass Allah in diesem Vers jene geißelt, die sich selbst zum Richter über Leben und Tod machen und daher das Gesetz nicht einhalten, durch das Recht gesprochen wird. Der Islam erlaubt zwar die Selbstverteidigung und auch die Verteidigung eines Landes gegen Aggressoren (Dschihad Saghir genannt, d.h. die kleine Anstrengung im Vergleich zur großen Anstrengung, dem Dschihad Kabir, unter dem man die Verbreitung von Wahrheit versteht, und dem Dschihad Akbar, dem größten Dschihad, mit dem der Kampf gegen eigene Schwächen, egoistische Verhaltensweisen etc. gemeint ist), nicht aber einen willkürlichen Terrorismus oder die Anmaßung, den Tod von Unschuldigen in Kauf zu nehmen unter dem Vorwand, einer höheren Sache zu dienen.

Ganz ausdrücklich hatte der Prophet Mohammed verboten, in einem Kriege Unbewaffnete, Frauen, Kinder und Geistliche zu töten. Gerechtigkeit, die der Koran fordert, ist nicht auf eine Scharia beschränkt, wie immer sie aussehen mag (denn die zahlreichen Religionsführer und Rechtsgelehrten sind sich keineswegs einig über das, was nach einem islamischen Gesetz eigentlich alles erlaubt oder verboten ist; und die Scharia darf überdies nur für die Muslime eines Landes gelten, nicht aber für die in ihm wohnenden Nicht-Muslime).

Anzumerken ist hier auch, dass in diesen Versen (3:22–23) von Menschen allgemein gesprochen wird und nicht etwa nur von denen, die sich zum Islam bekennen. Gerechtigkeit darf auf keinen Fall parteiisch sein, ihr gilt es zu folgen, mag es auch gegen einen selbst gerichtet sein, oder gegen Verwandte:

»O die ihr glaubt, seid fest in Wahrung der Gerechtigkeit und Zeugen für Allah, mag es auch gegen euch selbst oder gegen Eltern und Verwandte sein. Ob Reicher oder Armer, Allah hat über beide mehr Rechte. Darum folget nicht niederen Begierden, damit ihr gerecht handeln könnt. Und wenn ihr (die Wahrheit) verhehlet oder (ihr) ausweichet, dann ist Allah wohl kundig eures Tuns.« (4:136)

Für diejenigen aber, die sich das Buch Gottes mit eigenen Händen schreiben (2:80), d.h. es nach Lust und Laune, selbstgerecht und aus egoistischen Beweggründen interpretieren, ist die Hölle ein »Hinterhalt«, d.h. ihr Betrug wird sie einholen und ihre egoistischen Machenschaften werden offen zu Tage treten:

»Wahrlich, die Hölle ist ein Hinterhalt – ein Heim für die Widerspenstigen, die auf endlose Zeit darin bleiben müssen. Sie werden dort weder Erquickung noch Getränk kosten, es sei denn siedendes Wasser und stinkende Flüssigkeit: eine angemessene Belohnung. Sie fürchteten keine Rechenschaft und verwarfen gänzlich

Unsere Zeichen. Und jegliches Ding haben Wir in einem Buche aufgezeichnet. ›Kostet drum (die Strafe); Wir werden euch nicht anders mehren denn in der Pein.‹« (78:22–31)

Dass gleicher Sachverhalt in unterschiedlichen Formen in verschiedenen Suren behandelt wird, mag einen nicht-muslimischen Leser des Korans verwirren oder ermüden. Aber ähnlich wie die Ingredienzien von Speisen die gleichen sein mögen, während die Speise selbst immer wieder ganz anders schmeckt, weil die Zusammensetzung jeweils anders gewichtet ist, enthalten die 114 Suren des Korans unterschiedliche Gewichtungen der behandelten Themen. Dies ist schon deswegen so, weil der Muslim in den täglichen Gebeten, die ja jeweils auch Rezitationen von Koran-Versen enthalten, aus den vielen tausend Versen des Korans das auswählen mag, was er in der jeweiligen Situation für richtig hält oder wozu er inspiriert wird.

Wichtig an den gerade eben zitierten Versen ist auch die Einbeziehung des Geruchssinns (78:26). Der Prophet Mohammed sagte einmal, dass die Muslime aufpassen sollen, dass ihre Kleidung nicht von Urin befleckt ist, denn die meisten der Höllenbewohner werden jene sein, die nicht darauf achteten, ihre Kleidung von Urin sauber zu halten. Es wäre nun zu einfältig, dies bloß im Hinblick auf den tatsächlichen Zustand der Wäsche zu verstehen. Zwar lautet ein Gebot im Islam, wenn man sich auf den Weg zu Gott begebe, als allererstes darauf zu achten, dass man reine Kleidung trägt. Aber dies als ausschließlich als Aufforderung zu verstehen, auf den äußerlichen Zustand Acht zu geben, hieße Formelhaftigkeit und Äußerlichkeiten den Vorzug vor Weisheit und Sinn zu geben. Unter »Urin« lässt sich auch eine unziemliche Äußerung, etwas, das schmutzig ist, sei es ein Wort, ein Bild oder irgendetwas anderes, verstehen. Mithin bedeutet dieses Hadith vor allem, sich nicht mit schmutzigen Dingen zu beflecken.

In der Tat sagt Allah im Koran, dass »taqwa« (Gottesfurcht, Frömmigkeit) die beste Bekleidung ist:

»O Kinder Adams, Wir gaben euch Kleidung, eure Scham zu bedecken, und zum Schmuck; doch das Kleid der Frömmigkeit –

das ist das beste. Dies ist eins der Zeichen Allahs, auf dass sie (dessen) eingedenk sein mögen.« (7:27)

Wenn wir in den Schriften jener lesen, die den Weg nach Innen gegangen sind, ohne das Äußere zu vernachlässigen, treffen wir auf Aussagen, die von der Erfahrung der Gottessucher und Mystiker künden, denen zufolge aus bestimmten Gegenständen oder Menschen, denen sie begegneten, ein angenehmer oder auch unangenehmer Geruch strömte, der keine materielle Quelle hatte. Urin in diesem Zusammenhang weist auf Fehlerhaftigkeit hin, etwas Unreines also. Und so, wie die Eigenheit eines Menschen oder Dinges auf der Erde von einem angenehmen Duft oder einem unangenehmen Geruch begleitet sein kann, ohne dass das eine oder andere eine irdische Ursache hat, so wird im Jenseits schlechter Geruch oder schönes Parfüm zu erfahren sein. Dies ist sicherlich in einem übertragenen Sinne gemeint, aber es steht ohne Zweifel fest, dass die Erfahrung dieses Phänomens spirituell geläuterten Personen zugekommen und immer wieder möglich ist.

»Übelriechender Trank, fürchterlich kalt« (38:58), also das Ergebnis dessen, dass sie keine Herzenswärme der Freundschaft und Liebe auf Erden aufbrachten, wird somit den Insassen der Hölle gegeben, »erstickende Speise«(73:14), also die Folgen von erstickendem Zorn, von Bosheit und Wut, die keinen Raum zum Atmen geben, und »trockenes, dorniges, bitteres Kraut, das nicht nährt und nicht den Hunger stillt« (88:8), also Unfreundlichkeit, widerborstiges Verhalten und Bitternis, die Versöhnung verhindert. Sie werden in »schwere Fesseln« (73:13) geschlagen sein, also all das, was sie an das vergängliche Irdische fesselte, ihre Süchte und abergläubischen Denkweisen und Praktiken, wird sie unfähig machen, sich geistig zu bewegen, und sie werden »Gewänder« aus »Pech« haben (14:51), was meint, dass ihre schlechten Angewohnheiten und üblen Neigungen an ihnen haften werden.

Wenn diejenigen, die in die Hölle eingehen werden, sich ihr »aus der Ferne« nähern, »werden sie sein Rasen und Brüllen hören« (25:13), es wird ein dröhnendes Echo ihrer Wutausbrüche und

Rasereien sein, ein Zeichen dafür, dass sie nicht lernten, Geduld zu bewahren und sich zu zügeln.

»Sieben Tore hat sie (die Hölle) und jedem Tor ist ein Teil ihrer (d.h. der Höllenbewohner) zugewiesen«, heißt es weiter in Sure 15 Vers 45, womit die Versündigungen wider die sieben äußeren Sinneswahrnehmungsorgane (Hören, Sehen, Riechen, Schmecken, Tasten, Schmerzempfindung, Temperaturgefühl) gemeint sind, denn »ihre Ohren und ihre Augen und ihre Haut« werden »Zeugnis gegen sie ablegen« und von den schlechten Taten des Menschen, der in Sünde blieb, künden. Und da im irdischen Leben diejenigen, die sich immer wieder versündigten, sich sozusagen mit Schichten von Geschehnissen umgeben haben, werden ihnen im Leben nach dem Tode erst nach und nach die Folgen der üblen Ereignisse sichtbar. Wenn das eine Fehlverhalten in seinem Ausmaß an Schrecken erkannt ist, wird das nächste erkennbar. So heißt es im Heiligen Koran dazu:

»Die Unseren Zeichen Glauben versagen, die werden Wir bald ins Feuer stoßen. Sooft ihre Haut verbrannt ist, geben Wir ihnen eine andere Haut, damit sie die Strafe auskosten. Wahrlich, Allah ist allmächtig, allweise.« (4:57)

Die Herzen der Höllenbewohner werden »öde« sein (14:44), und »das Feuer Allahs, das entzündete« wird »über die Herzen hinwegzüngeln«, d.h. diejenigen, die Gott außer Acht ließen oder vergaßen, werden dies als äußerst schmerzhaft empfinden, und das schonungslose Erkennen der Wahrheit wird sich wie ein Feuer äußern, das alles Verhüllende, Beschwichtigende und Bedeckende wegbrennt. »Das Feuer Allahs« wird »das Verzehrende« sein, »es wird sich wölben über ihnen in ausgestreckten Säulen« (104:2–10), d.h. es wird das Gegenteil vom »geraden Weg« sein, zu dem das Hauptgebet der Muslime, die Sure Al-Fateha (1:6), auffordert, und in der Form auftreten, die im diesseitigen Leben ihre schlechten Angewohnheiten, üblen Sitten und abergläubischen Gebräuchen angenommen hatten: in den Himmel ragende Verhaltensmuster ohne tieferen Sinn und Zweck, die von ihnen als angebliche Notwendigkeit aufgetürmt wurden (d.h. »ausgestreckte Säulen«).

Eine »Feuerflamme« (70:16) wird über die Höllenbewohner kommen, »die Kopfhaut gänzlich abziehend« (70:17), d.h. ihre Gedankengespinste, mit denen sie sich auf Erden ausschmückten, sich selbst und andere dadurch in falscher Sicherheit wiegend, werden von ihnen genommen, und sie werden bei ihrer »lügenden, sündigen Stirnlocke« ergriffen (96:17). Und diejenigen, die sie sozusagen oder auch wirklich außer Gott anbeteten, »Menschen und Steine« (66:7), werden Nahrung des Höllenfeuers sein.

Diejenigen, die in das Höllenfeuer eingehen, werden von »19« Engeln bewacht werden (74:31), womit die Hüter der sieben Sinne der äußeren Wahrnehmung, die Fähigkeit, sich im Raum zurechtzufinden, und der innere Sinn für Hunger, Durst etc. sowie ihre spirituellen Entsprechungen und abschließend, als neunzehntes, die Willenskraft des Menschen als kontrollierendes Organ gemeint sein können.

Hier ist darauf zu verweisen, dass die Transformation der Sinne, vom bloß äußerlichem Wahrnehmen hin zu einer spirituellen Wahrnehmung, die Aufgabe des Muslims, seine Läuterung (91:10), darstellt. Es geht im Islam nicht darum, die Sinne völlig abzutöten, sondern durch den Ich-Tod, also die Überwindung egoistischer Absichten und Verhaltensweisen, ihre Verfeinerung und Transzendierung zu erreichen, so dass das Körperliche durch das Spirituelle ersetzt wird. Der große Sufi-Dichter Jalaluddin Rumi schrieb dazu, dass er nicht herkömmliche Nahrungsmittel auf herkömmliche Weise zu sich nehme, sondern nur Licht. Damit ist nicht gemeint, dass er nichts mehr aß und sich sozusagen rein sprituell von Licht ernährte, sondern dass, wie Mirza Ghulam Ahmad darlegte, die Nahrungsmittel eine neue Qualität erreichen, also eine innere Bedeutung enthüllen. Dies gilt gleichermaßen für alle Sinne des Menschen, wenn er den Pfad zu Gott geht und durch die Gnade Gottes dafür belohnt und ausgezeichnet wird.

Wer immer das »Krankenhaus Hölle« betreten wird, wird seine Freiheit verlieren:

»Was aber den anlangt, dem sein Buch (der Rechenschaft) in die Linke gegeben wird, so wird er sprechen: ›O wäre mir doch mein Buch nicht gegeben worden! O hätte doch der Tod (mit mir) ein Ende gemacht! Mein Besitz hat mir nichts genützt. Meine Macht ist von mir gegangen.‹ ›Ergreift ihn und fesselt ihn, dann werft ihn in die Hölle. Dann stoßt ihn in eine Kette, deren Länge siebzig Ellen ist; denn er glaubte nicht an Allah, den Großen, und forderte nicht auf zur Speisung der Armen. Keinen Freund hat er drum hier heute und keine Nahrung außer Blut, mit Wasser gemischt, das nur die Sünder essen.‹« (69:26–38)

In dieser Situation ist der Mensch völlig allein. Die Kette, in die er geworfen wird, ist das Ergebnis seines Lebens, wenn wir von einem durchschnittlichen Alter von siebzig Jahren ausgehen, wobei anzumerken bleibt, dass die Zahl 70 im Arabischen eine gewisse Abrundung, Vollkommenheit oder ein Ergebnis signalisiert. Mit der Kette ist aber auch das gemeint, an das der Mensch sich in diesem Leben kettete, seine Abhängigkeiten, seine Anhaftungen, seine Angewohnheiten, sein weltliches Begehren. Davon zehrt er nun, wobei das im letzten Vers erwähnte Blut für Eigensucht stehen mag, dem ein Mittel, sich dessen Schändlichkeit und Schädlichkeit bewusst zu werden, beigemischt wird.

In einer anderen Sure spricht Allah über jene, die Gott für eine Erfindung des Menschen hielten:

»Wehe an jenem Tag (des Gerichts) den Leugnern. ›Gehet nun hin zu dem, was ihr nicht glaubtet. Gehet hin zu einem Schatten, der drei Wandlungen hat, der keine Erleichterung bietet noch vor der Flamme schützt.‹ Siehe, sie wirft Funken empor gleich Türmen, als wären sie Kamele von hellgelber Farbe. Wehe an jenem Tag den Leugnern! Das ist ein Tag, da sie nicht (fähig sein werden zu) sprechen, noch wird ihnen erlaubt sein, Entschuldigungen vorzubringen.« (77:29–38)

Mit den drei Wandlungen können drei grundsätzliche Fehler des Menschen gemeint sein: Irrtümer der Wahrnehmung und des Verstandes, Vergehen im sensuellen, sexuellen Bereich und die Willensschwäche, sich gegen das Böse in sich und außer sich zu wehren. Sie können auch bedeuten, dass weder von links noch von rechts noch von oben dem Menschen in diesem Zustand Rettung zukommen mag, zumal in Sure 7 Vers 42 die Hölle als Pfuhl mit einer Decke über sich bezeichnet wird. Gemeint sein kann auch, dass es diesem Menschen an wahrer Empfindung, klaren Gedanken und dem Vermögen, richtige Urteile zu fällen, mangelte.

In schreckenerregenden Bildern beschreibt Allah im Koran die schwierige Heilung der Höllenbewohner von ihren moralischen und spirituellen Krankheiten. Beispielsweise heißt es in der Sure Al-Hadsch:

»Die nun ungläubig sind, Kleider aus Feuer werden für sie zurechtgeschnitten werden; siedendes Wasser wird über ihre Köpfe gegossen werden, wodurch das, was in ihren Bäuchen ist, und die Haut schmelzen wird; und ihnen sind eiserne Keulen bestimmt. Sooft sie vor Angst daraus zu entrinnen streben, sollen sie wieder dahin zurückgetrieben werden; und (es wird zu ihnen gesprochen werden): ›Kostet die Strafe des Verbrennens.‹« (22:20–23)

Mit den »Kleidern aus Feuer« mag gemeint sein, dass sie von ihrem Zorn, ihrer Unbeherrschtheit, ihrer Wut und ihrem unbändigen Hass umhüllt sein werden. Das »siedende Wasser«, das auf ihre Köpfe ausgegossen wird, bedeutet, dass die schreckliche Gewissheit, was sie eigentlich getan oder unterlassen haben, sie einholen wird. Durch dieses Wasser wird ihr Zweifel (das, »was in ihren Bäuchen ist«) behoben, während »die Haut schmelzen wird«, d. h. die Unreinheiten ihrer Versündigungen der Sinne werden nach und nach ausgelöscht.

Das Wort »Keulen« lautet im Arabischen »maqamakh«, was soviel bedeutet wie: jemand hinderte einen anderen mit Gewalt, etwas zu tun, das er beabsichtigte; jemand beherrschte und entehrte jemanden; jemand schlug sich auf den oberen Teil des Kopfes (Aqrab). Somit wird durch »Keulen« zum Ausdruck gebracht, dass die Folgen von Unterdrückung, Gewalt, vor allem in Angelegenheiten des Gewissens und des Glaubens, sichtbar werden, wodurch die Verursacher der Unterdrückung entehrt werden, was sie beschämen wird.

Dass die Höllenbewohner in die Hölle zurückgetrieben werden, wenn sie aus Angst aus ihr zu entfliehen suchen, verweist auf das Phänomen, dass es so lange keine wahre Erlösung gibt, bis die Ursachen von spiritueller Verunreinigung erkannt werden. Vor Erkenntnis und Wahrheit zu fliehen ist keine tatsächliche Erleichterung. So sehr diese Bilder auch schmerzen, so sehr sind sie auch Träger einer frohen Botschaft: dass nämlich der Zustand der Unreinheit durch die verabreichte geistige Medizin letztlich beseitigt wird. Das heißt, wenn alle Sünden »verbrannt« sind, ist ein Zustand der Unschuld wieder erlangt und damit der Weg ins Paradies offen.

Im Koran wird das Verzeichnis der Sünden der Frevler, also das Buch, in dem die Untaten der Höllenbewohner aufgeschrieben sind, »Sidschin« genannt (83:8). Damit ist zwar nicht ein Buch aus Papier oder Pergament gemeint, aber jene Struktur des Menschen, in der seine Übertretungen der Gesetze manifest wurden. Das arabische Wort Sidschin bedeutet soviel wie Gefängnis oder etwas Hartes oder Schweres, etwas Langandauerndes, schier Ewiges oder Immerwährendes. Dies weist darauf hin, dass der Aufenthalt in der Hölle nicht von kurzer Dauer sein wird.

Wenn auch ein Versprechen vom Koran gegeben wird, dass die Höllenstrafe einen Sinn hat, nämlich das Bewirken von Heilung moralischer und spiritueller Krankheiten, so ist die Medizin doch bitter.

Am schlimmsten wird es für die sein, die sich auf Erden über alle Maßen versündigten, dass sie am Tage des Gerichts keine Zuwendung seitens Allahs, den sie ja ein Leben lang leugneten, erfahren werden. Es heißt im Koran:

»Allah wird sie nicht anreden am Tage der Auferstehung, noch wird Er sie reinigen.« (2:175)

Und:

»Und Allah wird weder zu ihnen sprechen, noch auf sie blicken am Tage der Auferstehung, noch wird Er sie reinigen; und ihnen wird schmerzliche Strafe.« (3:78)

8

Ist die Hölle ewig?

Wenn nun das »Buch« des Lebens abgeschlossen ist und keine Ausflüchte mehr helfen, wird das Verzeichnis der üblen Taten der zur Hölle gewandten Menschen, so heißt es in Sure 83 Vers 8, in »Sidschin« sein und keine Änderung ist mehr möglich. Wie erwähnt bedeutet »Sidschin« nach dem bekannten Arabisch-Lexikon *Lisan* u.a. einen Ort, an dem die Verurteilten auf lange, sehr lange, eigentlich unvorstellbar lange Zeit bleiben müssen. Der Koran spricht von der Hölle deswegen mit unbestimmten Zeitangaben wie:

»Die aber ungläubig sind und Unsere Zeichen leugnen, die sollen Bewohner des Feuers sein; darin müssen sie bleiben.« (2:40)

Oder es wird gesagt:

»Wahrlich, ihr und das, was ihr anbetet statt Allah, Brennstoff der Hölle ist's. Dahin werdet ihr kommen müssen. Wären diese Götter gewesen (d.h. hätte jenes oder hätten jene, die fälschlich und unnützerweise verehrt und »angebetet« wurden, in Wirklichkeit und nicht nur dem Anschein nach Macht gehabt.), sie (die Höllenbewohner) wären nicht dahin (in die Hölle) gekommen; doch sie müssen alle darin bleiben. Ihr Los darin wird Stöhnen sein, und darin werden sie nicht hören (d.h. sie werden nicht in der Lage sein, die Stimme der Vernunft oder des Gewissens, geschweige denn der Botschafter und Gesandten Gottes so wahrzunehmen, dass sie in freier Entscheidung Nutzen und Folgerungen daraus ziehen können; die Zeit, die dazu da war, ist verwirkt, nun ist nur noch die Konsequenz der Nichtbeachtung dieser Stimmen auf Erden zu erleiden.)« (21:99–101)

Wenn in diesen Versen nur gesagt wird, dass die der Hölle Überantworteten in ihr »bleiben müssen«, ohne dass Auskunft darüber gegeben wird, ob dieser Zustand einstmals aufgehoben wird, dann lässt sich daraus schließen – und dies haben etliche Ulema (also islamische Theologen) immer wieder getan –, dass es kein Entrinnen aus der Hölle gibt und der Zustand der Pein und des Schmerzes, der ihren Insassen zuteil wird, ewig andauern wird.

In anderen Versen heißt es, beispielsweise über die »Heuchler und Heuchlerinnen« und die »Ungläubigen«, dass sie im Feuer der Hölle »bleiben« müssen und »ihnen wird dauernde Strafe« (9:68), ohne dass erwähnt wird, ob es ein Ende der Bestrafung geben kann.

In gleicher Weise heißt es über die Höllenbewohner, dass sie sich »die Teufel zu Freunden« genommen haben (7:31) oder dass ihre Freunde »die Verführer« waren, die sie »aus dem Licht in die Finsternisse« führten, so dass sie »die Bewohner des Feuers« sind, in dem sie »bleiben« müssen (2:258). Sie werden dann nicht in der Lage sein, aus der Hölle einen »Ausweg« zu »finden« (4:122). Wenn sie »aus Angst daraus zu entrinnen streben, sollen sie wieder dahin zurückgetrieben werden; und (es wird zu ihnen gesprochen werden): ›Kostet die Strafe des Verbrennens‹.« (22:23), d.h. so, wie materieller Brennstoff zu Asche wird, muss das ganze Ausmaß der Versündigung vom Schuldigen erkannt und von der Wurzel her ausgerottet werden, bis die Ursachen und Konsequenzen der Sünde den Menschen verlassen haben. An jenem Ort wird es gleich für sie sein, ob sie dort ungeduldig oder geduldig sind, denn sie werden nunmehr vollkommen gerecht nur für das »belohnt«, was sie getan (52:17).

Etliche Male wird über die Insassen der Hölle gesagt, dass sie in der Hölle »weder leben noch sterben«. So in Sure 20 Vers 75:

»Fürwahr, wer im Zustande der Sündhaftigkeit zu seinem Herrn kommt, für den ist die Hölle; darin soll er weder sterben noch leben.«

Oder in Sure 14:17–18:

»Vor ihm (dem Sünder) liegt die Hölle; und getränkt soll er werden mit siedendem Wasser. Er soll daran nippen und soll nicht imstande sein, es leicht hinunterzuschlucken. Und der Tod soll zu ihm kommen von allen Seiten, doch soll er nicht sterben. Und außerdem ist noch eine strenge Strafe.«

Diese Verse lassen sich so verstehen, dass es dem Menschen, der sich nach dem Tode plötzlich in einer Situation sieht, die er nicht für möglich hielt, sehr schwer fällt, mit der unerwarteten Erkenntnis der ihm zugrunde liegenden Realität fertig zu werden. Wiewohl er gezwungen ist, sie wahrzunehmen, ist er doch unfähig, sich ganz auf sie einzustellen, da die Konfrontation mit seinem falschen und ungerechtfertigten Stolz (dem siedenden Wasser) aufgrund der den Umständen der Dimension des Jenseits unangepassten Wahrnehmungsinstanzen auf eine nur zögerliche Einsichtsfähigkeit trifft. Zwar fehlt es nicht an Einblick in die heillose Situation, d.h. der Tod kommt zu ihm von allen Seiten in dem Sinne, dass er sich bewusst wird, dass all das, womit er sich vormals, im Diesseits, vor der nüchternen Aufnahme der Tatbestände zu retten pflegte (indem er sich rausredete, Ausflüchte ersann, sich beschwichtigte, Zuflucht in Rauschmitteln und Sinnesbetäubungen suchte), nun keinen Sinn mehr macht; aber die nun erlebte blanke Wirklichkeit, die bar jeder Umschleierung und Beschönigung ist, bietet keine Möglichkeit des Entkommens, indem man Hilfe fände in irgendetwas, das die Situation milderte oder vertuschte. Der Mensch dort kann nicht sterben, d.h. erlöschen oder vergehen. Die Folgen seines irdischen Tuns, das, was seine »Hände vorausgesandt haben« (8:52), holen ihn gnadenlos ein. Die »Wohnstatt« des Feuers ist es, die er sich erwarb (10:9):

»Und für alle sind Stufen gemäß dem, was sie tun, auf dass Er ihnen ihre Taten voll vergelte; und kein Unrecht soll ihnen widerfahren.« (46:20)

Nun sagt der Koran auch, dass jeder Mensch auf Erden mit der Hölle in Berührung kommt, sei es, dass ihm durch Beobachtung der höllische Zustand, in dem sich andere befinden, deutlich wird, oder aber, oder dass er über sein Tun und Lassen nachsinnt und sich klar macht, wohin sein Weg führt, wodurch er zur Umkehr gebracht wird, oder sei es, dass er in eine unglückliche Lage gerät, die durch ihren Schrecken heilsam sein könnte. Dazu heißt es:

»Doch wenn das große Unheil kommt, der Tag, da der Mensch sich (all) das ins Gedächtnis zurückrufen wird, was er erstrebt, und die Hölle aufgedeckt wird für den, der sieht, dann, was den angeht, der trotzt, und der das Leben hinieden vorzieht, brennendes Feuer soll fürwahr (seine) Wohnstatt sein. Was aber den anlangt, der das Stehen vor seinem Herrn fürchtet und die eigne Seele vor niederem Gelüst abhält, so wird der Garten (d.h. ein Paradies) sicherlich (seine) Wohnstatt sein.« (79:35–42)

Noch konkreter wird der Weg der Menschen in dieser Welt, auf dem auch die Hölle liegt, in den folgenden Versen beschrieben:

»Und es spricht der Mensch: ›Wie! wenn ich tot bin, soll ich dann wirklich zum Leben erstehen?‹ Bedenkt der Mensch denn nicht, dass Wir ihn zuvor erschufen, und er war ein Nichts? Und, bei deinem Herrn, Wir werden sie ganz gewiss versammeln, und die Teufel (auch); dann werden Wir sie auf den Knien rund um die Hölle bringen. Alsdann werden Wir aus jeder Gruppe die herausgreifen, die am trotzigsten waren in der Empörung wider den Gnadenreichen. Und Wir kennen die am besten, die es am meisten verdienen, darein zu gehen. Keiner ist unter euch, der nicht dahin kommen wird – das ist ein endgültiger Erlass bei deinem Herrn. Dann werden Wir die Gerechten erretten, die Frevler aber werden Wir darinnen belassen auf ihren Knien.« (19:67–73)

Die diesen Versen voranstehende Frage, ob es denn Leben geben wird nach dem Tod, betrifft nicht nur das Jenseitige nach dem physischen Ableben, sondern auch den Zustand jener in dieser Welt, die sich fragen, was denn mit ihnen wird, wenn sie bestimmte Dinge nicht tun, von denen sie hören, dass sie Sünde seien, während ihr Vorstellungsvermögen, was tatsächlich auf sie zukommt, wenn sie ihr derzeitiges Tun aufgeben, versagt. Beide Überlegungen entspringen einem Unglauben oder Mangel an ausreichendem Glauben. Gott antwortet mit dem elementaren Hinweis darauf, dass sie zuvor keine Ahnung hatten, was Leben ist, ja, dass sie »ein Nichts« waren und trotzdem nun begabt mit den Fähigkeiten ihrer Sinne und ihres Verstandes. Warum also zweifeln sie, dass der Ursprung des Lebens, der allmächtige

Schöpfer, in der Lage sein wird, ihnen aus seiner Fülle zu geben, was sie benötigen, wenn sie das aufgeben, was ihnen nur trügerisch Sicherheit und Behagen verspricht? Mit dem »Tot sein«, das hier zur Sprache kommt, ist also sowohl der physische Tod als auch der Tod des Ego gemeint.

In der Folge, so sagen diese Verse weiter, werden die Menschen, also jene, die sich formen und bilden lassen wollen, als auch jene, die teuflische Charakterzüge angenommen haben, in einem Zustand der Demütigung mit der Hölle in Berührung gebracht. Ihre Nichtigkeit und ihr falschzüngiges Reden, ihre Fehler und Versäumnisse und Sünden werden ihnen vor Augen gestellt, denn einmal, zweimal werden die Menschen im Jahr von Gott geprüft (9:126). Wer dennoch nicht einsieht und sich wider besseres Wissen nicht dem geraden Weg, sondern herabwürdigendem, Unfrieden und Verderben stiftendem Tun widmet, wird tatsächlich schon in diesem Leben in der Hölle sein und darin bleiben. Jene werden blind auferweckt am Tage des Gerichts, wiewohl sie zuvor mit ihren physischen Augen, aber eben nicht mit ihren geistigen sehen konnten (17:73).

Pein und Leiden, Schmerzen und Verzweiflung zu erfahren ist in gewissem Maße das Schicksal eines jeden Menschen, führen diese Verse weiter aus, ob dies nun aus einer Form des Mitleidens und Mitleids besteht, oder aber aus persönlichen Zuständen, von denen der einzelne Mensch in sich betroffen ist. Aber jene, die gute Absichten hatten (wie etwa Adam) und nichts Böses wollten und sich vor dem Bösen so gut sie konnten hüteten, jene also, die über Gerechtigkeitssinn verfügten (zumal im Sinne einer Selbstkritik), werden von Allah aus der Hölle errettet und ihre Übel werden von ihnen genommen werden.

An diesen Versen lässt sich zeigen, dass Hölle nicht automatisch ewige Hölle bedeutet. Zwar warnt der Koran vor jenen Gläubigen, die meinen, sie würden nur ein paar Tage in der Hölle zubringen müssen (3:25), während Allah doch sagt: »Wie groß ist ihre Verkennung des Feuers« (2:176), doch wie lange auch immer die Dauer des Höllenaufenthaltes sein wird, deutlich wird durch den Koran und auch dementsprechende Hadithe, dass die Bestimmung aller Menschen einmal ihre Erlösung ist. Im Heiligen Koran heißt es dazu:

»Ich (d.h. der Allmächtige und Allgerechte Schöpfer aller Dinge und Wesen) treffe mit Meiner Strafe, wen Ich will; doch Meine Barmherzigkeit umfasst jedes Ding.« (7:157)

Auf diesen grundlegenden Eigenschaften des Göttlichen Wesens, also seiner allumfassenden Barmherzigkeit und vergebenden Liebe einerseits und seiner weisen und gerechten Bestrafung jener, die sich auf andere Weise nicht mahnen und von ihrem negativen, schadenbringenden Verhalten nicht abhalten lassen, beruht das Prinzip der göttlichen Ordnung hinsichtlich der Menschen. Darauf verweist auch der folgende Vers:

»Die Menschen waren einst nur eine einzige Gemeinde, dann aber wurden sie uneins; und wäre nicht ein Wort vorausgegangen von deinem Herrn, es wäre schon entschieden worden zwischen ihnen über das, darob sie uneins waren.« (10:20)

Hieraus wird ersichtlich, dass der Mensch, der von allem Geschaffenen am Streitsüchtigsten ist (18:55), wenn er sich von seinem falschen Stolz zur Sünde treiben lässt (2:207), immer wieder um eigener Vorteile willen dazu geneigt ist, Unfrieden zu stiften, anstatt sich in Geduld zu üben und sich der Versöhnung zuzuwenden. Der Koran lehrt nicht Vergebung um jeden Preis, weil manch ein Verbrecher sich dadurch nur ermuntert fühlen könnte, weitere schlechte Taten zu begehen, sondern Bestrafung in gerechtem Maß und Vergebung nur dann, wenn dadurch eine Besserung im Verhalten des Gesetzesübertreters bewirkt wird (42:41–44). Wenn der Mensch sich nicht an die Lehre von der absoluten Gerechtigkeit (4:59) hält, führt sein eigennütziges Verhalten zur Uneinigkeit unter denen, mit denen er unmittelbar zusammenlebt (Verwandten, Freunden, der Gesellschaft, in der er zu Hause ist), oder den Völkern.

Die Erkenntnis der Schönheit und des Friedens, die hingegen mit der Vereinigung und darauffolgender Einheit einhergeht, ist aber nur möglich, wenn der Mensch in seinem Wesen einen Grundzug der Liebe und Barmherzigkeit trägt. Der Mensch aber wurde von Gott mit der Fähigkeit geschaffen, sich mit den Eigenschaften Gottes zu färben (51:57), was den Sinn des Lebens ausmacht, also eine Bewusstseinserweiterung oder Verfeinerung der Sinne und Läuterung des Herzens als Voraussetzung für höhere Erkenntnis und weitumspanndere Erfahrungem, als sie die äußeren Sinne ermöglichen, wenn sie nicht transformiert sind. Neben der Beachtung der Verstandeskräfte kann wohl nur Liebe, die ins Herz eindringt (arabisch: Wudd) (19:97), einen tatsächlichen Sinneswandel hervorrufen. Und nur selbstloses Ausüben von Barmherzigkeit kann in Übereinstimmung mit gerechter Behandlung dem Menschen helfen, sich aus dem Zustand der wilden Seele, die sich dem Bösen zuneigt (12:54), zu erheben. Aber ein Bemühen um Befreiung des Menschen von selbstverschuldetem oder auferlegtem Leiden ist nur möglich, weil im Menschen selbst die Idee von der Erlösung vom Leiden angelegt ist. Sie ist ein Ausdruck der allumfassenden Barmherzigkeit Gottes.

Wenn nun gnadenreich und barmherzig zu sein (wie es im Eingangsvers der Suren heißt) zu den wesentlichsten Eigenschaften Gottes gehört, dann wäre ein Konzept ewiger Verdammnis ein Widerspruch dazu. Zwar kann kein Zweifel daran bestehen, dass die Sünder kein leichtes Gericht haben werden. Ihre Aufenthaltsdauer in der Hölle entspricht jedoch dem tatsächlichen Ausmaß ihrer Vergehen, ihnen wird nur vergolten, was sie getan (2:287). Die Zeit, die Menschen in der Hölle verbüßen müssen, wird also entsprechend dem Grad der Versündigung unterschiedlich lang sein. Aber da es keinen Menschen gibt, der nicht irgendwann einmal etwas Gutes getan hat, wird für jeden der Hölleninsassen auch einmal der Augenblick anbrechen, wenn er seine Vergehen verbüßt hat. Dann wird er aus der Hölle befreit werden.

Der Koran vergleicht deswegen die Hölle mit einem Mutterschoß, aus dem der Embryo ans Licht der Welt hinaustritt. Es heißt somit in Sure 101:9–12:

»Der aber, dessen Waage leicht ist, die Hölle wird seine Mutter (wörtlich: Mutterschoß) sein. Und was lehrt dich wissen, was das ist? – Ein rasendes Feuer.«

Sicherlich also wird jeder Mensch einmal »neu geboren« werden. Demjenigen, der dies in der Hölle erleben wird, erscheint es wie der absolute Höhepunkt eines äußerst schmerzhaften Verbrennungsprozesses, durch den jegliche Schlacke (Sünde) von ihm genommen wird und sein Ego total verglüht.

Aber ohne Zweifel ist hieraus erkennbar, dass es entsprechend den Lehren des Islam keine ewige Verdammnis, keine grausame, unendliche Bestrafung in der Hölle des Jenseits gibt, mag die Zeitdauer, die ein Hölleninsasse dort verweilen muss, auch unendlich lang vorkommen.

Unterstützt werden diese Aussagen des Korans von Äußerungen des Heiligen Propheten Mohammed. So heißt es in einem Hadith:

»Sogar dann, wenn die Einwohner der Hölle zahllos wie der Sand der Wüste sein mögen, wird ein Tag kommen, da sie aus ihr herausgeholt werden.« (Fathal Bayan 71 Maqasid al-Qur-an).

In einem anderen Hadith, das von dem berühmten Imam Ahmad bin Hanbal aufgrund der Autorität eines wohlbekannten Gefährten des Propheten überliefert wurde, heißt es:

»Dereinst wird es einen Tag in der Hölle geben, wenn ihre Eingangstore gegeneinander schlagen werden und niemand mehr in ihr sein wird. Dies wird geschehen, nachdem die Insassen der Hölle in ihr Jahrhunderte verbracht haben.« (Musnad und Bukhari).

Wiederum in einem anderen Hadith heißt es:

»Eine Zeit wird kommen, in der die Hölle leer sein wird; und der kühlende Hauch von Gottes Gnade wird durch sie wehen.« (Kommentar Maalam Al Tanzil zu Vers 108 der Sure 11)

Der Vers, den dieses Hadith kommentiert, besagt, dass die Unseligen so lange in der Hölle sein werden, wie Erde und Himmel existieren, es sei denn, dass Allah es anders will. Im Zusammenhang gelesen lautet die Koranstelle:

»Wenn jener Tag (des Jüngsten Gerichts) kommt, dann wird keine Seele sprechen, es sei denn mit Seiner (d. h. Allahs) Erlaubnis; dann sollen die einen von ihnen unselig sein und (die anderen) glückselig. Was nun die betrifft, die unselig sein sollen, so werden sie ins Feuer gelangen, worinnen für sie Seufzen und Schluchzen sein wird; darin zu bleiben, solange die Himmel und die Erde dauern, es sei denn, dass dein Herr es anders will. Wahrlich, dein Herr bewirkt alles, was Ihm gefällt. Was aber die anlangt, die glückselig sein sollen, sie werden in den Himmel kommen, darin zu weilen, solange die Himmel und die Erde dauern, es sei denn, dass dein Herr es anders will – eine Gabe, die nicht unterbrochen werden soll.« (11:106–108)

Betrachten wir diese Verse genauer, fällt auf, dass sowohl für die Dauer der Hölle als auch für die Dauer des Himmels (d.h. Paradieses) zunächst der Terminus »solange die Himmel und die Erde dauern, es sei denn, dass dein Herr es anders will« gebraucht wird. Im Anschluss daran steht aber bei der Angabe über die Höllendauer: »Wahrlich, dein Herr bewirkt alles, was Ihm gefällt.« Dieser Nachsatz wäre unsinnig, wenn er nicht signalisierte, dass Gott die Absicht hat, etwas zu bewirken, das im Zusammenhang mit dem Zustand der Hölleninsassen steht. Da dieser Satz sehr emphatisch vorgetragen wird, muß er als Ausdruck für etwas, das Allah beabsichtigt, gesehen werden.

Würde Allah nur im Sinn tragen, diejenigen, die ihre Seelen in Schanden und ins Verderben stürzten, büßen zu lassen, wäre der Nachsatz nicht notwendig. Im Zusammenhang mit dem Verdikt des Korans, dass die Barmherzigkeit Gottes jedes Ding umfasst (7:157), und der koranischen Aussage, dass jede Seele, die »auch nur eines Stäubchens Gewicht Gutes tut«, »es dann schauen wird« (99:8), aber auch durch das Versprechen Gottes, dass er Vergehen und Sünden nur im gleichen Maße bestraft, Gutes hingegen mehrfach belohnt (4:41), wird deutlich, dass es für die Höllenbewohner einen Zeitpunkt geben muss, wo sie ihre Strafe bis hin zur Läuterung abgebüßt haben, so dass sie daraufhin für das Gute, was sie getan haben, belohnt werden.

Entsprechend diesen Versen bedeutet das Wiegen der guten und schlechten Taten nicht, dass sie gegeneinander aufgerechnet werden, denn dies wäre keine vollkommene Gerechtigkeit. Eine böse Tat hat ihre Folgen, die begriffen und verarbeitet werden müssen. Würde man sie wegfallen lassen, indem man sagt, die betreffende Person hat ja auch etwas Gutes getan, würde sie nicht in vollstem Maße, also grundlegend, zu der Einsicht gelangen, was die Wurzel ihres bösen Tuns eigentlich ist, da sie ja meint, es könne ihr gelingen, die schlimmen Folgen des Bösen zu übersehen, indem sie irgendetwas Gutes tut. Dies könnte sie ja zu einer Handlungsweise verleiten, beim Tun des Bösen zu verharren, weil sie ja im Gegenzug auch etwas Gutes tut. Aber wer einer bestimmten Person gegenüber ungerecht war, kann dies nicht dadurch aufheben, dass er einer anderen Person etwas Gutes angedeihen lässt.

Die Frage, ob das Böse, das jemand getan hat, verziehen werden kann, so dass es nicht ins Gewicht fällt, beantwortet der Koran, indem er die Bedingung dafür, dass verziehen werden kann, erklärt:

»Doch die bereuen und sich bessern und offen (die Wahrheit) bekennen, zu denen kehre Ich Mich mit Verzeihen, denn Ich bin der Allvergebende, der Barmherzige.« (2:161)

Wie dargelegt, ist die Dauer des Höllenaufenthalts von Allah bemessen. Er hat die Menschen geschaffen, um ihnen Barmherzigkeit zu erweisen (11:120), was bedingt, dass ihr Herr in der Lage ist, sie von den üblen Folgen ihres bösen Tuns zu befreien, auch wenn sie die Chance zur Erlösung im diesseitigen Leben nicht genutzt hatten. Bemerkenswert ist aber auch, dass in jenem Vers, der auf den folgt, der den Zustand der Unseligen behandelt, Allah nach der Zeitangabe für die Dauer des Paradieses den Zusatz »eine Gabe, die nicht unterbrochen werden soll« anfügt, was über die Hölle nicht auf entsprechende Weise gesagt wird.

Dieser Zusatz lässt erkennen, dass das Paradies keine Begrenzung hat. Zudem aber auch, dass die Hölle eine Begrenzung haben muss. Denn wären beide Zustände, Himmel und Hölle, von gleichem Ausmaß, würde der Zusatz, dass die Einwohner des Paradieses sich ewig der Liebesbezeugungen und himmlischen Glückseligkeiten erfreuen dürfen, nicht notwendig. Auf ähnliche

Weise finden wir in anderen Versen, die die Dauer des Paradieses festlegen, jeweils Ausdrücke wie:

»Die aber glauben und gute Werke tun, die werden einen nimmer endenden Lohn erhalten.« (41:9) oder »ihrer ist unendlicher Lohn« (84:26 und 95:7).

Bezüglich der Dauer der Hölle aber finden wir solche Zeitangaben nicht, was klarstellt, dass Hölle und Himmel von unterschiedlicher Dauer sind. Wäre dies nicht so, müssten sich im Koran eindeutige Angaben über die Ewigkeit der Hölle finden lassen oder aber auch Hinweise darauf, dass Gottes Barmherzigkeit und Gnade viele seiner Geschöpfe ausspart. Im Koran aber heißt es mehrfach, dass Allah »Sich Selbst Barmherzigkeit vorgeschrieben« hat (6:55). Im Vers 13 der Sure 6 heißt es dazu:

»Sprich: ›Wessen ist, was in den Himmeln und was auf Erden ist?‹ Sprich: ›Allahs‹. Er hat Sich Selbst Barmherzigkeit vorgeschrieben. Er wird euch gewißlich weiter versammeln bis zum Tage der Auferstehung. Daran ist kein Zweifel. Jene aber, die ihre Seelen verderben, die wollen nicht glauben.«

In derselben Sure, Vers 148, wird ebenfalls noch einmal betont, dass Allah allbarmherzig ist:

»Wenn sie dich aber der Lüge zeihen, so sprich: »Euer Herr ist von allumfassender Barmherzigkeit, doch Seine Strenge soll nicht abgewendet werden von dem schuldigen Volk.«

Aus den beiden zuletzt zitierten Versen geht hervor, dass Strafe Gottes vom Menschen selbstverschuldet ist. Sie ist letztlich das Ergebnis von Unglauben, wenn ein Mensch Irregehen gegen Führung eintauscht (2:17). Hingegen ist es der Wunsch Gottes, sich dem Menschen in Barmherzigkeit und allverzeihend zuzuwenden, so dass er die ihm gehorsamen Engel (womit auch Menschen gemeint sind, die sozusagen den Charakter eines Engels erworben haben) auffordert, für die Menschen zu beten:

»Die (Engel, die den) Thron tragen und die ihn umringen, sie verkünden den Preis ihres Herrn und glauben an Ihn und erbitten Vergebung für jene, die gläubig sind: ›Unser Herr, Du umfasst alle Dinge mit Barmherzigkeit und Wissen. Vergib darum denen, die bereuen und Deinem Wege folgen; und bewahre sie vor der Strafe der Hölle. Unser Herr, lasse sie eintreten in die Gärten der Ewigkeit, die Du ihnen verheißen hast, wie auch jenen ihrer Väter und ihrer Frauen und ihrer Kinder, die rechtschaffen sind. Gewiss, Du bist der Allmächtige, der Allweise. Und bewahre sie vor Übel, denn: wen Du vor Übel bewahrst an jenem Tage – ihm hast Du wahrlich Barmherzigkeit erwiesen. Und das ist die höchste Glückseligkeit.‹« (40:8–10)

9

Das Paradies

Der den Gläubigen im Jenseits verheißene Ort wird im Koran mit dem Wort »Jannat« bezeichnet. »Jannat« heißt wörtlich übersetzt: »Garten« und meint etwas, das verschleiert ist, etwas, das verborgen ist, oder etwas, das etwas bedeckt. In weiterer Erklärung fügen die großen Wörterbücher der arabischen Sprache, *Aqrab* und *Lane,* hinzu: Jannat bedeutet irgendein Garten, in dem Bäume stehen, durch die das Erdreich bedeckt oder verborgen wird, ein üppiger Garten, überreich an Fruchtbarkeit und voller Annehmlichkeiten.

Mit »Jannat« ist also ein Paradies bezeichnet oder ein Himmel, weil dort die Barmherzigkeit Gottes seine Bewohner umhüllt und vor allen Gefahren oder Schwierigkeiten bedeckt hält, so wie Bäume eines Gartens den Boden bedecken; oder, weil die Segnungen des Himmels vor den Augen der Irdischen verhüllt sind und verschleiert. Bäume sind, wie wir zuvor ausgeführt haben, ein Ausdruck für den guten Glauben, den die Paradiesbewohner auf Erden bewahrten und in dessen Schatten sie Gutes wirkten, wobei die Ströme, die den Garten durchfließen, die guten Handlungen des Menschen repräsentieren.

Im Koran heißt es gleich zu Anfang, in der Sure 2 Vers 26, dementsprechend:

»Und bringe frohe Botschaft denen, die glauben und gute Werke tun, dass Gärten für sie sind, durch die Ströme fließen. Wann immer ihnen von den Früchten daraus gegeben wird, werden sie sprechen: ›Das ist (das), was uns zuvor gegeben wurde‹, und (Gaben) gleicher Art sollen ihnen dargebracht werden. Und sie werden darin Gefährten und Gefährtinnen haben von vollkommener Reinheit, und darin werden sie weilen.«

Es ist oftmals gesagt worden, dass die Paradies-Beschreibung des Korans auf die Araber zurechtgeschnitten sei, da sie, in der Wüste und in Sonnenglut lebend, von schattigen Gärten und fließenden Wassern träumen würden. Aber die Schönheit von Gärten wird auf der ganzen Welt geschätzt. Ein Garten ist die Verkörperung der gezähmten Wildnis, ein Ort, an dem keine Gefahren durch wilde Tiere lauern, in dem alles sein rechtes Maß hat, nichts Schadenbringendes wuchert, sondern alles so gepflanzt worden ist und in der Folge so gehegt und gepflegt wird, dass er eine Lust den Beschauern ist. Ein Ort, der zum Verweilen einlädt, an dem man sich ausruht und erholt, in dem man sinnend und wohl auch betend spazieren geht, in dem man Feste feiert und Picknick macht etc. Ein Garten ist somit Ausdruck von Frieden. Er ist umzäunt und somit beschützt vor allen Widrigkeiten der Außenwelt. Ein Ort der Liebe und der Freude, ein Ort der Dankbarkeit und Erfrischung.

Was uns heute auf dieser Welt an Gärten so beglückt, ist die Fülle an Früchten und Blumen, an Quellen und Brunnen, an dort aufgestellen Kunstwerken und lauschigen Plätzen, die zum Ruhen einladen, und die Innigkeit, Herzlichkeit und Trost verspüren lassen. Ein Garten ist Zeichen privaten Glücks, wenn er zum eigenen Haus gehört, oder auch gesellschaftlicher Vergnügungen, wie etwa Palmengärten in den Großstädten, oder Parkanlagen. All dies ist keineswegs allein Sehnsucht von Wüstenbewohnern. Der Prophet Mohammed wurde, dem Koran zufolge, als Barmherzigkeit für alle Welten entsandt (21:108), und der Gott des Islam, der sich dem Propheten mit dem Eigennamen Allah zu erkennen gegeben hat, ist universal. So heißt es im Koran:

»Allahs ist der Osten und der Westen; wohin immer ihr also euch wendet, dort ist Allahs Angesicht. Wahrlich, Allah ist freigebig, allwissend.« (2:116)

Der Islam versteht sich mithin als universale Religion und nicht als eine nur für ein bestimmtes Volk gesandte Form des Gottesdienstes. Dies war denjenigen, die zuerst und unmittelbar an den Offenbarungen Gottes, die dem Propheten Mohammed gewährt worden waren, Anteil hatten, auch bewusst. Der Heilige Prophet selbst hat demzufolge sich stets als Prophet für alle Menschen verstanden und dies, gemäß den Koran-Versen, die dies ausdrücklich betonen, auch immer wieder kundgetan (7:159), so auch in seiner berühmten Abschiedsrede, in der er mit allem Nachdruck verkündete, dass ein Araber keinen Vorzug vor einem Nicht-Araber hat, und umgekehrt, und dass ein Weißer keinen Vorzug vor einem Schwarzen hat, und umgekehrt.

Die Bilder, Metaphern und Gleichnisse, die im Koran geprägt werden, entsprechen deswegen keineswegs den Bedürfnissen der Musliminnen und Muslime Arabiens allein (ganz zu schweigen davon, dass zu den frühesten Gefährten und Gefährtinnen des Heiligen Propheten auch Nicht-Araber gehörten, so der erste Muezzin, Bilal, und Salman der Perser, sowie die aus Ägypten stammende Koptin Maryam, die eine Gemahlin des Heiligen Propheten war). Natürlich gibt es in der Sehnsucht aller Menschen Gemeinsamkeiten, die um irdische Schönheit kreisen. Seien es hübsche und wohlgestaltete Jünglinge oder Jungfrauen, saftige Früchte, zartes Fleisch, Teppiche oder köstlich schmeckende Milch und andere Getränke, wie etwa Wein.

Wenn Allah diese irdischen Vorstellungen entsprechenden Annehmlichkeiten, die stets mit Augen der Liebe betrachtet werden, im Koran erwähnt, dann nicht, um schlichten Gemütern ein nur sinnliches Paradies auszumalen, eine Art Schlaraffenland, sondern um ihnen eine Vision, eine Ahnung auch, von dem zu geben, was sie erwartet, wenn sie die Lehre des Islam beherzigen.

Denn, wer den Koran liest und dabei seinen Verstand benutzt, wird nicht anders denken können als in dem Sinne, dass den Anstrengungen, die ein Mensch bewältigen muss, um in einen Zustand der Glückseligkeit zu kommen, durch eine Erleichterung vergolten wird.

Der Koran sagt:

»Wer da strebt, strebt nur für seine eigene Seele; denn Allah ist unabhängig von allen Welten.« (29:7)

Als Ziel des Muslims sollte daher nicht vorrangig materieller

Wohlstand dienen, vielmehr ist ihm das Streben der Seele nach inneren Freuden aufgetragen, Werten, die länger andauern, ja, die sogar immerwährend sind, Freuden also, die uns etwa durch eine in Treue feste Liebesbeziehung zuteil werden oder irgendein Werk, sei es ein selbst erbautes oder rechtmäßig erworbenes Haus, oder eine Frucht geistiger Art oder die innere Zufriedenheit, die jemandem gewährt wird, der Kinder auf bestmögliche Art und Weise schult und so erzieht, dass sie geschützt werden vor Ruin und psychischen oder materiellen Katastrophen.

Sicherlich gibt der Koran Anweisungen auch für das irdische Glück materieller Natur. Aber dazu wird von Salomon, dem König und Propheten, gesagt, dass er sprach:

»Ich habe die guten Dinge dieser Welt sehr lieb um der Erinnerung meines Herrn willen.« (38:33)

In diesem Sinne hat ein Muslim, wie es in der Sure Ar-Rahman (55) heißt, »zwei Gärten«. Damit ist gemeint, dass einem Muslim ein glückliches Dasein im Diesseits wie im Jenseits versprochen ist, wenn er sich gehorsam im Dienste an Gott und seinen Mitmenschen erweist und alles tut, um sich zu reinigen und in allen Bereichen seines Daseins, physisch, intellektuell, moralisch und spirituell auf die ihm mögliche Art und Weise danach strebt, Vollkommenheit zu erlangen.

Von den Muslimen, die so denken und handeln, wird im Koran gesagt:

»Wer recht handelt, ob Mann oder Frau, und gläubig ist, dem werden Wir gewisslich ein reines Leben gewähren; und Wir werden gewisslich solchen ihren Lohn bemessen nach dem besten ihrer Werke.« (16:98)

Und in Abgrenzung zu jenen, die sich an ihren Seelen versündigen, heißt es in der Sure 40 Vers 41:

»Wer Böses tut, dem soll nur mit Gleichem vergolten werden; wer aber Gutes tut – sei es Mann oder Frau – und gläubig ist, diese werden in den Garten eintreten; darin werden sie versorgt werden mit Unterhalt ohne zu rechnen.«

Indes ermahnt Allah die Menschen:

»Bei der (flüchtigen) Zeit, wahrlich, der Mensch ist in einem Zustand des Verlusts, außer denen, die glauben und gute Werke tun und einander zur Wahrheit mahnen und einander zum Ausharren mahnen.« (103:2–4)

Und von den Gefolgsleuten Mose heißt es warnend, dass sie sich das Kalb nahmen (2:93), was bedeutet, dass ihr Glaube an die spirituelle Welt versiegte, dass sie sich in irdischen Angelegenheiten verloren und in ihrer Gier nach Leben irregingen (2:62).

Andererseits sagt Allah immer wieder, dass es den Gläubigen nicht verboten ist, von den erlaubten, guten Dingen zu essen. Ja, er betont, dass alle Gottgesandten, alle Propheten, von Adam bis Jesus, Speise zu sich zu nehmen pflegten, was ihrer Menschlichkeit entspricht (5:76) und sie von Gott, der keine Nahrung benötigt, sondern Der Sich Selbst Genügende (Al-Ghaniyy) ist, unterscheidet.

Es lässt sich also weder sagen, dass der Islam eine rein auf das Jenseits noch eine bloß auf das Diesseits bezogene Religion ist. Demzufolge heißt es in einem der berühmtesten Gebete des Korans, das wir zuvor schon einmal zitierten:

»O Herr, gewähre uns Gutes in dieser Welt und Gutes in der künftigen und bewahre uns vor der Pein des Feuers«. (2:202)

Die Religion des Islam strebt somit ein Paradies auf Erden an und das Paradies im Himmel. Allah sagt in Sure 22 Vers 79:

»Und eifert in Allahs Sache, wie dafür geeifert werden soll. Er hat euch erwählt und hat euch keine Härte auferlegt in der Religion; (folget) dem Bekenntnis eures Vaters Abraham. Er ist es, Der euch vordem schon Muslime nannte und (nun) in diesem (Buche), damit der Gesandte Zeuge sei über euch und damit ihr Zeugen seid über die Menschen. Drum verrichtet das Gebet und zahlet die Zakat (Almosen) und haltet fest an Allah. Er ist euer Gebieter. Ein vortrefflicher Gebieter und ein vortrefflicher Helfer!«

Wenn Mystiker und Heilige, gleich den Propheten, sich spezielle Übungen, Nachtwachen, Fasten etc., auferlegt haben, dann war ihr Ziel nicht, körperliche Bedürfnisse abzutöten, sondern sie zu zähmen. Zähmung bedeutet Überwindung von üblen Gelüsten. Demzufolge heißt es im Koran:

»...kehre dich denn zu deinem Schöpfer und töte dich selbst; das ist am besten für dich vor deinem Schöpfer.« (2:55).

Dies ist eine Weisheit, aber Mönchtum beispielsweise wird vom Koran abgelehnt (57:28), und es ist erlaubt, die guten Dinge zu genießen, wobei aus dem körperlichen Genuss dann Schritt für Schritt ein transzendierter Genuss werden sollte.

Mithin spricht Allah im Koran davon, dass der Prophet Adam und seine Frau in einem Paradies lebten, womit nicht ein überirdischer Ort gemeint ist, sondern ein Paradies auf Erden, in dem er und die mit ihm Glaubenden mit allen versorgt wurden, dessen sie bedurften:

»Und als Wir zu den Engeln sprachen: ›Bezeuget Adam Ehrerbietung‹, da bezeugten sie (ihm) Ehrerbietung. Nur Iblis nicht. Er weigerte sich. Darum sprachen Wir: ›O Adam, dieser ist dir ein Feind und deiner Frau; dass er euch nicht beide aus dem Garten treibe. Sonst würdest du elend. Es ist für dich (gesorgt), dass du darin weder Hunger fühlen noch nackend sein sollst, und dass du darin nicht dürsten noch der Sonnenhitze ausgesetzt sein sollst.‹« (20:117–120)

Dieser Garten ist sowohl materiell als auch spirituell zu verstehen. Durch den Irrtum, dem Adam anheimfiel, wiewohl Gott keine Absicht zum Bösen in ihm fand (20:116), wurden er und die mit ihm Glaubenden daraus vertrieben, d. h. zum einen waren die veränderten gesellschaftlichen Zustände derart, dass das Leben in ihnen voller Probleme war, zum andern ging damit die schwierige Aufgabe einher, auf sie so einzuwirken, dass sie wieder paradiesisch würden. Sowohl dem religiösen als auch dem weltlichen Aspekt konnte Adam nur gerecht werden, weil Allah ihm »gewisse Worte des Gebets« (2:38) gab, deren Beherzigung Allahs Gnade auf sich zog, so dass der innere wie der äußere Friede erreichbar wurde.

Der Koran weist darauf hin, dass als erster Schritt zu einem paradiesischen Leben die Umwandlung der eigenen Person, also die individuelle Erlangung eines Friedenszustandes des Herzens notwendig ist. Wenn der Mensch seine negativen Verhaltensweisen in positive Verhaltensweisen verändert, wird Allahs Hilfe zu ihm kommen. Dazu heißt es im Koran:

»Gewiss, Allah ändert die Lage (der Angehörigen) eines Volkes nicht, ehe sie nicht selbst das ändern, was in ihren Herzen ist.« (13:12)

Demjenigen, der sich auf den Weg zu Allah macht, verspricht der Koran:

»Es soll kein Zwang sein im Glauben. Gewiss, Wahrheit ist nunmehr deutlich unterscheidbar von Irrtum; wer sich also von dem Verführer nicht leiten lässt und an Allah glaubt, der hat sicherlich eine starke Handhabe ergriffen, die kein Brechen kennt; und Allah ist allhörend, allwissend.« (2:257)

Auf der Suche nach dem Weg der Vereinigung mit Gott (5:36) mag dem Pilger immer wieder ein Vorgeschmack des Paradieses zuteil werden; als Belohnung für bis dahin Erreichtes und als Ansporn, standfest zu bleiben, als eine »himmlische Süßigkeit«, etwa ein Wahrtraum, eine Vision oder andere Formen der Offenbarung, die Allah ihm gewähren mag.

In solchen Erfahrungen wird das jenseitige Paradies auf gewisse, den irdischen Umständen gemäße Weise sozusagen erlebt, wenngleich eine solche Erfahrung nur eine Art Annäherung an das tatsächlich dann im Jenseits Geschehende sein kann, weil sie ja den irdischen Gegebenheiten, unseren physischen und psychischen Aufnahmefähigkeiten unterliegt. Wenn die Traumwelt uns Türen zu Formen der Erfahrung öffnet, durch die die im Wachzustand gültigen Gesetzmäßigkeiten aufgehoben scheinen, so ist die Welt der auf Erden erfahrbaren Visionen und Träume im Jenseits durch die Gesetzmäßigkeiten aufgehoben, die dort herrschen.

Im religiösen Bereich gibt es Menschen, die die Gesetzmäßigkeiten von Wahrträumen und Visionen verstehen und ihre Bilder und Symbole zu entschlüsseln vermögen. Der Koran führt hier insbesondere den Propheten Yusuf (Joseph) an, dem Allah im Gefängnis die Gabe verlieh, Träume zu deuten, so denen des Königs, in dem er sieben dürre und sieben grüne Ähren, sieben magere Kühe und sieben fette Kühe sah (12:47–50). Im Islam war es Ibn Sirin, der in seinem berühmten Traumbuch Deutungswege wies.

Aus all dem geht hervor, dass der paradiesische Zustand des Jenseits auf gewisse Weise im Diesseits deutlich wird. Wobei die vollkommene Erfahrung der Belohnung für gute Werke, seien sie durch Selbstüberwindung oder Gutes, das man anderen Menschen zukommen ließ, geschehen, erst im Jenseits Realität wird, wenn der Schleier, der im Diesseits die Taten der Gläubigen oftmals verhüllt, hinweggenommen worden ist.

Dort, so sagt Allah im Koran, kommen die Gläubigen in den vollkommenen Genuss der Früchte ihres Daseins auf Erden. Denjenigen, die sich vor dem Spung in die Hölle ihres Egos nicht scheuten, die sich durch Gebete und gute Werke läuterten, die bereit waren, die Wahrheit über sich selbst und die anderer anzuerkennen und demgemäß tätig wurden, indem sie an sich arbeiteten und alles in ihrem Vermögen Stehende taten, um anderen zu helfen, indem sie Irrtümer auszuräumen versuchten und beharrlich nach Frieden strebten.

Diese Gläubigen, so sagt der Koran, gaben die Hoffnung auf die Barmherzigkeit Gottes und Seine Vergebung nicht auf, wie es Iblis tat, der an der Barmherzigkeit Gottes verzweifelte. Sie fürchteten, die Zuneigung Gottes durch Übertreten der Gebote zu verlieren, und bemühten sich auf das Beste, um krumme Wege zu meiden. Sie opferten Geld und Zeit und sogar ihr Leben, um Wohltäter der Menschheit zu werden.

In beiden Welten, dem Diesseits wie dem Jenseits, werden sie glücklich sein. In der Sure Al-Rahman (55) (Der Gnadenreiche) ist davon die Rede, wenn Gott den Menschen hoch und niedrig, die an ihn wirklich und nicht nur durch Lippenbekenntnis glauben, verspricht:

»Für den aber, der sich vor der Gegenwart seines Herrn fürchtet, werden zwei Gärten sein – welche der Wohltaten eures Herrn wollt ihr beide da leugnen? – mit vielerlei (Bäumen). Welche der Wohltaten eures Herrn wollt ihr beide da leugnen? In beiden werden zwei fließende Brunnen sein. Welche der Wohltaten eures Herrn wollt ihr beide da leugnen? Darinnen wird es jegliche Art Frucht in Paaren geben. Welche der Wohltaten eures Herrn wollt ihr beide da leugnen? Sie werden ruhen auf Kissen, deren Futter dicker Brokat ist. Und die Früchte der beiden Gärten werden nahe zur Hand sein. Welche der Wohltaten eures Herrn wollt ihr beide da leugnen? Darinnen werden (Keusche) sein mit züchtigem Blick, die weder Mensch noch Dschinn vor ihnen berührt haben – welche der Wohltaten eures Herrn wollt ihr beide da leugnen? Als wären sie Rubine und Korallen. Welche der Wohltaten eures Herrn wollt ihr beide da leugnen? Kann der Lohn für Güte anderes sein als Güte? Welche der Wohltaten eures Herrn wollt ihr beide da leugnen?« (55:47–61)

Der eine dieser beiden Gärten mag als der Zustand des Friedens interpretiert werden, den der Muslim durch Opferung seiner niederen Gelüste erlangt und dadurch, dass er unaufhaltsam nach spirituellem Wissen strebt und nach einer Vervollkommnung seiner moralischen Eigenschaften. Dieser Garten zeichnet sich auch dadurch aus, dass weltliche Ängste und Bedrückungen von denen genommen werden, die in ihm Eingang finden. Der andere Garten ist die Entsprechung des ersten Gartens im Jenseits, wenn die Barmherzigkeit Allahs und sein Wohlgefallen auf dem Gläubigen ruhen. In den Versen, die den eben zitierten folgen, ist indes noch von zwei weiteren Gärten, die den Muslimen gewährt werden, die Rede. Es heißt dazu:

»Und neben diesen beiden sind noch zwei andere Gärten – welche der Wohltaten eures Herrn wollt ihr beide da leugnen? – In beiden werden Früchte sein und Datteln und Granatäpfel. Welche der Wohltaten eures Herrn wollt ihr beide da leugnen? Darinnen werden (Mädchen) sein, gut und schön – welche der Wohltaten eures Herrn wollt ihr beide da leugnen? –, Holdselige mit herrlichen schwarzen Augen, wohlbehütet in Zelten – welche der Wohltaten eures Herrn wollt ihr beide da leugnen? –, die weder Mensch noch Dschinn vor ihren berührt haben – welche der Wohltaten eures Herrn wollt ihr beide da leugnen? –, ruhend auf grünen Kissen und schönen Teppichen. Welche der Wohltaten eures Herrn wollt ihr beide da leugnen? Segensreich ist der Name deines Herrn, der Herr der Majestät und Ehre.« (55:63–79)

Während die beiden Gärten, die im ersten Abschnitt der Sure 55, die wir oben zitierten, erwähnt wurden, zwei Gärten des Paradieses sind, also innerer Frieden im Diesseits und im Jenseits, beziehen sich die eben zitierten Verse auf jene Gärten, die Muslime in dieser Welt auch in materieller Hinsicht erlangen können. Jene Gläubigen, auf die im ersten Abschnitt hingewiesen wurden, sind von höherem spirituellen Rang als jene, denen die beiden anderen Gärten versprochen wurden. Die ersteren, die in der darauffolgenden Sure 56 zur Kategorie der Gottnahen (den »Vordersten«, 56:11) gezählt werden, sind von rein spirituellen Motiven bewegt und ihre Belohnung ist höher, nämlich innerer Natur, während die anderen Gärten denen zukommen, auf die die Sure 56 mit dem Terminus »die zur Rechten« hinweist, solche Muslime also, denen die Gestaltung und Neuordnung der Erde am Herzen liegt, die sich der Wissenschaft und der sozialen Ordnung widmen, aber nicht so sehr um religiöses Wissen, von einem Basiswissen abgesehen.

Auf die Möglichkeiten der Interpretation der Verheißungen, die in diesen Versen ausgesprochen werden, werden wir im nächsten Kapitel eingehen. Indes sollte durch diese Zitate deutlich geworden sein, dass, auf welcher Stufe des Glaubens und Wissens ein wahrhafter Muslim sich auch befinden mag, für ihn das Paradies auf Erden beginnt. Es ist nicht so, dass die Erde ein unaufhörliches Jammertal ist und die Gläubigen auf ein Paradies im Jenseits vertröstet werden. Wie zuvor schon nachgewiesen, vertritt der Koran diese Auffassung nicht. Wer im Diesseits blind ist, wird im Jenseits blind sein, heißt es in Sure 17:73. Die Gläubigen jedoch werden »zwei Gärten« (55: 47) haben, wobei der Garten des Diesseits nicht unbedingt auch ein Garten materieller Güter und materiellen Wohlstandes sein muss.

Die Grundlage des Gartens, sein Boden, aus dem heraus die Bäume der guten Worte und Taten wachsen, die ihn dann bedecken, ist vielmehr der Glaube, ja, die Glaubensgewissheit und die feste, sich in der Wirklichkeit beweisende Überzeugung, dass es nur einen Gott gibt, der für alles, was der Gläubige im Diesseits erleiden mag, Entschädigung im Jenseits gewährt, während die Zusicherung durch Gott, dass er so handeln wird, und die damit verbundene unerschütterliche Sicherheit im Gemüt der diesseitige Garten ist.

Die Gläubigen sollen, wie vorhin durch das Gebet des Korans: »O Herr, gewähre uns Gutes in dieser Welt und Gutes in der künftigen und bewahre uns vor der Pein des Feuers« (2:202) aufgezeigt, beharrlich das Wohlgefallen Gottes erstreben. Das ist ihr eigentlicher Dschihad (ein Wort, das fälschlich immer wieder mit »Heiliger Krieg« übersetzt wurde, während es eigentlich »Anstrengung« bedeutet). Aber so wie es auf Erden unterschiedliche Rangstufen und Höhen und Größen bei Menschen gibt, so gibt es, wie dargestellt, verschiedenartige Rangstufen auch im spirituellen Bereich und im Jenseits.

So haben sich Heilige und Mystiker des Islam immer wieder dazu geäußert, was sie erstreben, und dabei kundgetan, dass ihnen beide Welten, also das Paradies und ein Wohlbehagen in dieser Welt wie auch das Paradies des Jenseits, nichts bedeuten, dass sie vielmehr den Schöpfer beider Welten ersehnen, also Gott selbst. Dies ist Ausdruck ihrer Erkenntnis und Erfahrung, dass die Freude der Vereinigung mit Allah (5:36) nicht zu vergleichen ist mit jeglicher Freude, die beide Welten schenken mögen. Es sind jene Muslime, die das Gebet mehr als alles andere lieben, die also in Gott das wahre Paradies gefunden haben und deren höchste Zufriedenheit mithin in der Begegnung mit Gott liegt, der allein als der »wahre Freund« (32:5; 33:18) angesehen wird. Allah hat somit auch den Eigenschaftsnamen »Wali« (Freund), und jene, deren Bemühungen er angenommen hat, werden auch »Wali« (Freund Gottes) genannt, so zum Beispiel die hochgerühmte Mystikerin Rabea, von der das folgende Gebet überliefert ist:

»O Gott, falls ich Dich aus Furcht vor der Hölle verehren sollte, dann verbrenne mich in der Hölle, und wenn ich Dich verehren sollte in Hoffnung auf das Paradies, dann schließe mich vom Paradies aus; doch wenn ich Dich um Deiner Selbst willen verehre, dann verschließe vor mir nicht Deine immerwährende Schönheit.« (*Muslimische Heilige und Mystiker* von Fariduddin Attar, S. 50)

Welche Segnungen und Gnaden Gottes der einzelne Muslim auch anstreben mag, auf dem Wege dieses Bemühens wird ihm Frieden zuteil, ja, wenn er sich unerschütterlich um das Wohlgefallen Allahs bemüht, befindet er sich schließlich in einem immer intensiver werdenden Friedenszustand, der in Glückseligkeit mündet (9:72). Deswegen werden diese Gläubigen von Allah im Paradies mit dem Wort »Frieden« empfangen, was bedeutet, dass sie vom Jenseits im Zustand des Herzensfriedens aufgenommen werden:

»O die ihr glaubt! gedenket Allahs in häufigem Gedenken; und lobpreiset Ihn morgens und abends. Er ist es, Der euch segnet, und Seine Engel beten für euch, dass Er euch aus den Finsternissen zum Licht führe. Und Er ist barmherzig gegen die Gläubigen. Ihr Gruß an dem Tage, da sie Ihm begegnen, wird sein: ›Frieden!‹ Und Er hat für sie einen ehrenvollen Lohn bereitet.« (33:42–45)

Dieser Friedenszustand ist kein Zustand der Tatenlosigkeit, vielmehr wirken die Seelen im Jenseits weiter, d.h. ihnen werden Früchte gegönnt, zum Beispiel die Vervollkommnung bestimmter Eigenschaften oder der Genuss des Nachvollzugs der Lebensgeschichten derer, die sie kennenlernen möchten. Dazu heißt es in einem Hadith:

»Ali berichtet, dass Allahs Gesandter gesagt hat: ›Im Paradies gibt es einen Markt, auf dem nicht gekauft noch verkauft wird, auf ihm befinden sich nur die Formen von Männern und Frauen, und wenn ein Mensch eine Form (zu sein) wünscht, betritt er sie.‹« (Tirmidhi)

Dass sie sich im diesseitigen Leben vor einer Verrohung und Vergröberung ihrer Sinne und Wahrnehmungsorgane gehütet haben, wird im Jenseits bewirken, dass sie dort in den Genuss unvorstellbarer Freuden gelangen, die eine Art Äquivalent zu den irdischen Vergnügungen, die sie scheuten, ist. In Sure 32 Vers 18 heißt es somit:

»Doch niemand weiß, was für Augenweide für sie verborgen ist als Lohn für ihre Taten.«

Zudem wird ihnen Licht zuteil, das heißt, dass alle ihre Schattenseiten, die negativen Aspekte ihres Lebens durch die Gnade Allahs bedeckt werden und ihnen Vergebung gewährt wird:

»Und (gedenke) des Tags, da du die gläubigen Männer und die gläubigen Frauen sehen wirst, indes (die Strahlen) ihres Lichts vor ihnen und zu ihrer Rechten hervorbrechen: ›Frohe Botschaft euch heute! – Gärten, durch die Ströme fließen, darin ihr weilen werdet. Das ist die höchste Glückseligkeit.‹« (57:13)

Was immer ihnen an Unrecht widerfahren ist, so dass sich Groll in ihnen gebildet hat, wird von ihnen genommen werden, und sie werden in allumfassender Harmonie leben:

»Die aber, die glauben und gute Werke tun – Wir belasten keine Seele über ihr Vermögen –, sie sind die Bewohner des Himmels; darin sollen sie ewig weilen. Und Wir werden alles hinwegnehmen, was an Groll in ihren Herzen sein mag. Unter ihnen sollen Ströme fließen. Und sie werden sprechen: ›Aller Preis gehört Allah, Der uns zu diesem geleitet hat! Wir hätten nicht den Weg zu finden vermocht, hätte Allah uns nicht geleitet. Die Gesandten unseres Herrn haben in der Tat die Wahrheit gebracht.‹ Und es soll ihnen zugerufen werden: ›Das ist der Himmel, der euch zum Erbe gegeben ward für das, was ihr gewirkt.‹« (7:43,44)

Mit solchen Segnungen werden jene belohnt, die die Bedeutung des Wortes Islam verstehen und zu Recht Muslime, also Gottergebene genannt werden können, die, wie es der Kalif Mirza Tahir Ahmad formulierte, den Sinn des Wortes Muslim erfüllen, der dadurch zum Ausdruck kommt, dass ein Muslim Frieden hat und Frieden verbreitet. Sie sind es, die dann, wenn sie ihre Fehler oder Sünden erkennen, bereuen und um Verzeihung bitten und dankbar dafür sind, dass sie Selbstkritik und Selbsterkenntnis erfahren dürfen, und in Demut Gott dafür preisen. So heißt es im Koran:

»Nur jene glauben an Unsere Zeichen, die, wenn sie an sie

gemahnt werden, anbetend niederfallen und das Lob ihres Herrn verkünden; und sie sind nicht hochmütig. Ihre Seiten halten sich fern von (ihren) Betten; sie rufen ihren Herrn an in Furcht und Hoffnung und spenden von dem, was Wir ihnen gegeben haben. Doch niemand weiß, was für Augenweide für sie verborgen ist als Lohn für ihre Taten. Ist wohl jener, der gläubig ist, dem gleich, der ungehorsam ist? Sie sind nicht gleichen Ranges. Jene, die glauben und gute Werke tun, sie werden Gärten der Heimstatt haben als eine Erfrischung für das, was sie getan.« (32:16–20)

Dass hier von »Gärten der Heimstatt« die Rede ist und nicht einfach nur von Gärten, weist darauf hin, dass in den Gärten des Jenseits der Mensch bis ins kleinste Detail Aufklärung über Dinge und Geschehnisse erfahren wird, deren vollständiges Erfassen und deren erschöpfende Ergründung im Diesseits nicht möglich war. »Heimstatt« heißt, dass die Gläubigen tatsächlich heimkehren werden. Sie gelangen in einen Zustand, der das durchdringende Gefühl und die Gewissheit vermittelt, dass sie in der Tat zu Hause sein werden, angelangt in einer Heimat, in der es nichts Erschreckendes mehr gibt. Alle Rätsel, die ihnen auf Erden Kopfschmerzen bereiteten, werden dort gelöst werden, alle Geheimnisse enthüllt, über die sie im Diesseits nachsannen (69:19); und dies Schritt um Schritt, im Ebenmaß und als Ergänzung des nur bruchstückhaften Wissens, das im Diesseits möglich war. Da sie im Diesseits an der Lösung solcher Probleme arbeiteten, werden sie im Jenseits sprechen:

»Das ist (das), was uns zuvor gegeben wurde.« (2:26)

Und da sie auf Erden schon ein moralisch einwandfreies und spirituelles Leben führten, durch das sie sich befreit sahen von den herabwürdigenden Reizen des Daseins, werden sie im Paradies vollkommene Erfüllung und Befriedigung auf höchsten Stufen erlangen:

»Die aber sprechen: ›Unser Herr ist Allah‹, und dann standhaft bleiben – zu ihnen steigen die Engel nieder (und sprechen): ›Fürchtet euch nicht und seid nicht betrübt, sondern freut euch des Paradieses, das euch verheißen ward. Wir sind eure Freunde in diesem Leben und im Jenseits. In ihm werdet ihr alles haben, was eure Seelen begehren, und in ihm werdet ihr alles haben, wonach ihr verlangt – eine Gabe von einem Vergebungsreichen, Barmherzigen.‹« (41:31–33)

Jene, die Allahs Freunde wurden, die sich vor Tod und Teufel nicht fürchteten und durch Wort und Tat bezeugten, dass sie allein Gott lieben, verehren und anbeten, und die jegliche Schwierigkeit auf sich genommen haben auf Erden, um ihm zu gefallen, die, sozusagen, nach einem Hadith zur Zunge Gottes, zu seinen Augen, seinen Ohren, seinen Händen und Füßen wurden, werden tatsächlich in beiden Welten geehrt und glücklich zu Hause sein:

»Siehe, über Allahs Freunde soll keine Furcht kommen, noch sollen sie trauern – sie, die da glaubten und rechtschaffen waren. Für sie ist frohe Botschaft in diesem Leben sowie im Jenseits. Unabänderlich sind Allahs Worte – das ist fürwahr die höchste Glückseligkeit.« (10:63–65)

10

Das Gleichnis vom Himmel

Himmel und Erde, Paradies und Hölle unterliegen bestimmten Gesetzmäßigkeiten, die durch die Engel aufrechterhalten und von niemandem geändert werden können. »Unabänderlich sind Allahs Worte« (10:65), heißt es dazu, und weiter: dass die »höchste Glückseligkeit« (10:65) darin liegt, sie zu erkennen und zu verstehen.

Mit Worten ist nicht nur eine Sprache gemeint, mit der, beispielsweise, Menschen sich verständigen, indem sie im Mund Laute formen, sondern auch die Festsetzung und Durchsetzung von Gesetzen und die verschiedenen Möglichkeiten, ihr Wirken und ihre Bedeutung zu begreifen. So heißt es über Allah im Koran:

»Der Schöpfer der Himmel und der Erde! Wenn Er ein Ding beschließt, so spricht Er nur zu ihm: ›Sei!‹, und es ist.« (2:118)

Da überdies Allah »Seine Befehlsgewalt mit keinem teilt« (18:27) und »die Geheimnisse der Himmel und der Erde« (18:27) ihm allein gehören, ist das Verständnis des Menschen gänzlich davon abhängig, dass Allah ihm offenbart, was ihm beliebt. Sicherlich hat Allah den Menschen mit grundlegenden Fähigkeiten, sich zu entfalten, ausgestattet, ihm also eine gewisse Macht verliehen, aber es ist ihm, so lehrt es der Islam, nicht möglich, über die von Allah gesetzten Grenzen und Schranken eigenmächtig hinaus zu gehen (35:34).

Was das Jenseits betrifft, so ist der Mensch nicht in der Lage, seine wahre Beschaffenheit zu ergründen. Indes spricht Allah im Koran vom Paradies, indem er Gleichnisse darüber prägt oder Bilder davon zeichnet, Metaphern, die sich natürlich innerhalb des Verständnisrahmens befinden müssen, der uns Menschen zu eigen ist. So heißt es beispielsweise:

»Das Bild des Himmels, den Gottesfürchtigen verheißen: Ströme durchfließen ihn, seine Frucht ist immerwährend, wie sein Schatten. Das ist der Lohn derer, die rechtschaffen sind; und der Lohn der Ungläubigen ist das Feuer.« (13:36)

Dass Früchte im Himmel immerwährend sind und sein Schatten ebenfalls, macht erneut deutlich, dass es sich nicht um materielle Früchte handeln kann, denn jene unterliegen dem Gesetz des Verfalls. Wenn sie gereift sind, vergehen sie wieder. Die Früchte einer Arbeit oder Anstrengung auf dem Wege Gottes aber vergehen nicht, das ist ein Versprechen Allahs:

»So gehen sie (diejenigen, die Leidenschaften folgten) nun sicherlich dem Untergang entgegen, außer denen, die bereuen und glauben und rechtschaffen handeln. Diese werden ins Paradies eingehen, und kein Unrecht werden sie leiden – Gärten der Ewigkeit, die der Gnadenreiche Seinen Dienern im Ungesehenen verhieß. Wahrlich, Seine Verheißung muss in Erfüllung gehen. Sie hören dort kein eitles Wort, sondern nur Frieden; und sie werden dort ihren Unterhalt empfangen des Morgens und des Abends. So ist das Paradies, das Wir jenen Unserer Diener zum Erbe geben, die gottesfürchtig sind. ›Wir (Engel) kommen nur auf den Befehl deines Herrn hernieder. Sein ist alles, was vor uns und was hinter uns ist und was dazwischen; und dein Herr ist nicht vergesslich.‹« (19:60–65)

Auch für den Schatten, unter dem die Gläubigen im Himmel sich ausruhen werden (13:36), gilt, dass er nur ein Bild ist. Wäre er tatsächlich ein Schatten, der durch den Stand der Sonne beeinflusst wird, würde er gemäß dem Lauf der Sonne bzw. der Erde sich wandeln oder verschwinden, zum Beispiel wenn es Nacht ist; ganz zu schweigen davon, dass bei wechselndem Klima und Wetter ein Schatten beeinträchtigt oder unmöglich wird, etwa wenn Wolkendecken die Sonne verhüllen, aus denen Regen strömt, was eine Notwendigkeit für einen realen Garten ist.

Dass dennoch die orthodoxen Muslime, also die Mehrzahl der »umma«, d. h. der Gemeinschaft der Gläubigen, an ein physisches Paradies glaubt, ist unverständlich. Die Vorstellung von einem materiellen Paradies ist letztlich Aberglaube, wenn man bedenkt, dass Allah bei der grundsätzlichen Beschreibung des Paradieses zu Anfang ausdrücklich sagt, dass sie nur ein »Bild« (13:36) vom Paradies gibt bzw. ein »Gleichnis des Paradieses« (47:16).

Ströme aus Wasser, Milch, Wein und Honig

In der Sure namens Mohammed (Sure 47) heißt es im Vers 16:

»Ein Gleichnis von dem Paradiese, den Rechtschaffenen verheißen: Darin sind Ströme von Wasser, das nicht verdirbt, und Ströme von Milch, deren Geschmack sich nicht ändert, und Ströme von Wein, köstlich für die Trinkenden. Und Ströme geläuterten Honigs. Und darin werden sie Früchte aller Art haben und Vergebung von ihrem Herrn. Können sie wohl gleich denen sein, die im Feuer weilen und denen siedendes Wasser zu trinken gegeben wird, das ihre Eingeweide zerreißt?« (47:16)

Auch hier wird wieder ganz deutlich, dass die den Gläubigen versprochenen Annehmlichkeiten und Freuden des Paradieses nicht jenen Gesetzen gehorchen, die auf der Erde herrschen. Das Wasser im Paradies wird nicht faul, es verdirbt nicht, d.h. bleibt ständig köstlich und rein. Kein Einfluss durch Wetterbedingungen kann es trüben. Im hiesigen Leben wird Wasser oft schal, wenn es zu starker Sonneneinwirkung ausgesetzt ist, es steht ab und wird gar zu Brackwasser. Zudem wird es verunreinigt durch Algen, Fische und allerlei andere Einwirkungen. All dies wird mit den Wasserströmen, die sich im Paradies befinden, nicht geschehen.

Wasser ist eine Metapher, die oftmals im Koran verwandt wird. Es steht häufig für »Offenbarung«, d.h. Mitteilungen Gottes, in welcher Art auch immer. Über »Wasser zu wandeln«, was, wie überliefert worden ist, viele Mystiker vermochten, heißt in diesem Sinne nicht, buchstäblich über die Wasseroberfläche eines Flusses oder Sees oder Meeres zu laufen, sondern, dass diesen Mystiker die Gnade Allahs zuteil wurde, dass er durch sie redete oder sie anredete. Von den Schuldigen wird gesagt, dass Allah sie am Jüngsten Tag weder anreden noch reinigen wird (2:175; 3:78).

Im Gegensatz dazu spricht er zu den Gläubigen auf vielfältige Art und Weise, wofür die Metapher »Wasser« im Koran und vielen Sufi-Schriften verwandt wird. Denn eine der Eigenschaftsnamen Allahs ist »Al-Mutakallim«, d.h. »der Sprechende«. Und diese Eigenschaft besteht ebenso ewig wie alle anderen Eigenschaften Allahs, wenngleich auch Theologen des Islam oftmals behaupten, die Offenbarungen Allahs seien mit dem Koran beendet, d.h. keinem Menschen würden mehr wörtliche Mitteilungen Gottes, also Offenbarungen (arabisch: Ilham oder Wahy), gewährt werden können. Dies ist indes absurd, weil es praktisch bedeuten würde, dass Allah mit seinen Geschöpfen nicht mehr kommuniziere, während er sie doch dazu erschaffen hat (51:57).

Da aber wiederholt im Koran gesagt wird, dass den Paradiesbewohnern das Gleiche zukommen wird, was ihnen auf Erden gegeben worden war, wäre es anti-koranisch und vernunftwidrig zu behaupten, im Jenseits würde Allah mit den Gottergebenen reden, im Diesseits aber nicht.

An anderer Stelle im Koran wird gesagt, dass Wasser der Ursprung allen Lebens ist (21:31). Dies entspricht zum einen der naturwissenschaftlichen Tatsache, dass die erste Zelle, von der aus Leben auf Erden seinen Ausgang nahm, im Meer entstand; zum andern der Aussage des Korans, dass die menschliche Natur erst durch göttliches Einwirken, durch Allahs Worte, sich zu einem vollkommenen Zustand entfalten konnte. So wird beispielsweise über den Heiligen Propheten Mohammed gesagt, dass er »Licht über Licht« (24:36) ist, d.h. dass seine individuellen hervorragenden und außergewöhnlichen menschlichen Eigenschaften, seine menschliche Natur, die ein Licht war, durch das himmlische Licht erleuchtet wurde, indem Allah zu ihm sprach, also Offenbarung auf ihn herabsandte. Das Wasser, also Offenbarung, das ihm zuteil wurde, gab Leben, so wie der menschliche Körper aus Wasser geschaffen wurde (und zum großen Teil sogar aus Wasser besteht).

In diesem Zusammenhang ist es wichtig, zu betonen, dass in dem hier diskutierten Vers viermal von »Flüssen« die Rede ist.

Nach dem Lexikon Lane nämlich bedeutet »nahara«, also das arabische Wort für Fluss, nicht nur etwas, das fließt, sondern auch Fülle oder Licht und Fülle

Zu den Strömen aus Milch ist zu sagen, dass sie für spirituelles Wissen stehen, denn Milch auf Erden ist etwas, das Gesundheit und Stärke dem Körper verleiht. Spirituelles Leben aber ist ohne spirituelles Wissen unmöglich. Im Paradies also wird den Gläubigen eine Fülle an spirituellem Wissen zuteil, so dass sie in die Lage versetzt werden, immer höhere Stufen der Nähe zu Gott zu erreichen, d.h. immer besser seine Eigenschaften in sich aufzunehmen bzw. sie auf die ihnen mögliche Weise anzunehmen.

Vom Paradieswein, der als dritter Fluss, als dritte der vier hier angeführten Gunstbeweise Gottes, erwähnt wird, ist viel geredet worden im Laufe der Zeiten. Die Frage war immer wieder laut geworden, warum Muslime im Diesseits auf Wein und Rauschmittel verzichten müssen – das arabische Wort für Wein, chamr, meint etwas, das eindringt und bedeckt und (die Sinne) verdunkelt –, bedeutet aber auch grundsätzlich etwas, das berauscht, warum ihnen Alkohol und andere Drogen verboten sind, wenn sie doch dann im Jenseits davon im Übermaß zu trinken bekommen werden.

Dabei macht der Koran die Unterscheideung sehr deutlich. Über materielle Rauschmittel sagt er, dass in ihnen Gutes enthalten ist und Schlechtes, dass aber das »Übel größer ist als der Nutzen« (2:220). An anderer Stelle dann (5:91,92) wird den Gläubigen verboten, berauschende Dinge zu sich zu nehmen, weil sie durch ihren Genuss vom Gedenken Allahs und vom Gebet zu ihm abgehalten werden würden. Rauschmittel trüben letztlich die Sinne. Sie vermögen, Sucht zu erzeugen, und ein Mensch, der sie zu sich nimmt, kann sich häufig nicht mehr kontrollieren. Er verliert die Möglichkeit, mittels seiner Vernunft und anderer Fähigkeiten seines Bewusstseins Wissen zu erwerben oder zu vermitteln; im berauschten oder angeheiterten Zustand verspricht er vieles, was er dann nicht halten kann; er tut also dann in der Regel Dinge, die schädlich sind und sogar zum Tode anderer führen können, d. h. seine gesamte Physis gerät durcheinander. Da die im Rausch genossene Leichtigkeit des Seins als eine Art Befreiung empfunden wird, sieht er sich immer wieder zu Rauschmitteln hingezogen, so dass schließlich sogar »sein Gelüst zu seinem Gott« (25:44) werden kann.

Vom Wein, der im Paradies kredenzt wird, ist anderes zu lesen. Dieser Wein ist zwar auch »köstlich den Trinkenden« (47:16), die sich aber durch ihn nicht beschwert fühlen, sondern erleichtert, d. h. sie werden nach seinem Genuss »keinen Kopfschmerz« haben, noch werden sie auf bewusstseinstrübende Art »berauscht« sein (56:20). Ähnlich den Weintrinkern auf der Erde empfindet er großes Vergnügen und eine Erhöhung seiner Selbst, und alle Sorgen geraten ins Vergessen. Aber die unangenehmen Nebenwirkungen des Rauschmittelgenusses treten im Paradies nicht auf. Die Trinkenden erleben zwar Höhenflüge, aber ohne ernüchterndes, schmerzliches Erwachen. Ihre Höhenflüge schärfen ihre Sinne bzw. jene »Organe«, durch die sie dereinst wahrnehmen werden, ohne dass sie in einen Zustand der Trunkenheit gerieten, der bewirkt, dass sie nach dem Erwachen aus dem Rausch längst vergessen haben, was sie taten oder was ihnen geschah.

In Sure 37 Vers 43 bis 48 heißt es deswegen über die Paradiesbewohner:

»...und sie sollen geehrt werden in den Gärten der Wonne, auf Thronen (sitzend), einander gegenüber. Kreisen soll unter ihnen ein Becher aus einem fließenden Born, weiß, wohlschmeckend den Trinkenden, darin keine Berauschung sein wird, noch werden sie dadurch erschöpft werden.«

An anderer Stelle (76:22) heißt es, dass dieser Wein »rein« sein wird. Dies bedeutet, dass nicht nur der Trank rein sein wird, sondern auch reinigende Wirkung zeitigen wird. Wiederum an anderer Stelle heißt es:

»Ihnen wird gegeben ein reiner, versiegelter Trank, dessen Siegel Moschus ist – und dies mögen die Begehrenden erstreben –, und es wird ihm Tasnim beigemischt sein: ein Quell, aus dem die Erwählten trinken werden.« (83:26–29)

»Tasnim« bedeutet soviel wie »Überfluss›« und »Höhe«, also werden die Paradiesbewohner durch das Trinken dieses Weines in große Höhen aufsteigen können und sie werden göttliche Liebe und Zuneigung im Überfluss erhalten.

Um ganz deutlich zu machen, dass der Wein des Paradieses nichts mit dem irdischen Wein zu tun hat, sei abschließend Sure 52 Vers 24 zitiert:

»Dort werden sie einander einen Becher reichen von Hand zu Hand, worin weder Eitelkeit noch Sünde ist.«

Menschen, die auf Erden dem Wein zusprechen, neigen gerne dazu, im Zustand des Angeheitertseins mit Abenteuern und allerlei Eroberungen zu prahlen, zudem werden Gespräche dann leicht schlüpfrig und Ausdruck eines niederen geistigen Niveaus. Auch fühlt sich manch einer zu Taten animiert, die er im Nachhinein wieder bereut. All diese wird jenen nicht geschehen, die den himmlischen Wein genießen werden, denn sie werden im Paradies »kein eitles Geschwätz noch sündige Rede hören«. (56:26)

Wein ist zudem – und das hat zu der Auffassung beigetragen, dass das Rauschmittelverbot des Korans nicht ganz ernst zu nehmen sei – immer wieder von Mystikern und Dichtern des Islam besungen worden. Beispielsweise geht seit Jahrhunderten der Gelehrtenstreit darüber hin und her, ob einer der größten Dichter Persiens, Hafiz, mit dem Wein in seinen Gedichten nicht doch tatsächlich den Genuss des Rebensaftes gemeint habe. Indes sind die Schenke und der Jüngling, der die Weinschalen reicht, vom Zustand der Entrückung, von einer rauschähnlichen Ekstase ganz zu schweigen, sehr bekannte, viel verwendete Metaphern in der islamischen Poesie. Und gerade die Gedichte von Hafiz, die überreich von derartiger Symbolik geschmückt werden, sind zumindest stets auf mehreren Ebenen lesbar: auf eine profane Weise und eine spirituelle, mystische Weise. Gerade bei ihm wird der Vergleich zwischen dem irdischen und dem himmlischen Wein auf doppeldeutige Art genutzt.

Nach den Strömen aus reinem Wasser, das erquickt, den Strömen aus Milch, die heilen, und den Strömen aus Wein, die visionäre Zustände bewirken, ist in dem Vers 16 der Sure »Mohammed« (47) noch von Strömen aus Honig die Rede. Auch hier ist es unsinnig zu denken, dass Abermillionen von Bienen unablässig damit beschäftigt sind, tatsächlich Flüsse mit Honig zu füllen. Das für Honig verwandte arabische Wort »asala« bedeutet nicht nur Honig, sondern in einem weiteren Sinne auch nach dem Lexikon Lane: Er machte jemanden zum Objekt seiner Lobpreisung oder einem Objekt der Liebe der Menschen; zudem Blumen oder Blüten (von denen Honig stammt) oder eine gute oder rechtschaffene Tat. In dementsprechender Interpretation sind die Flüsse aus Honig nicht nur Mittel für die Heilung von Menschen (dass in Honig Heilung ist, sagt der Koran in Sure 16:70), Heilung, die vom Menschen also Krankheiten hinwegnimmt, sondern sie repräsentieren auch gute Taten, die jemanden zum Geliebten eines oder vieler Menschen machen.

11

Die Jünglinge und Jungfrauen des Paradieses

Immer wieder also machen sich Kritiker des Islam lustig über die im Koran so anschaulich vorgetragenen Glückseligkeiten, die den Gläubigen im Paradies erwarten, weil sie die vom Koran verwandten Metaphern wortwörtlich nehmen.

Neben der Meinung, die Gläubigen würden im Paradies Wein herkömmlicher Art trinken, hat vor allem die Idee die Gemüter erregt, dass im Paradies den Muslimen willfährige Paradiesjungfrauen (»Huris«) zur Verfügung stünden. Davon, dass der Islam den Paradieseinwohnern ein ausschweifendes, sinnliches Leben verspreche, ist somit immer wieder in Zeitungsartikeln und Büchern die Rede.

Betrachten wir deswegen einmal ganz sachlich, welche Aussagen der Koran tatsächlich macht.

Zu lesen ist in Sure 37 Verse 49 und 50, unmittelbar nach den Ausführungen über den nicht berauschenden Wein, von Geschöpfen, die mit den Gläubigen zusammen sein werden, die Rede:

»Und bei ihnen werden (Keusche) sein, züchtig blickend aus großen Augen, als ob sie verborgene Eier wären.«

Ein genaues Wort für diese Geschöpfe wird nicht genannt. In der von mir überwiegend verwendeten Koran-Übersetzung ist für sie, aus dem Zusammenhang schlussfolgernd, »Keusche« gesetzt worden, in anderen Koran-Übersetzungen steht dafür das Wort »Partner« oder auch »Mädchen«, ohne dass indes dort jeweils angemerkt würde, dass ein Name für diese Wesen im Koran überhaupt nicht erwähnt wird.

Auf jeden Fall aber scheint es zutreffend, die charakterisierenden Eigenschaften dieser Wesen (»züchtig blickend aus großen Augen«) jemandem zuzuschreiben, der keusch ist und nicht sexuell ausschweifend. Dass das hervorstechende Merkmal dieser Wesen ihre verborgenen Eiern gleichenden Augen sind, verweist auf ihre Bestimmung.

Aus Eiern schlüpfen gemeinhin Vögel. Vögel oder Geflügel aber ist eine Metapher für »beschwingte Wesen« oder auch: Menschen, die Flügel haben, ähnlich den Engeln. Von den Engeln heißt es:

»Aller Preis gehört Allah, dem Schöpfer der Himmel und der Erde, Der die Engel zu Boten macht, versehen mit Flügeln, zweien, dreien und vieren. Er fügt der Schöpfung hinzu, was Ihm gefällt; Allah hat Macht über alle Dinge.« (35:2)

Mit »Flügeln« sind nicht tatsächlich mit Federn besetzte Skelette gemeint, sondern bestimmte Eigenschaften, die den Menschen zu übermitteln die Aufgabe der Engel ist. Man kann auch sagen, dass sich in ihnen Attribute Gottes deutlich machen bzw. dass sie die Aufgabe haben, Befehle Gottes auszuführen und Menschen dazu anzuhalten, sich bestimmte Eigenschaften Gottes auf die ihnen mögliche Art und Weise anzueignen.

Was die in dem obigen Vers erwähnten »großen Augen« betrifft, so spricht man ja auch davon, dass ein Geschöpf vollendete Güte oder Liebe oder Geduld oder Gesundheit aufweist, was sich in seinen Augen manifestiert, von denen es ja auch heißt, sie seien ein Spiegel der Seele.

In diesem Lichte betrachtet »verkörpern« diese Wesen Unschuld (denn sie blicken züchtig und unverstellt). Sie verkörpern zudem Reinheit und damit die Grundlage für das Erlangen von unvoreingenommenem Wissen und unverbrämter Weisheit.

Diese Wesen sind somit Leitung und Ansporn für die Paradiesbewohner, also die Seelen der Menschen, Zeichen ihrer Sehnsucht nach Vervollkommnung und fortwährender Annäherung zu Gott, bis hin zu einer Vereinigung mit ihm.

Warum aber verzichtet Allah hier, diesen Wesen einen Namen zu geben, während er doch an anderer Stelle von Jünglingen spricht, die den Gläubigen mit Schalen köstlicher Getränke aufwarten (56:18,19), oder aber auch von Gattinnen bzw. Gatten (56:35) oder tatsächlich von »holdseligen Mädchen mit großen, herrlichen Augen, gleich verborgenen Perlen«? (56:23,24) Eine Antwort auf diese Frage ist, dass diese Wesen nicht im Sinne einer Personifizierung von etwas, sondern stattdessen als Manifestationen von Eigenschaften den Gläubigen erscheinen werden.

Wenn wir nach Versen Ausschau halten, die dem eben zitierten ähneln, finden wir in Sure 55 (Al-Rahman) die Verse 57 bis 59, die lauten:

»Darinnen (d.h. in den zwei den Gläubigen versprochenen Gärten) werden (Keusche) sein mit züchtigem Blick, die weder Mensch noch Dschinn vor ihnen berührt hat – welche der Wohltaten eures Herrn wollt ihr beide da leugnen? – als wären sie Rubine und Korallen.«

Und in darauf folgenden Versen (55:71–78), ebenfalls ohne konkrete Namensnennung, die Beschreibung von Wesen, die in den »anderen«, also zwei weiteren Gärten die Gläubigen begleiten werden:

»Darinnen werden (Mädchen) sein, gut und schön – welche der Wohltaten eures Herrn wollt ihr beide da leugnen? –, Holdselige mit herrlichen schwarzen Augen, wohlbehütet in Zelten – welche der Wohltaten eures Herrn wollt ihr beide da leugnen? –, die weder Mensch noch Dschinn vor ihnen berührt hat – welche der Wohltaten eures Herrn wollt ihr beide da leugnen? –, ruhend auf grünen Kissen und schönen Teppichen. Welche der Wohltaten eures Herrn wollt ihr beide da leugnen?«

In diesen beiden Zitaten finden wir einen Schlüssel, der Manches erhellen mag. Es ist da nämlich zweimal davon die Rede, dass »weder Mensch noch Dschinn« diese Wesen zuvor berührt hatte. Die Betonung liegt hier bei dem Wort »Mensch«. Es heißt also nicht, dass kein »Mann« sie vorher berührt hat, sondern kein Mensch (arabisch: nas). Abgesehen davon, dass diese Wesen eher Manifestationen von Eigenschaften als eigenständige Persönlichkeiten sind, so dass eine andere als symbolische Interpretation unzulässig erscheint, müssen wir feststellen, dass die Seelen im Paradies geschlechtsneutral sind und dass es dementsprechend, der Philosophie des Korans zufolge, unsinnig wäre, dort von einer männlichen oder weiblichen Seele zu sprechen. Auch dadurch können wir verstehen, dass die aus züchtigen Augen blickenden Wesen nicht einer sexuellen Befriedigung dienen.

Die Vorstellung, im Paradies gäbe es sexuelle Beziehungen, ist, nach all dem, was wir über den rein spirituellen Charakter des Jenseits dargelegt haben, abwegig. Sexuelle Beziehungen dienen letztlich der Fortpflanzung, und in dessen Rahmen der Vertiefung von Liebe, gegenseitiger Zuneigung und Zärtlichkeit, einem Wohlbehagen und der Entspannung des Körpers. Durch sexuelle Beziehungen allein aber können bestimmte Höhen und Tiefen der Liebe nicht erreicht werden, etwa jene, die in der Erfüllung einer gemeinsamen Begegnung mit Gott, also dem gemeinsamen, erfüllten Gebet ihren Ausdruck finden. Für den Bereich der Liebe kennt der Islam unzählige Beschreibungen, die in ihrer Größe und Möglichkeit, zur Vollendung des gesamten menschlichen Wesens beizutragen, weit über das hinausgehen, was durch sexuelle Aktivität erfühlt werden kann. Sexuelle Liebe ist für den Muslim, der nach dem Koran lebt, nicht der absolute Höhepunkt der Gefühle. Zwar hat der große Reformer des mittelalterlichen Islams Muhammad Al-Ghazali (gest. 1111) zum Orgasmus gesagt, dass er ein Vorgeschmack auf das Paradies sei, aber das heißt nicht, dass es jenseits des Orgasmus im Diesseitigen keine größeren oder schöneren Gefühle gäbe. Al-Ghazali wusste, zumal in seiner späteren mystischen Zeit, sehr wohl um Freuden der religiösen Ekstase und Glückseligkeit, die schon im irdischen Leben über das hinausgehen, was in der körperlichen Liebe erfahren werden kann; zumal sein Bruder, der Sufi Ahmad Ghazali, mit »Gedanken über die Liebe« ein schier unerschöpfliches Buch über die Höhenflüge der Liebe geschrieben hatte.

Indes ist es dem Menschen eigen, dass er nicht zur Einsamkeit geboren wurde und zum Zusammenleben mit seinesgleichen bestimmt ist. Das gesellschaftliche Leben, vor allem aber ein Leben in Freundschaft mit anderen, hat im Islam einen sehr hohen Stellenwert. So heißt es, dass der Muslim insbesondere seine Verwandtschaftsbeziehungen pflegen soll (4:2) und dass die gläubigen Männer und die gläubigen Frauen einander Freund sind (9:71). In diesem Sinne werden die Paradiesbewohner, ob sie auf Erden Mann oder Frau gewesen sind, im Jenseits auf Wesen treffen, deren Reinheit und Schönheit sie berücken wird, Wesen, die sie begeistern und mit Vorfreude und Sehnsucht auf die Begegnung mit Allah erfüllen, der sie als eine gewisse Widerspiegelung seiner Schönheit erschaffen hat.

Eine ihrer Eigenschaften wird sein, dass sie unbelastet von allen Widrigkeiten oder Schwierigkeiten, die ein Mensch auf Erden erfahren haben mag, frei sind, d.h. »weder Mensch noch Dschinn« haben sie zuvor berührt (55:75). Nun ist aber ein Zeichen des Paradieses, dass seinen Bewohnern alle auf Erden begangenen Sünden und Verfehlungen, Irrtümer und Folgen von Ungehorsam und Unwissen verziehen worden sind. Aller Groll ist von ihnen genommen (7:44), und sie werden im Zustand des Friedens sein (56:92).

Sicherlich sind somit die Paradiesbewohner rein und unschuldig, wenn sie das Paradies betreten. Aber im Paradies selbst gibt es unzählige Ränge. Allahs Eigenschaften sind unendlich. Im Koran heißt es: »Jeden Augenblick offenbart Er Sich in neuem Glanz.« (55:30)

Jede Annäherung an Allah, jede Gnade, die in seine Nähe führt, selbst jede »Vereinigung« mit ihm, kann also nicht erschöpfend sein, denn der Mensch ist Geschöpf und Gott ist der Schöpfer, denn der Mensch ist mit der Fähigkeit begabt, zu wachsen, ja, sogar unendlich zu wachsen, aber Gottes Größe ist größer als alles, was der Mensch je erreichen kann (deswegen heißt es im Gebetsruf und in den Gebeten: Allah o akbar, d.h. Gott ist größer). Wenn nun ein Mensch eine bestimmte Stufe erreicht, so ist sie doch nur Ausgangsstufe für eine nächsthöhere Stufe. Beispielsweise geht mit jedem Grad an Reinheit, den man erzielen mag, die Möglichkeit einher, einen noch höheren Grad an Reinheit zu erlangen.

Die Keuschen oder Holdseligen oder Mädchen, die aus züchtigen Augen blicken, symbolisieren nun eine gewisse Konstante im jeweiligen Bereich des Erstrebten. Sie unterliegen nicht menschlichen Vorstellungen von Unschuld, sondern entsprechen voll und ganz der jenseitigen Dimension, für die sie geschaffen wurden. Sie sind unberührt von menschlichen Vorstellungen, denen Männer und Frauen, seien sie Menschen von einfacher Natur oder (als Dschinn) in einer Art Ausnahmesituation, nun einmal unterstehen.

Eine weitere Eigenheit dieser Paradiesjungfrauen ist, dass sie Rubinen und Korallen gleichen. Rubine stammen aus Bergen, Korallen aus dem Meer.

Mit Bergen bezeichnet der Koran oftmals große Nationen (78:21) oder allgemein große Gestalten der Menschheit. Mit den Mädchen, die aus den Bergen stammenden Rubinen gleichen, ist also etwa gemeint, dass sie Verkörperungen von Gaben, Eigenschaften oder auch Errungenschaften sind, die nach irdischem Maßstab auf irdische Weise von großen Nationen oder Menschen erlangt worden sind, denen auf Erden die Gnade und Barmherzigkeit Allahs zuteil geworden war, besondere herausragende Leistungen zu vollbringen.

Korallen haben die Eigenschaft, auf dem Boden des Meeres in überwältigenden Farben zu wachsen. Im Koran werden einmal die Lehren des Korans mit einem »geschwellten Ozean« (52:7) verglichen, und an anderer Stelle heißt es:

»Sprich: ›Wäre das Meer Tinte für die Worte meines Herrn, wahrlich, das Meer würde versiegen, ehe die Worte meines Herrn zu Ende gingen, auch wenn Wir noch ein weiteres zur Hilfe brächten.‹« (18:111)

In diesem Lichte besehen, mag die Beschreibung der Schönheit der die Gläubigen begleitenden Wesen bedeuten, dass sie auf dem Grund der Erkenntnisse und Weisheiten ruhen und die Gläubigen zu immer höheren Stufen der Gotteserkenntnis und der Erfahrung seiner Wunder und Werke hinleiten.

Gläubige einer anderen Kategorie werden ebenfalls Wesen zur Seite haben, solche, die in den »anderen Gärten« (55:63) leben. Sie sind spirituell nicht so hochstehend und erleuchtet wie jene, die in den beiden erstgenannten Gärten weilen werden. Der Unterschied zwischen beiden ist, dass die einen (55:47) sich der religiösen Suche nach Gott und der Begegnung mit ihm durch vielerlei Gottesdienste widmeten und in spirituellem Wissen und spiritueller Erfahrung ihre wahre Freude im Diesseits gefunden haben, während die anderen sich stärker irdischen Aufgaben, aber stets im Zeichen und Sinne des Islam, zugewandt hatten (55:63).

Jenen Letztgenannten werden, ihren Handlungen und Bedürfnissen entsprechend, »Mädchen« zur Hand gegeben, die »gut und schön« sind, »mit herrlichen schwarzen Augen, wohlbehütet in Zelten«, »ruhend auf grünen Kissen und schönen Teppichen« (55:71–77).

All diese Eigenschaften und Umstände, die sie auszeichnen, sind im Vergleich zu jenen, die zuvor erwähnt wurden, von geringerer Besonderheit. Während die ersteren Wesen wie Rubine und Korallen leuchten und züchtig blicken, sind die soeben erwähnten nur »gut und schön« bzw. sie haben »herrlich schwarze Augen« und sind »wohlbehütet in Zelten«. Es ist also ein Unterschied in der Qualität, die hier zum Ausdruck kommt. Sie ist jeweils dem Streben der Gläubigen, das sie auf Erden an den Tag legten, angemessen.

Dass für die, welche in die niedere Kategorie fallen, Wesen »mit herrlich schwarzen Augen« bereitet sind, mag darauf hindeuten, dass durch sie neues Leben und spiritueller Aufschwung jenen Gläubigen gewährt werden, denn die Farbe schwarz ist in der Deutung der Sufis die Farbe des Messias, der die geistig Lahmen zum Gehen bringt und die geistig Toten zum Leben erweckt.

Dass die hier beschriebenen Wesen »wohlbehütet in Zelten« sein werden, verweist darauf, dass die Gläubigen, mit denen sie zusammen sein werden, rasch von einem Ort zum anderen gelangen. Sie befinden sich auf der Pilgerfahrt, auf der spirituellen Reise, und sind noch nicht da angekommen, wo jene sich befinden, die zur höheren Stufe gehören. Dass sie auf »grünen Kissen und schönen Teppichen« ruhen werden, mag zum einen bedeuten, dass das, worauf sie sich stützen, von der Leuchte oder Sonne des spirituellen Universums (so bezeichnet Allah in Sure 33 Vers 47 den Heiligen Propheten Mohammed) beschienen wurden, so wie durch die Einwirkung der Sonne Chlorophyll, also Blattgrün, entsteht; wobei dadurch auch auf Erden Stickstoff abgebaut wird und Sauerstoff entfaltet wird, was, sinnbildlich gesehen, besagt, dass das, worauf sie sich stützen werden, nicht nur voll und ganz durch die lebenspendende Lehre des Islam gefärbt wurde, sondern auch die Eigenschaft hat, zum Fortbestehen des Menschen beizutragen.

Zum anderen weisen die »schönen Teppiche« auf das Gebet hin, das ein Muslim fünf Mal täglich Allah darbietet. Dieses Gebet wird allgemein auf einem Teppich verrichtet, und in Moscheen sind meistens Teppiche ausgelegt. Somit werden die Gläubigen, die auf Erden die Erhabenheit, Schönheit und Beglückung erfüllter Gebete nicht in so hohem Ausmaße erlebt hatten wie jene, die ganz darin aufgingen, im Jenseits im Gebet vollkommene Freude und Beglückung erfahren. Ein Teppich zeichnet sich auch dadurch aus, dass seine Herstellung eine besondere Kunst darstellt, die bewundert wird, wobei das arabische Wort für »Teppich« (abqari) eine Führungsgestalt, die keinen Menschen über sich hat, bedeutet, so dass die Paradiesjungfrauen auf etwas ausruhen, in dem sich Bewundernswertes und großartige Leistung manifestieren.

Indes bleibt die Frage, warum im Koran zur Beschreibung dieser Zustände des Jenseits »Mädchen« oder zumindest Wesen, mit denen ein Leser etwas Weibliches verbindet, gewählt wurden. Da aber, wie wir nachwiesen, im Jenseits die Frage der Geschlechtszugehörigkeit keine Rolle spielt, muss mit diesen Holdseligen doch etwas angesprochen worden sein, das Mann und Frau gleichermaßen wertschätzen. Wenn wir nun die sexuelle Komponente ganz außer Acht lassen, da ja Sexualität im Jenseits nicht mehr notwendig ist, weil es weder einen fleischlichen Körper noch einen Trieb zur Fortpflanzung dort gibt, dann bleibt die Frage, von welchem Ansporn die Verheißung derartiger Wesen, die als mit weiblichen Eigenschaften begabt dargestellt werden, für einen Mann gleichermaßen wie für eine Frau sein können.

Da Allah im Koran Bilder verwendet, die sich auf das irdische Leben beziehen, können wir schlussfolgern, dass beispielsweise Frauen in der Regel für ihre ganz besonderen Bedürfnisse, zur Beratung und Bekleidung etwa, gerne Dienerinnen auswählen. Zu einer Vertrauten, einer Freundin, spricht eine Frau anders als zu dem Mann, den sie liebt, etwa indem sie sich mit ihr berät, wie in einer bestimmten Situation zu handeln wäre, zum Beispiel, wenn es um die Ausgestaltung eines Festes geht, oder um die Suche nach etwas, womit sie ihren Mann überraschen könnte. Man mag einwenden, dass solches Verhalten einer Eigenständigkeit der Frau widerspricht, aber niemand kann leugnen, dass es gut tut, sich mit jemandem, zu dem man Vertrauen hat, auszusprechen oder zu beraten. Die im Islam hoch gehaltene Idee der Keuschheit (nicht Prüderie) als Voraussetzung für ein vollkommenes Eheleben, d.h. ein Vermeiden von allem, was zu einem Seitensprung verführen könnte (17:33), lässt die Vorstellung einer so großen Intimität mit männlichen Dienern, wie sie für sehr vertrauliche Gespräche notwendig ist, nicht zu. Diener mögen etwas bereitstellen, sie mögen etwas ausführen (und dies beschreiben die Koran-Verse, die von Jünglingen künden, die den Gläubigen aufwarten, z.B. Sure 56:18–20), aber sie taugen nicht für ein Gespräch in solcher Vertraulichkeit, wie sie unter Freundinnen oder Frau und Dienerin möglich ist.

In diesem Sinne wären jene Wesen, deren Eigenschaften wir hier erörtern, Gefährtinnen der Seelen im Jenseits, indem sie voll und ganz der jeweiligen Eigenheit der jeweiligen Seele entsprechen und zu vertraulichen Gesprächen und Beratungen und einem harmonischen Beisammensein dienen.

12

Die Huris

Schauen wir uns nun die anderen auf weibliche Wesen bezogenen Verse an, die Kritiker des Islam so gerne als Beispiele für ein ausschließlich auf Männer bezogenes Paradiesbild des Korans anführen. Immer wieder ist dabei von den Huris die Rede (ein Wort, von dem das im Deutschen verwandte Worte »Hure« abstammt). In den zuvor zitierten Versen war dieses Wort nicht aufgetaucht. Indes finden wir es in Sure 56. Darin heißt es:

(Ihnen aufwarten werden) »holdselige Mädchen (Huris) mit großen, herrlichen Augen gleich verborgenen Perlen, als eine Belohnung für das, was sie zu tun pflegten.« (56:23–25)

Die Bezeichnung »Huris« für Paradiesjungfrauen wird zudem in der Sure 52 Vers 21 erwähnt. Dort heißt es über »die Gaben, die ihr Herr ihnen (d.h. den Paradiesbewohnern) bescheren wird« (52:19):

»Gelehnt werden sie sein auf gereihten Ruhekissen. Und Wir werden sie mit schönen, großäugigen Mädchen (Huris) vermählen.«

Um nun den Terminus »Huri« zu verstehen, benötigen wir ein Verständnis der arabischen Sprache. Allah hatte die arabische Sprache für seine Offenbarung des vollkommenen Buches über die Gesetze der Psyche des Menschen gewählt, weil sie rein und fehlerfrei, »deutlich und klar« ist (16:104) und über eine solche Vielfalt der Ausdrucksmöglichkeiten verfügt, wie keine andere Sprache der Welt. Muslime glauben, dass Arabisch die Ursprache des Menschen ist, aus der sich alle anderen Sprachen nach und nach entwickelt haben. Der Koran als Inbegriff von Schönheit, sowohl was seinen Inhalt als auch was seine sprachliche Form betrifft, muss so auch im Sinne eines Erforschens seines sprachlichen Ausdrucks betrachtet werden, wenn wir ihm gerecht werden wollen.

Schlagen wir nun in den Wörterbüchern der arabischen Sprache nach, finden wir zu »Huri« eine Fülle von Bedeutungen und Bedeutungszusammenhängen. Dazu gehört, dass es im Sinne von »ein Kleidungsstück waschen und weiß werden lassen« gebraucht wird, oder im Zusammenhang mit intensiver Weiße oder Schwärze des Auges. »Huri« bedeutet auch »reiner oder klarer Intellekt« (siehe die Wörterbücher *Lane, Mufradat* und *Taj*).

Demzufolge ist eine Huri etwas, das einen Stoff zu leuchtendem Weiß bringt, oder etwas, das unzweideutig ist, also ein Inbegriff von Eindeutigkeit und Gewissheit; oder aber die Verkörperung eines reinen und klaren Verstandes.

Dass diese Wesen mit den Paradiesbewohnern »vermählt« werden, bezeichnet eine Form der Einheit, des Eins-Werdens. In der Tat kann das Wort »vermählt« nach der arabischen Sprache auch als tatsächlicher Vereinigungsprozess, in diesem Falle von Seelen, verstanden werden. Oder einfach als der Prozess des Versammelns von Menschen. Sicherlich steht es auch für das Zusammensein von Mann und Frau, wobei es sowohl für die Aktivität der Ehefrau eines Mannes als auch für die des Ehemannes einer Frau verwandt wird, d.h. es ist nicht geschlechtsspezifisch auf nur ein Geschlecht bezogen. Aber dieses »vermählen« kann, wenn wir die Lehren des Korans untersuchen, auf das Jenseits bezogen niemals körperliche, sexuelle Vereinigung bedeuten.

Allein wenn wir uns vorstellen, dass ein Mensch sein Leben lang danach gestrebt hat, seine grobsinnlichen Vergnügungen so weit zu verfeinern, dass seine Wahrnehmungsorgane und Sinne auf eine Weise transformiert wurden, die ihn tatsächlich zu einem rein spirituellen Wesen hat werden lassen, dann ist es undenkbar, dass er im Jenseits in all dem schwelgen wollte, was die groben Sinne an Freuden zu bieten haben. Diese Freunde Allahs (arabisch: »Wali«) leben nach dem in der islamischen Mystik geflügelten Wort: »Wir sind in der Welt, aber nicht von der Welt.« Dies mag als Verneinung des weltlichen Lebens aufgefasst werden, aber nicht als Verneinung des Lebens auf der Erde an sich oder eine Art Todessehnsucht.

Ohne Zweifel war und ist der Heilige Prophet Mohammed ihr spiritueller Meister und ihr Vorbild. Ihm sexuelle Ausschweifung nachzusagen, wie es oftmals geschieht, zeugt indes nur von einem fundamentalen Unverständnis seiner Person und der vom ihm verkündeten Lehre. Ihr zufolge ist Transzendierung des Alltags und eine Durchdringung aller Tätigkeiten mit Elementen der Weisheit und Liebe zu Gott und den Menschen Aufgabe der Muslime. Dazu gehört, dass sie die Eigenschaft von Huris übernehmen, indem sie klare Worte benutzen (arabisch: Sadid, siehe Sure 4:10), nicht betrügen und zwischen Schwarz und Weiß, Wahrheit und Lüge unterscheiden. Es bedeutet auch, dass sie ihren Verstand benutzen und ihn schärfen und ihn wie ihre Seele reinigen.

Denen, die das tun, werden im Jenseits ihre irdischen Taten als Huris erscheinen, denn das Jenseits ist nur eine Widerspiegelung des Diesseits, wie oftmals schon erwähnt.

Überdies lässt sich sagen, dass, bezieht man die Bedeutung von »vermählt« mit ein, mit »Huris« auch die Ehegatten oder die Ehegattinnen gemeint sein können, da das arabische Wort für vermählt sowohl auf den Mann als auch auf die Frau angewandt wird.

Dass die Huris sich »gelehnt« auf »gereihten Ruhekissen« (52:21) befinden werden, signalisiert, dass sie dem Dasein derer, denen sie erscheinen werden, entsprechen. Sie sind Ausdruck vollkommener Entspannung und Ruhe und geordneter Übereinstimmung, sowohl was den Körper, als auch was das Denken betrifft. Dadurch gleichen sie jenen Gottergebenen, die im Körperhaften wie im Denken in Übereinstimmung mit Gott auf Erden gelebt haben.

In Sure 56:23 wird überdies von den Huris gesagt, dass sie Augen gleich verborgenen Perlen haben werden. Von Perlen wissen wir, dass sie in Muscheln heranwachsen. Sie entstehen dadurch, dass ein Sandkorn in eine Muschel eindringt. Auf ähnliche Weise dringt die nach Gott dürstende Seele in die Leidenschaften des Fleisches ein, um in ihm sich sorgfältig zu entfalten wie ein Embyro im Mutterleib. Das Fleisch ist ihr Mittel zum Zweck, nicht umgekehrt. Sie tat dies in Demut und ohne sich zur Schau zu stellen, also im Verborgenen. All dies wird im Jenseits offen zu Tage treten. Sie wird somit dann die innere Schönheit, zu der sie sich läuterte, im Außen (der Huri) sehen.

13

Die Gattinnen der Seele im Paradies

An anderer Stelle im Koran heißt es über die Paradiesbewohner:

»Wahrlich, für die Rechtschaffenen ist Glückseligkeit – Gärten, umhegte, und Rebenberge. Und Jungfrauen, Altersgenossinnen, und übervolle Schalen. Dort hören sie weder eitles Gerede noch Lüge. Eine Belohnung von deinem Herrn – eine Gabe entsprechend (ihren Werken) –.« (78:32–37)

Das arabische Wort für Jungfrauen mag manchen zu lüsternen Gedanken verführt haben, denn in der Tat bezeichnet es ein Mädchen, dessen Brüste gerade zu schwellen beginnen. In weiterem Zusammenhang aber steht es für einen noblen Rang, und es wird auch für den Ausdruck: »möge Gott ihre Glorie erhöhen« verwendet.

Betrachten wir es in der Reihenfolge, in der es erscheint, dann sehen wir als erstes, dass die Rechtschaffenen mit Glückseligkeit, also Frieden und Erfüllung, gesegnet sein werden. Das arabische Wort, das hier mit Glückseligkeit übersetzt ist, bedeutet, einen Sieg erlangt zu haben, sicher vor dem geworden zu sein, was man nicht mag, Ursache für Fortschritt oder Erfolg, der einem zu Recht zusteht.

In solcher Verfassung werden die Rechtschaffenen in Gärten eingehen, die vor allen Misstönen abgeschirmt sind, so dass nichts Böses in sie gelangen kann. Zudem werden sie Rebenberge vorfinden, also Stätten, die zum Weinanbau benutzt werden. Dies werden Orte sein, an denen sie tätig sein werden, um dann in den Genuss des himmlischen Weins, also der Verzückung und Ekstase, die die Liebe Gottes mit sich bringt, zu kommen. Daraufhin wird ihnen Zutritt zu Jungfrauen, die mit ihnen altersgleich sind, gewährt. Also Geschöpfe, die offen und empfänglich sind für ihr Wesen und ihren Zustand, die nicht reicher an Erfahrung sind als sie selbst, weil sie »Altersgenossinnen« sein werden, und die unberührt sind von Einwirkungen, die ihr volles Augenmerk und ihr zufriedenes Einverständnis mit dem Paradiesbewohner und ein Verständnis für den Gläubigen beeinträchtigen könnten. Dann werden ihnen »übervolle Schalen« gereicht, also Nahrung zur Erbauung und Befriedigung der Seele. Ihr Fortschreiten auf der Reise zu ihrem Herrn, dem allmächtigen Gott, dessen die schönsten Namen zu eigen sind (7:181), wird nicht durch Verschwendung mit unnützem oder sinnlosem Gerede behindert, und sie werden sich nicht mit Lügen auseinanderzusetzen haben.

Diejenigen, die derlei Gaben erhalten werden, sind nicht gleich jenen, denen aufgrund ihrer größeren moralischen und spirituellen Fortschritte, die sie auf Erden erzielten, »holdselige Mädchen mit großen herrlichen Augen gleich verborgenen Perlen« gewährt werden.

Speziell zum Ausdruck kommt diese Unterscheidung in Sure 56. Dort heißt es:

Die Rechtschaffenen werden im Paradies zusammen sein mit »edlen Gattinnen – Wir haben sie als eine wunderbare Schöpfung erschaffen und sie zu Jungfrauen gemacht, liebevollen Altersgenossinnen derer zur Rechten.« (56:35–39)

Mit denen »zur Rechten« sind Gläubige auf jenen Rangstufen gemeint, die bereits in Sure 55 anhand jener beschrieben wurden, die in den »anderen zwei Gärten« weilen werden. Sie sind nicht gleich denen, die höchste Fortschritte im diesseitigen Leben erzielt haben, diese werden in Sure 56 als die »Vordersten« (56:11) beschrieben, die Gott nahe sein werden und denen ein besonderes Maß an Glück und ein Duft der Seligkeit und ein außergewöhnlicher Garten der Wonne beschieden sein wird (56:89,90).

Von diesen Vordersten unterscheiden sich die »zur Rechten« dadurch, dass sie es gewohnt waren, unter ihresgleichen zu bleiben. Sie vermochten nicht richtig, sich in die Lage anderer zu versetzen, weswegen sie Aufenthalt unter »Altersgenossinnen« genießen werden, während den Vordersten mit Gefährtinnen zusammen kommen, die ungeachtet möglicher zeitlicher Abstände, die unterschiedliche Erfahrungen, Einflüsse und Erkenntnisse betreffen, mit und bei ihnen sein werden. Dass der Koran hier jeweils der Seele eine weibliche Entsprechung gibt, hängt damit zusammen, dass rein biologisch gesehen die Frau die Empfangende und Gebärende ist, so dass das, wofür sie in den auf das Jenseits bezogenen Passagen des Korans Metapher ist, eine Essenz der Seele aufnimmt und sie dann nährt, bis sie, quasi durch eine Geburt, in ein neues Leben, in ein neues Licht, also zu einem Ergebnis, gelangt.

14

Die Gläubigen und ihre Verwandten und Freunde im Paradies

Die Freuden des Paradieses wären unvollkommen, wenn wir sie nicht in Gemeinschaft mit anderen Menschen, die uns lieb und teuer sind, genießen können. Natürlich sind Zeiten der Kontemplation, der Introspektion und des vertraulichen Zwiegesprächs mit Gott Quellen höchster Glückseligkeit, aber Gott hat die Menschen zu Gemeinschaften gemacht, damit sie einander kennen, d.h. erkennen und voneinander lernen, einander verstehen und in Wohltat und Harmonie miteinander leben (49:12–14).

So sagt Allah im Heiligen Koran, dass er zwischen Ehemann und Ehefrau »Liebe und Zärtlichkeit« gesetzt hat, damit sie aneinander »Frieden« finden (30:22), und der Heilige Prophet Mohammed sagte: Einsamkeit ist besser als schlechte Gesellschaft, doch gute Gesellschaft ist besser als Einsamkeit.

In diesem Sinne gibt Allah im Koran das Versprechen, dass Verwandte und Freunde der Gläubigen mit ihnen im Paradies vereint sein werden. Es heißt in Sure 52 Vers 22–29:

»Und diejenigen, die glauben und deren Nachkommen ihnen im Glauben folgen, mit denen wollen Wir ihre Nachkommen vereinen. Und Wir werden ihnen ihre Werke nicht im geringsten schmälern. Jedermann ist ein Pfand für das, was er gewirkt hat. Und Wir werden ihnen eine Fülle von Früchten und Fleisch bescheren, wie sie es nur wünschen mögen. Dort werden sie einander einen Becher reichen von Hand zu Hand, worin weder Eitelkeit noch Sünde ist. Und unter ihnen werden ihnen Jünglinge aufwartend die Runde machen, gleich wohlbehüteten Perlen. Und sie werden sich fragend einer an den anderen wenden. Sie werden sprechen: ›Wahrlich, früher, unter unseren Angehörigen, waren wir besorgt. Doch Allah ist uns gnädig gewesen und hat uns vor der Pein des sengenden Windes bewahrt. Wir pflegten vormals zu Ihm zu beten. Er ist der Gütige, der Barmherzige.‹«

Das hier anfangs verwandte Wort »Nachkommen« bedeutet vor allem auch »Kinder«, und es bezieht sich nicht nur auf leibliche Nachkommen eines Mannes oder einer Frau, sondern gewisslich auch auf spirituelle Kinder, d.h. jene, die aus dem guten Rat oder der Weisheit und Leitung eines Menschen Nutzen zogen und somit selbst, und für nachfolgende Generationen, Beispiel und Vorbild geworden sind. Mit »Kindern« mag man auch gute Werke benennen, man spricht ja auch von »Geisteskindern« in Bezug auf ein Buch oder ein anderes geistiges Produkt, so dass auch erhörte Gebete auf gewisse Weise »Kinder« sind.

Anzumerken ist zudem, dass dieser Vers keine zeitliche Begrenzung für »Nachkommen« setzt, d.h. dass etwa ein weises Wort, das vor Jahrhunderten gesagt wurde, indes heute noch für den Sucher nach Wahrheit eine Hilfe ist, ein Nachkomme über all die verstrichene Zeit hinweg ist.

Nehmen wir »Nachkomme« in seinem wörtlichen Sinne, dann ist damit gemeint, dass die späterhin möglicherweise weit verzweigte Familie, so sie denn auf dem richtigen Pfad sich befunden hat, mit dem Paradiesbewohner im Jenseits zusammen, d.h. vereint in den Familienbanden, sein wird.

Der Koran legt sehr großen Wert auf die Wahrung und Achtung der Verwandtschaftsverhältnisse. Blutsverwandte stehen einander näher, heißt es (8:76), und Allah sagt: »Fürchtet Allah, in Dessen Namen ihr einander bittet, und (fürchtet Ihn besonders in der Pflege der) Verwandtschaftsbande.« (4:2) Die Großfamilie mit all ihren Freuden und Sorgen gilt dem Islam als Grundlage der Gesellschaft, und das Licht, das sie als Keimzelle der Gesellschaft darstellen soll, verbreitet sich dann in die anderen Bereiche des gesellschaftlichen Lebens und vereint sich mit dem Licht der anderen Familien etc. Indes mahnt Allah, dass Verwandtschaftsverhältnisse nicht dazu führen sollen, dass man ungerecht handelt, etwa, indem man sie bevorzugt, obgleich sie es nicht verdienen, oder indem man bei ihnen Fehler oder Vergehen übersieht (4:136), ja, die Familie kann sogar zu einem Feind für den Gläubigen werden (64:15), und in einem Gebet des Propheten Mohammed heißt es: »O Allah, mache meine Liebe zu Dir liebenswerter für mich als alles andere auf der Welt, eingeschlossen mich selbst, meine Familie, mein Eigentum und sogar kühles Wasser.«

Indes kann kein Zweifel daran bestehen, dass ein herzliches und liebevolles Miteinander einer Familie zu den großen Freuden des Lebens gehört. Deswegen betont Allah im Koran, dass die Paradiesbewohner ihre Lebensgefährten bei sich haben werden, d. h. das Wort, das in den folgenden Versen mit »Gattinnen« übersetzt ist, hat auch die Bedeutung von »Ehegatten«, wenn es von einer Frau aus gesagt wird:

»Verschönt ist den Menschen die Liebe zu den Begehrten, Frauen und Kindern und aufgespeicherten Haufen von Gold und Silber und wohlgezüchteten Pferden und Viehherden und Ackerfrucht. Das ist die Versorgung für dieses Leben; doch Allah ist es, bei Dem die schönste Heimstatt ist. Sprich: ›Soll ich euch von etwas Besserem Kunde geben als diesem?‹ Für jene, die Gott fürchten, sind Gärten bei ihrem Herrn, die Ströme durchfließen – dort sollen sie wohnen –, und reine Gattinnen und Allahs Wohlgefallen. Und Allah achtet wohl der Diener.« (3:15–16)

Auf ähnliche Weise wird von den Gläubigen in Sure 13, Verse 23–25 gesagt:

»Und die standhaft bleiben im Verlangen nach dem Wohlgefallen ihres Herrn und das Gebet verrichten und von dem, was Wir ihnen gegeben haben, im verborgenen und öffentlich spenden und das Böse durch das Gute abwehren – diese sind es, denen der Lohn der Wohnstatt wird: Gärten der Ewigkeit. Dort sollen sie eingehen und (auch) wer rechtschaffen ist von ihren Eltern und ihren Frauen und ihren Kindern. Und Engel sollen zu ihnen treten aus jeglichem Tor: ›Friede sei auf euch, weil ihr standhaft wart; sehet, wie herrlich ist der Lohn der Wohnstatt.‹«

Ich möchte noch einmal betonen, dass der Koran sich im Allgemeinen an die Seele des Menschen richtet und nur in bestimmten Versen direkt zu Männern oder Frauen spricht. In den meisten Übersetzungen wird indes dann, wenn ein Wort sowohl Mann als auch Frau bedeutet, das arabische Wort mit »Frau« übersetzt. So auch in diesem Falle. Im Arabischen heißt es in der Aufzählung nach »Eltern« »wa aswadschihim«, d.h. »und ihre Ehegatten«, wobei dieses Wort sowohl die männliche als auch die weibliche Ehehälfte bedeutet. Dies gilt sowohl für den Vers der Sure 13, den wir zitierten, als auch den zuvor zitierten Vers der Sure 3.

Gleichermaßen wie in dem Vers 52:22, den wir zu Beginn dieses Kapitels erwähnten, in dem davon die Rede war, dass die Gläubigen mit ihren »Nachkommen« bzw. »Kindern« vereint werden, ist auch in Sure 13:24 davon die Rede, dass nur diejenigen Verwandten mit den Gläubigen zusammen im Paradies sein werden, die »rechtschaffen« sind. Es gilt also nicht die Regel, dass quasi aufgrund des Guten, das ein Gläubiger getan hat, automatisch auch seine Familienmitglieder, unabhängig davon, ob sie auch Gutes taten, ins Paradies eingehen werden. Dies wird verneint durch den Abschluss des Verses 22 der Sure 52, der feststellt: »Jedermann ist ein Pfand für das, was er gewirkt hat.« Andererseits ist es so, dass das Gute, das jemand vollbringt, unbewusst oder bewusst gefördert wird durch diejenigen, mit denen er zusammen ist, vor allem eben seinen engsten Familienmitgliedern. Sie erhalten somit jeweils sehr wohl Anteil an dem, was der eine oder andere von ihnen getan hat. Aber schlimmstenfalls, wie etwa im Falle eines Sohnes des Propheten Noah, von dem der Koran sagt, dass er ungläubig blieb, wird es im Paradies nur eine gute Erinnerung an bestimmte Wirkungen des Verwandtschaftsverhältnisses geben, aber keine andauernde Gegenwart des jeweiligen Familienmitgliedes. Es ist ja unmöglich, dass jene, die in das Paradies gelangen, alle ihre Erinnerungen darüber verlieren, was in ihrem Hause geschah. Indes wird ihnen die allem zugrunde liegende Wahrheit im Paradies gezeigt, und so, wie Tag und Nacht miteinander verbunden sind, ohne dass sie sich stören, wird auch das Verhältnis jener sein, die im Paradies oder in der Hölle sich aufhalten werden.

Der Heilige Prophet Mohammed hat sogar direkt einmal auf das Verhältnis von Himmel und Hölle Bezug genommen. Er sagte, dass das Paradies sich über das gesamte Universum erstrecken werde. Auf die Frage, wo denn dann die Hölle sein werde, antwortete er mit der Gegenfrage: Wo ist die Nacht, wenn es Tag ist?

Neben den engen und entfernten Verwandten werden auch Freunde und Freundinnen der Gläubigen mit ihnen im Paradies sein. Schließlich genießen die Gläubigen im Paradies alles, was sie ersehnen. So heißt es in Sure 41:31–33:

»Die aber sprechen: ›Unser Herr ist Allah‹, und dann standhaft bleiben – zu ihnen steigen die Engel nieder (und sprechen): ›Fürchtet euch nicht und seid nicht betrübt, sondern freuet euch des Paradieses, das euch verheißen ward. Wir sind eure Freunde in diesem Leben und im Jenseits. In ihm werdet ihr alles haben, was eure Seelen begehren, und in ihm werdet ihr alles haben, wonach ihr verlangt – eine Gabe von einem Vergebungsreichen, Barmherzigen.‹«

Bemerkenswert ist, dass hier buchstäblich von »Seelen« die Rede ist, was deutlich macht, dass das Paradies ein spiritueller Ort ist, der mit der Seele gesucht und erfahren wird. Im Deutschen spricht man auch von »Seelenverwandtschaft«, im Amerikanischen, unter der schwarzen Bevölkerung, von Soul-Brother und Soul-Sister. Der Koran verweist auf die Nähe, die Freunde im Glauben im Paradies erleben werden, indem er sagt, dass die Gläubigen dort »Gefährtinnen und Gefährten« (2:26) an ihrer Seite haben und dass die gläubigen Männer und die gläubigen Frauen in Gärten beisammen sein werden.

Viele Missverständnisse über die Beziehungen zwischen Männern und Frauen im Paradies sind dadurch entstanden, dass von ihrer materiellen Form ausgegangen wurde. Wie wiederholt bewiesen, versteht der Koran das Paradies als einen immateriellen Ort. Wenn auch der Koran zur Beschreibung dessen, was im Paradies sein wird, Bilder wählt, die vom Diesseitigen und seinen Annehmlichkeiten und Vergnügungen ausgehen, so ist es doch unvernünftig, sie sozusagen Eins zu Eins auf das Jenseits zu übertragen. Sexuelle Beziehungen zum Beispiel haben ihren letztlichen Sinn in der dadurch bewirkten Fortpflanzung des Menschen. Sicherlich liegt es in ihrer Natur, dass sie unmöglich auf einen Akt beschränkt bleiben können, der nach Menschenermessen eine Fortpflanzung garantiert, genausowenig wie Nahrungsaufnahme auf das Fortleben garantierende Mindestmaß an Kalorien, Vitaminen, Spurenelementen etc. beschränkt bleiben kann. Aber letztlicher Sinn des Geschlechtsverkehrs ist die Fortpflanzung. Im Jenseits aber wird es keine weitere Verbreitung des Menschentums geben. Daraus ergibt sich, dass es eine sexuelle Vereinigung im Paradies nicht geben kann. Das heißt aber weder, dass es eine Vereinigung von Seelen nicht geben wird, noch, dass ein Wohlgefühl, das im Sexualakt erfahren wird, in der nächsten Dimension nicht geben wird. Erlaubte Sexualität als Ausdruck der Liebe findet gewiss im Jenseits eine Entsprechung. Aber zügellose Sexualität im irdischen Sinne wird es im Paradies nicht geben, auch wenn manche orthodoxe Prediger dies den naiven Gläubigen vorgaukeln und mit allerlei zweifelhaften Hadith zu belegen versuchen.

Allah sagt im Koran, dass die gläubigen Männer und die gläubigen Frauen einander Freund sind (9:71). Ihr Verhältnis zueinander ist rein (16:98) und ohne Lüsternheit. Körperliche Leidenschaft und Lust ist nur im Rahmen legitimer Beziehungen gestattet. Wer sich vorstellt, dass ein Muslim oder eine Muslimin sich ihr Leben lang um eine Verfeinerung ihrer Lebens- und Umgangsformen bemühen und in moralischen Handlungen und Gottesdiensten, vor allem dem Gebet, ihre hohen und höchsten Freuden finden, um dann im Jenseits sich körperlichen Sinnesvergnügungen hinzugeben, versteht nicht die Intensität und Größe beispielsweise spiritueller Erlebnisse, die auch vom Gefühl her mit sexuellen Handlungen nicht zu vergleichen sind, ohne dass die Schönheit einer erfüllten sexuellen Liebe darunter leidet. Im Gegenteil, der Gläubige, der auch bei sexuellen Handlungen sein

Gottesbewusstsein nicht verliert, erlebt in der Tat die »zwei Gärten«, von denen in der Sure Ar-Rahman (Sure 55) die Rede ist, von denen wir zuvor berichteten. Festzustellen bleibt, dass Sexualität im Jenseits keinen Raum hat, während die Seelen von Männern und Frauen sich dort durchaus »lieben«. Der Koran sagt dazu:

»Allah hat den gläubigen Männern und den gläubigen Frauen Gärten verheißen, die von Strömen durchflossen werden, immerdar darin zu weilen, und herrliche Wohnstätten in den Gärten der Ewigkeit. Allahs Wohlgefallen aber ist das Größte. Das ist die höchste Glückseligkeit.« (9:72)

In Sure 2 Vers 26 heißt es zudem:

»Und bringe frohe Botschaft denen, die glauben und gute Werke tun, dass Gärten für sie sind, durch die Ströme fließen. Wann immer ihnen von den Früchten daraus gegeben wird, werden sie sprechen: ›Das ist, was uns zuvor gegeben wurde‹, und (Gaben) gleicher Art sollen ihnen gebracht werden. Und sie werden darin Gefährten und Gefährtinnen haben von vollkommener Reinheit, und darin werden sie weilen.«

Da in diesem Vers ein Vergleich gezogen wird zwischen dem Schönen, Wahren und Guten, das Gläubige im Diesseits bewirkt haben, und dem, was ihnen im Jenseits zuteil wird, sind unter den Gefährten und Gefährtinnen im Paradies jene Menschen zu verstehen, zu denen die Gläubigen bereits im Diesseits selbstlose und liebevolle Beziehungen unterhielten.

Diese und ähnliche Verse räumen mit der Vorstellung und dem Vorurteil, das vor allem auch durch Karl May verbreitet wurde, auf, dass nach der Lehre des Islam Frauen keine Seele hätten und somit auch nicht ins Paradies gelangten. Immer wieder sagt Allah im Koran, dass Frauen wie Männer Einwohner des Paradieses sind. Zum Beispiel in Sure 48 Verse 5 und 6:

»Er ist es, Der die Ruhe in die Herzen der Gläubigen niedersandte, damit sie Glauben hinzufügen ihrem Glauben – und Allahs sind die Heerscharen der Himmel und der Erde, und Allah ist allwissend, allweise –, dass Er die gläubigen Männer und die gläubigen Frauen einführe in Gärten, durch die Ströme fließen, ewig darin zu weilen, und dass Er ihre Missetaten von ihnen nehme – und das ist vor Allah die höchste Glückseligkeit.«

Und an anderer Strelle heißt es:

»Wer aber gute Werke tut, sei es Mann oder Frau, und gläubig ist: sie sollen in den Himmel gelangen, und sie sollen auch nicht so viel Unrecht erleiden wie die kleine Rille auf der Rückseite eines Dattelkernes.« (4:125)

Die Frage taucht bisweilen auf, ob denn auch Tiere Einlass in das Paradies finden werden. Tiere, auch Haustiere, haben nach islamischer Auffassung keine dem Menschen vergleichbare Seele. Sie besitzen zwar so etwas wie eine Seele, aber sie ist unterentwickelt, es fehlt ihnen ein bestimmtes Wahrnehmungsvermögen, ein so hoch entfaltetes Bewusstsein wie das, welches dem Menschen möglich ist. Dazu gehört zum Beispiel auch die Hinwendung zu Gott mit Hilfe einer Sprache, die Bitten der Größe Gottes angemessen formulieren kann. Indes weist Hazrat Mirza Ghulam Ahmad in seinem Buch *Die Philosophie der Lehren des Islam* (S. 50) darauf hin, dass sich dem Koran zufolge die Menschen mit Barmherzigkeit den Tieren zuwenden sollen. Es heißt in Sure 51 Vers 20 von den Gläubigen, die im Paradies sein werden, dass sie auch deswegen des Paradieses für würdig befunden werden, weil in ihrem Vermögen ein Anteil für den war, der bat, wie auch für den, der es nicht konnte. Mit denen, die nicht mit Worten zu bitten vermochten, sind nach seiner Interpretation dieses Verses alle stummen Tiere zu verstehen, wie Hunde, Katzen, Spatzen, Rinder, Esel, Ziegen und andere. Da nun die Gläubigen im Paradies alles erhalten werden, »wonach ihre Seelen begehren«, und in ihm alles haben werden, wonach sie verlangen (41:32), ist daraus zu schließen, dass die liebevollen Zuwendungen und Zärtlichkeiten, mit denen sie zumal Haustiere bedachten, ihnen im Paradies in einer Art wiedererscheinen werden, die natürlich mit einer Erinnerung an sie verbunden ist. Auf diese Weise werden also auch geliebte Tiere der Gläubigen mit ihnen im Paradies sein.

15

Essen, Trinken und Bekleidung für die Paradiesbewohner

Auf vielfältige Weise schildert der Koran das, was den Gläubigen im Paradies an Erfrischungen für ihre Seele gereicht wird. So heißt es in der Sure 56, Al-Waqe'ah, dass die Gottnahen sich »auf durchwobenen Polstern, lehnend auf diesen, einander gegenüber« befinden werden (56:16,17). Damit ist beispielsweise gemeint, dass sie auf ihren guten Taten ruhen werden, auf dem, was sie durch ihre Arbeit gewirkt und was sie an guten Gedanken ersonnen, also gewoben haben. Dass sie ihresgleichen gegenüber sitzen werden, besagt, dass sie sich ohne Falsch und Argwohn begegnen und offen zueinander sein werden. Sie werden keine Geheimnisse voreinander haben müssen und sich frei austauschen. Der Heilige Prophet Mohammed sagte auch, dass ein Gläubiger ein Spiegel für einen anderen Gläubigen ist. Er benutzte in diesem Hadith nicht das Wort »Muslim«. So werden sich die Gläubigen einander im Paradies sehen und in ihnen ihre eigene Schönheit widergespiegelt finden, wie sie auch in den ihnen gegenüber Sitzenden das »sehen«, also erfahren werden, was die Besonderheit des anderen ausmacht.

Weiter heißt es in dieser Sure:

»Ihnen aufwarten werden Jünglinge, die nicht altern, mit Bechern und Krügen und Trinkschalen (gefüllt) aus einem fließenden Born – keinen Kopfschmerz werden sie davon haben, noch werden sie berauscht sein –, und (mit den) Früchten, die sie vorziehen, und Fleisch von Vögeln, das sie begehren mögen, und holdseligen Mädchen mit großen, herrlichen Augen, gleich verborgenen Perlen, als eine Belohnung für das, was sie zu tun pflegten. Sie werden dort kein eitles Geschwätz noch sündige Rede hören, nur das Wort: ›Frieden, Frieden!‹« (56:18–27)

Mit den »Jünglingen, die nicht altern« wird etwas von Allahs Schöpfung dargestellt, das Gutes und Ausgezeichnetes verkörpert, zudem einen gewissen Aspekt von Stärke. Dass diese Geschöpfe nicht altern, weist darauf hin, dass von Beginn des Menschentums an die Natur des Guten konstant geblieben ist. Was immer Menschen an reiner Liebe, an selbstlosen Opfern für das Wohlergehen anderer, an Taten, die der Harmonie und der Glückseligkeit dienten, getan und gewirkt haben, was immer sie an Wahrem gesagt und an wohlbegründeter Erkenntnis weitergegeben haben, ist etwas, das wie ein Jüngling, der nicht altert, den Gottnahen aufwartet.

Die Becher, die sie darreichen werden, weisen so zum Beispiel auf verlorene Liebe hin, da in der Sure 12 des Korans, die der Geschichte des Propheten Yusuf (Joseph) und seinen Brüdern und Eltern gewidmet ist, Joseph in Ägypten, zu hohen Ehren gelangt, einen Trinkbecher in die Satteltasche seines geliebten Bruders Benjamin steckte, um dadurch zu erreichen, dass er bei ihm zurückgehalten werden kann (12:71–81). Krug und Trinkschale sind in der Symbolik mystischer Dichter des Islam immer wieder als Behältnisse, die die notwendigerweise zu beachtende Form des Gesetzes zum Ausdruck bringen, verwandt worden, etwa, wenn Jalaluddin Rumi sagt: »Trink das, was im Becher ist«, während der Inhalt des Bechers auf die zu erlangende Essenz deutet, auf den reinen Wein der Gotteserkenmtnis, den Wein, durch den der Trinkende von der Gegenwart Allahs verzückt wird.

Über das, was die Gottnahen trinken werden, gibt es verschiedene Hinweise im Koran. Zum einen ist »der fließende Born«, also die Quelle, aus der sie schöpfen, so beschaffen, dass in ihm nichts enthalten ist, was irgendeinen Nachteil birgt. Weder wird es unerfreuliche Nachwirkungen geben (wie Kopfschmerzen, den ein Rausch verursacht) noch gar einen Rausch, also einen Zustand, in dem man seine Kontrolle über seine Wahrnehmung verliert. Im Gegenteil, in Sure 76 Vers 6 heißt es:

»Die Gerechten aber trinken aus einem Becher, dem Kampfer beigemischt ist – eine Quelle, vor der die Diener Allahs trinken, die sie hervorsprudeln lassen in reichlichem Sprudel.«

Dazu schreibt Hazrat Mirza Ghulam Ahmad (a.a.O. S. 96f.): »Das Wort Kampfer (arabisch: Kafur) in diesem Vers ist ... von Kafara abgeleitet worden, welches im Arabischen bedeutet: unterdrücken und zudecken, und weist darauf hin, dass sie so ausgiebig aus dem ›Becher‹ der Loslösung von der Welt und der Hinwendung zu Gott getrunken haben, dass ihre Liebe zur Welt vollständig ausgelöscht worden ist. Bekanntlich keimen alle Leidenschaften im Herzen, und wenn das Herz von Unreinheiten weit entfernt ist und keine Gedanken darauf verschwendet, nehmen die Leidenschaften allmählich ab und zuletzt sterben sie aus. Das ist der Sinn dieses Verses, nämlich, jene, die sich Gott vollständig zuwenden, entfernen sich in gleichem Maße von der Herrschaft der selbstsüchtigen Leidenschaften. Daher werden die Herzen der Gerechten kühl bleiben im Feuer der Leidenschaft, und ihre Leidenschaften werden vollständig unterdrückt, wie die Unterdrückung der Wirkung giftiger Stoffe durch Kampfer.«

Weiter heißt es in der Sure 76, Verse 13–23:

»Und Er (Allah) wird sie (die Paradiesbewohner) für ihre Standfestigkeit belohnen mit einem Garten und seidenen (Gewändern), darin auf erhöhten Sitzen lehnend, werden sie dort weder Gluthitze noch Eiseskälte erfahren. Und seine Schatten werden dicht über ihnen sein, und seine gebüschelten Früchte werden leicht erreichbar gemacht werden. Und Trinkgefäße aus Silber werden unter ihnen kreisen, und Pokale von Glas, (durchsichtig wie) Glas, doch aus Silber, und sie werden ihren Umfang bemessen nach dem Maß. Und es wird ihnen dort ein Becher zu trinken gereicht werden, dem Ingwer beigemischt ist – eine Quelle darinnen, Salsabil geheißen, und es werden ihnen dort Jünglinge aufwarten, die kein Alter berührt. Wenn du sie siehst, du hältst sie für Perlen, verstreute; und wenn du dort in irgendeine Richtung schauest, so wirst du Glückseligkeit und ein großes Reich erblicken. An ihnen werden Gewänder sein von feiner, grüner Seide und schwerem

Brokat. Sie werden mit silbernen Spangen geschmückt sein. Und ihr Herr wird sie mit einem reinen Trank laben. ›Das ist euer Lohn, und euer Bemühen ist angenommen worden.‹«

Im Zusammenhang mit dem, was die Gläubigen »trinken« werden, wird hier die Beschaffenheit einiger Trinkgefäße genauer beschrieben. Sie werden aus Silber sein, das wie Glas aussieht. Silber nun ist ein relativ seltenes Element, das als bester metallischer Wärmeleiter und elektrischer Stromleiter dient und stark antiseptisch, also keimabtötend, wirkt.

Es befindet sich in Bergadern, während Glas von Menschen aus Sand hergestellt wird. Silber und Glas sind zudem beides Zeichen für eine gewisse Kultiviertheit, sie sind Schmuck- und Gebrauchsgegenstände. Daraus können wir schließen, dass die natürliche, daher in der Natur des Menschen bestehende Begabung, etwas Besonderes zu finden, darin einen Ausdruck erhält. Das aus der Erde stammende Silber, das im Bereich der Technik sich herausragend für Leitung von Wärme und Strom eignet, während es im Bereich der Kunst zur Verschönerung des Menschen als Schmuck verwandt wird, sieht aus wie Glas, es ist mithin durchsichtig und klar, ohne Trübung. Glas, als vom Menschen Geschaffenes, und Silber, als von Gott der Erde Gegebenes, gehen eine Einheit ein: der menschliche Geist ist klar, nichts trübt oder betrübt ihn, und zudem ist er verbunden mit seiner unverdorbenen, reinen, also gereinigten und veredelten Natur. Die Wärme menschlicher Freundschaft, die Fähigkeit des Menschen zu leiten und Impulse zu geben und dadurch Keime des Bösen abzutöten, wie übertragen auf den Menschen Eigenschaften des Silbers beschrieben werden können, erscheinen wie vom Menschen eigenständig zustande gebracht, und doch sind sie in Wirklichkeit Gaben Gottes.

Die Paradiesbewohner werden zudem das Maß dessen, was sie vermögen, genau kennen, sie werden sich nichts zumuten, was ihre Kräfte übersteigt. Sie werden im wohltuenden, also beruhigenden und besänftigenden Schatten des Gartens sein und das, was sie ersehnen, also Früchte ihres Tuns, wird ihnen leicht erreichbar gemacht, ja, das Ergebnis ihres Tuns wird sein, dass ihnen Erfolg auf eine Weise beschieden sein wird, die vielfältiger als das ist, was sie eigentlich erstrebten: des Gartens gebüschelte Früchte werden leicht erreichbar gemacht.

Dies zeigt, dass das Paradies kein Ort des Nichtstuns ist, sondern ein Ort der Aktivität, also des Erlangens immer größerer Erkenntnisse der Beschaffenheit und Wirkungsart der Eigenschaften Gottes. Um zu solchen Höhen und darüber hinaus immer größere Höhen gelangen zu können, wird ihnen ein Trank gereicht, der Ingwer enthält. Das deutsche Wort Ingwer heißt im Arabischen »Zandjbil«, was wörtlich bedeutet, eine Höhe erklimmen. »Zana« bedeutet »aufsteigen« und »Djabel« »Berg«.

Daraus ergibt sich, dass dann, wenn der spirituelle Pilger mit einem Trank, dem Kampfer beigemischt ist, einen Zustand erreicht hat, in dem er alle seine Leidenschaften unterdrückt und sich mithin gereinigt hat, er als nächstes zur Stärkung etwas erhält, das ihn befähigt, hohe und höchste Stufen auf dem Wege zu Gott zu erklimmen. Erfüllt von der Liebe Gottes, die ihn befähigte, sein niederes Selbst zu zähmen, wird er nun in die Lage versetzt, außerordentlich schwierige Schritte zu unternehmen, um teilzuhaben an den schönsten Manifestationen von Allahs Macht und Herrlichkeit, Liebe und Barmherzigkeit.

Der Name der Quelle, aus der der Pilger getränkt wird, heißt Salsabil, was wörtlich bedeutet: jemanden nach dem Weg fragen. Auf dieser Stufe der Annäherung an das Göttliche wird der nach Gott Dürstende alle nur erdenklichen Hinweise und Zeichen aufnehmen, die ihn auf die schnellstmögliche Art und Weise in die Nähe seines Geliebten zu bringen vermögen, er wird von allem und jedem, was ihm begegnet, zu lernen bemüht sein, also in allem und jedem eine Spur der Gnade Allahs entdecken, die ihn voranbringt auf seiner Reise zu Allah.

Ihre Gewänder auf diesem Pfad werden aus »feiner, grüner Seide und schwerem Brokat« sein. Bekanntermaßen wird Seide von der Raupe des Seidenspinners erzeugt, der sich zur Verpuppung einen Kokon aus einem bis etwa 4000 Meter langen Seidenfaden spinnt. Wenn wir das Bild vom Menschen nehmen, der sich wie eine Raupe sein Leben lang damit beschäftigt, mit seinen Händen und Gedanken Fäden spinnend etwas von sich, seiner Umwelt, der Menschheit und natürlich von Gott zu verstehen, während das Ergebnis seines Sinnens und Schaffens seine Seele bestimmt und umhüllt, so wie der Seidenspinner vor seiner eigentlichen Werdung mit seinem Faden sich einen Kokon webt, dann können wir die feinen, grünen (also sonnendurchtränkten) Seidengewänder als das Ergebnis des irdischen Tuns ansehen. Brokat wiederum ist ein schweres Seidengewebe, mit Metallfäden durchzogen. Und in unserem Vergleich wäre diese Besonderheit eines Seidengewandes etwas, das sich eben durch herausragende, »schwere«, also in der Waagschale des Guten außerordentlich gewichtige Taten auszeichnet, etwas, das zudem mit Metall, also herausgearbeiteten, guten Natureigenschaften, durchsetzt ist.

In der zu Beginn unserer Abhandlung über die Beschaffenheit des himmlischen Weins zitierten Sure 56 finden sich auch die Bilder vom Fleisch der Vögel und den Früchten, die die Gottnahen vorziehen werden. Vögel nun ist eine bekannte Metapher für Heilige und Mystiker, also beschwingte Wesen, jene, die wie Engel Flügel haben, also Träger besonderer Gottesgaben und Gotteserkenntnisse sind, die ihnen aufgrund ihrer außergewöhnlichen Opfer gewährt wurden. In diesem Sinne gedeutet, können wir mit »Fleisch der Vögel« das bezeichnen, was bestimmte Gottessucher und Pilger in ihrem Leben erfahren und erreicht haben. Fleisch entsteht, wenn Nahrung aufgenommen und umgesetzt wird. Dem Gottnahen werden also im Paradies die herausragenden und außergewöhnlichen Lebensgeschichten und Erlebnisse von bedeutenden Menschen nachvollziehbar, er kann sozusagen auf ihren Spuren wandeln und miterleben, wie es ihnen erging und was sie taten und tun durften, um zu solcher Größe zu gelangen. Dazu zitierten wir bereits ein Hadith aus der Sammlung Tirmidhi, in dem der Prophet Mohammed berichtet, dass es im Paradies einen Marktplatz geben werde, auf dem der Gläubige die Gestalt eines anderen Menschen annehmen und in seiner Form leben kann.

Während denjenigen, die in der eben zitierten Sure Waqe'ah zur ersten Kategorie der Gläubigen gezählt werden, Früchte gewährt werden, die sie vorziehen, was heißt, dass ihnen die Freiheit gewährt wird, aus der Fülle dessen, was sie oder andere gewirkt haben, auszuwählen, was immer sie möchten, wird für diejenigen, die zur zweiten Kategorie gehören, bestimmt, welche Früchte ihnen zuteil werden sollen. Es heißt so von denen, »die zur Rechten« zu sein werden:

»(Sie werden) unter dornenlosen Lotusbäumen (sein) und gebüschelten Bananen und ausgebreitetem Schatten, bei fließenden Wassern und reichlichen Früchten, unaufhörlichen, unverbotenen.« (56:29–34)

Von einem Lotus-Baum ist auch in Sure 53 Vers 15–17 die Rede. In dieser Sure wird die spirituelle Himmelfahrt des Propheten Mohammed beschrieben. Das arabische Wort für Lotus-Baum lautet »Sadirat«, das von »Sadira« abstammt, was soviel wie »völlig erstaunt, außerordentlich überrascht« bedeutet. Damit ist in diesem Zusammenhang zum Beispiel gemeint, dass der Heilige Prophet auf seiner spirituellen Himmelfahrt eine Stufe der Nähe erreichte, die völlig das menschliche Verständnis übersteigt, eine Stufe, auf der ihm eine endlose Vision vom Göttlichen Wissen und ewiger Wahrheiten eröffnet wurde.

Die Gläubigen im Paradies werden sich auf ähnliche Weise in einem Zustand befinden, der ihre bisherige Vorstellungskraft bei weitem überschreitet. Der Lotus-Baum hat es auch an sich, dass er in einem trockenen Klima gedeiht und dem Wanderer durch seine reichen Zweige Erholung und Ruhe gewährt. Im Vergleich dazu wachsen Bananen nur, wenn ausgiebig Wasser vorhanden ist. Somit wird der Paradiesbewohner dieses Rangs auf allen seinen Wegstrecken im Paradies Erfrischung finden, welcher Art, sozusagen, das Klima auch sein mag. Dass all die Früchte seiner Tätigkeiten dem Gläubigen »unaufhörlich« zuteil werden, besagt, dass es im Paradies keine »Durststrecken« oder Etappen geben kann, auf denen man durch Erschöpfung oder Krankheit oder unwillkommene Ereignisse am Tun gehindert wird. Zudem werden die Früchte »unverboten« sein, das heißt, dass ein Nachdenken darüber, ob das, was man tut, richtig oder falsch ist, aufgehört hat und man »bei fließenden Wassern« ist, also in einem unaufhörlichen Fluß, der letztlich in immer größere Nähe zu Gott führt.

In der Sure Ar-Rahman (55:69) ist auch von Datteln und Granatäpfeln die Rede, die denen »zur Rechten« geschenkt werden. Datteln zeichnen sich dadurch aus, dass nichts an ihnen wertlos ist. Selbst ihre Steine können als Brennstoff verwendet werden. Sie dienen im frischen wie im getrockneten Zustand als überaus gehaltreiche Nahrung in jeder Situation, geben Stärke und Frische. Granatäpfel indes weisen eine Besonderheit nicht nur dadurch auf, dass sie eine ungewöhnlich wohlschmeckende, rasch durststillende Frucht ist, die leicht bekömmlich ist und entschlackend wirkt, sondern auch durch ihre außergewöhnliche Art, in der sie herangewachsen ist. Sie besteht aus vielen, wabenförmig zusammengesetzten kleinen Fruchtteilen, die jeweils um einen winzigen Kern herum wachsen. Der Granatapfel wird auch Paradiesapfel genannt. Er symbolisiert zum Beispiel eine aus vielen Zellen bestehende, zusammengewachsene Gemeinschaft, etwa eine Großfamilie oder eine Gruppe Gleichgesinnter, in der sich keiner über den anderen erhebt. Man kann den Granatapfel auch mit einer Arbeit vergleichen, an der alles stimmt, in der sich alles zu allem fügt, in der jeder Teil auf seine Weise mit den anderen Teilen übereinstimmt.

In Sure 78 Vers 33 ist zudem von Rebenbergen, also Weintrauben die Rede, aus denen sich »berauschender Trank wie auch bekömmliche Nahrung« (16:68) ziehen lässt. Es ist nach unseren vorherigen Ausführungen über den Himmelswein deutlich, dass diese Frucht des Paradieses bedeutet, dass die Paradiesbewohner sich sowohl an den Ursprüngen göttlicher Liebe als auch an ihren Folgen laben werden.

Mehrfach wird im Koran schließlich gesagt, dass die Gläubigen im Paradies »silberne Spangen« (76:22), und »Armspangen von Gold« (18:32; 35:34) tragen werden. Über einige der besonderen

Eigenschaften von Silber sprachen wir bereits. Was Gold betrifft, so ist es seit altersher ein Zeichen für Reichtum, eine Garantie für Wohlstand und ein sorgenfreies Leben. Als Schmuck kann es nur in Verbindung mit anderen Metallen verarbeitet werden. Dass die Arme, also das Symbol für Tätigsein, mit Goldspangen geschmückt werden, weist somit nicht nur darauf hin, dass sich die Gläubigen im Paradies keine Sorgen mehr für ihr Fortbestehen zu machen brauchen und dass sie angstfrei und ohne Bekümmerung, was sein wird, leben werden, sondern auch darauf, dass sie sich bewusst sein werden, dass das, was sie durch die Gnade Allahs erreicht haben, nur dadurch möglich wurde, dass ihnen andere mit Rat und Tat, Fürsorge und Liebe beiseite standen – genauso, wie Gold nur in Verbindungen mit Kupfer, Silber, Platin oder Nickel die notwendige Härte aufweist, die seine Verarbeitung zu Schmuck ermöglichen.

16

Märtyrer und das Paradies

Es ist ein allgemeiner Volksglaube unter den Muslimen, dass derjenige, der als Märtyrer stirbt, unmittelbar darauf in das Paradies eingeht. In der Tat hatte der Prophet Mohammed gesagt, dass die Märtyrer von der Befragung im Grab, daher vor der Prüfung ihrer Taten dort, befreit sein würden und dass ihre Taten bis zum Tage des Gerichts an Gehalt zunehmen (laut einem Hadith, das in der Sammlung von Tirmidhi wie auch der von Abu Daud zitiert wird).

Die Frage aber lautet, wer denn eigentlich ein Märtyrer ist. Der Prophet sagte zum Beispiel einmal, wenn man unter die Märtyrer nur diejenigen zähle, die im Kampf zur Verteidigung des Islam gestorben sind, es nur wenige Märtyrer gäbe. Er sagte dann weiter, dass zu den Märtyrern auch derjenige gerechnet wird, der auf Gottes Pfad getötet wird, der auf Gottes Pfad stirbt, der an einer Seuche stirbt und der aufgrund einer Krankheit in seinem Bauch stirbt (Hadith nach Muslim). In weiteren Hadithen werden weitere Umstände angeführt, die jemanden, Mann oder Frau, zum Märtyrer machten, zum Beispiel auch, dass jemand in Verteidigung seines Eigentums stirbt oder in Selbstverteidigung oder in Verteidigung seiner Familie (Buchari, Abu Daud, Tirmidhi überliefern dies).

In wieder einem anderen Hadith, das in der Hadith-Sammlung von Muslim überliefert wird, heißt es, dass die Sünden eines Märtyrers bedeckt werden, ausgenommen seine Schulden.

All dies ist auf verschiedene Art und Weise deutbar (es gibt zum Beispiel nicht nur materielle Schulden) und überdies in Übereinstimmung zu bringen mit anderen Aussagen des Propheten Mohammed beziehungsweise des Korans.

Zum Beispiel sagte der Prophet, dass die Tinte des Gelehrten wertvoller sei als das Blut des Märtyrers. Er sagte auch, dass derjenige, der um weltlicher Vorteile willen am Dschihad, daher der Verteidigung der Freiheit (22:40,41), teilnimmt, keine Belohnung erhalten wird (Abu Daud überlieferte es aufgrund einer Aussage des berühmten Gefährten des Propheten, Abu Huraira). Gleich in mehreren Hadith-Sammlungen (*Malik, Abu Daud* und *Nasa'i*) finden wir folgendes Hadith:

»Muadh überliefert, dass der Gesandte Allahs sagte: ›Kämpfen ist von zweierlei Art. Derjenige, der Gottes Wohlgefallen zu erlangen sucht, seinem Führer gehorcht, von dem spendet, was er liebt, seinen Mitmenschen hilft und Unheilstiften vermeidet, wird Belohnung für sein gesamtes Leben erhalten, für die Zeit, in der er wach war oder schlief. Aber der, der mit protzendem Geist kämpft, um sich zur Schau zu stellen und Ruhm zu erlangen, der seinem Führer nicht gehorcht und Unheil auf Erden anrichtet, wird ohne Erfolg und der Bestrafung unterworfen (zu Gott) zurückkehren.‹«

Dies verdeutlichend sei noch ein ebenfalls von Abu Huraira überliefertes Hadith zitiert:

»Der erste Mensch, der am Tag des Jüngsten Gerichts vor Allah stehen und beurteilt werden wird, wird ein Mann sein, der als Märtyrer starb. Er wird vor Allah gebracht werden, und nachdem Allah ihn an all das Gute, das Er ihm gewährt hatte, erinnert haben wird, und der Mann dies bestätigte, wird Allah fragen: ›Was hast du getan, um deine Dankbarkeit zu zeigen?‹ Der Mann wird antworten: ›Ich kämpfte für deine Sache, bis ich als Märtyrer getötet wurde.‹ Allah wird dann sagen: ›Du lügst, du hast gekämpft, damit die Menschen dich als mutig preisen mögen, und dies haben sie (nach deinem Tod) dann auch getan.‹ Dann wird der Befehl erlassen werden, diesen Mann auf seinem Gesicht liegend in die Hölle zu bringen.«

Aus all dem wird ersichtlich, dass man ein Schahid (d.h.Märtyrer) nicht automatisch dadurch wird, dass man auf dem Pfade Gottes, wie beschrieben, ums Leben kommt, sondern dass die Absicht zählt, die zu einem Opfertod führte. Und natürlich auch, ob derjenige, der sein Leben hingab, in Übereinstimmung mit Gottes Geboten und Willen handelte.

In der Tat heißt es ja in einem berühmten Hadith, dass Gott die Menschen nach ihren Absichten behandelt (Bukhari). Dieser Umstand wird sehr schön zur Sprache gebracht in einem Selbstgespräch, das der große Heilige und Mystiker des Islam, Ahmad-e-Khazruya, führte. Es wurde von Fariduddin Attar in seiner Sammlung Tadhkirat al-Auliya (*Muslimische Heilige und Mystiker,* S. 177f.) überliefert.

Darin heißt es, dass Ahmad-e-Khazruya sich von seiner Seele zu dem Verlangen gebracht sieht, auf dem Pfade Allahs im Dschihad zu sterben. Er verwundert sich darüber und befragt seine Seele, ob es vielleicht so sei, dass seine Seele auf diesem Wege erreichen wollte, dass er aufhöre zu fasten, oder allein zu sein oder nachts zu beten. Jedesmal antwortete seine Seele, dass sie all dies auch während des Dschihads zu ertragen bereit sei. Ahmad aber bleibt skeptisch. Er betet zu Allah, dass ihm die Hinterlist seiner Seele offenbar gemacht würde. Daraufhin bekennt dann die Seele, dass sie ersehnt, von aller Anstrengung der täglichen Gottesdienste befreit zu werden, und dass sie als berühmt anerkannt werden möchte. Als Ahmad sich selbst dieses Eingeständnis entlockt hat, gibt er seinen Plan, in den Dschihad-Saghir (d.h. den kleinen Kampf mit der Waffe) zu ziehen, um als Märtyrer zu sterben, auf und verdoppelt seine Anstrengungen auf dem Dschihad Akbar (dem großen Kampf gegen die eigenen üblen Leidenschaften).

Mithin kann keinesfalls gesagt werden, dass all diejenigen, denen das Verdienst zugesprochen wird (in unserer Zeit zum Beispiel Selbstmordattentätern), als Märtyrer gestorben zu sein, auch automatisch in das Paradies eingelassen werden. Hinzu kommt, dass der Koran klipp und klar Selbstmord verbietet. Es heißt in Sure 4 Vers 30:

»Und tötet euch nicht selbst. Siehe, Allah ist barmherzig gegen euch.«

Und in Sure 2 Vers 196 heißt es, den Selbstmord verurteilend:

»Spendet für Allahs Sache, und stürzt euch nicht mit eigener Hand ins Verderben (d.h. begeht keinen Selbstmord), und tut Gutes; wahrlich, Allah liebt die Gutes Tuenden.«

Auch heißt es dazu, ebenfalls eindeutig den Selbstmord ablehnend in Sure 3 Vers 146:

»Zu sterben steht niemandem zu, es sei denn mit Allahs Erlaubnis – ein Beschluss mit vorbestimmter Frist. Und wer den Lohn dieser Welt begehrt, Wir werden ihm davon geben; und wer den Lohn des zukünftigen Lebens begehrt, Wir werden ihm davon geben; und Wir werden die Dankbaren belohnen.«

Mit der »vorbestimmten Frist« ist nicht gemeint, dass ein Mensch keine Wahl hat, sein Leben zu verlängern, etwa, indem er eine bestimmte Medizin nimmt. Die Idee der absoluten Vorherbestimmung wird vom Islam, dem Volksglauben zuwider, nicht vertreten. Es ist nur so, dass alles, was geschieht, Gesetzmäßigkeiten unterworfen ist, die, wie kompliziert auch immer, unfehlbar bestimmte Ergebnisse zeitigen.

Selbstmord ist meist ein Akt der Verzweiflung. Allah warnt aber im Koran davor, sich der Verzweiflung hinzugeben, und fordert auf, ihre Wege zu meiden (39:54). Hinzu kommt, dass bei den Selbstmordattentaten wahllos Unschuldige, Unbewaffnete, Frauen, Kinder und religiöse Würdenträger getötet wurden, während der Prophet ihre Tötung selbst in einem regulären Krieg verboten hatte.

Gewiss lehrt der Koran, dass diejenigen, die bereit sind, ihr Leben für Allah zu opfern, und bereit, lieber zu sterben, als ihre Religion aufzugeben, von Allah dafür belohnt werden. In Sure 6, Verse 163 und 164 lesen wir:

»Sprich: ›Mein Gebet und mein Opfer und mein Leben und mein Tod gehören Allah, dem Herrn der Welten. Er hat niemanden neben Sich. Also ist mir geboten, und ich bin der erste der Gottergebenen.‹«

Aber daraus zu schließen, dass man auf unvernünftige Weise sein Leben verschleudert, indem man es blindlings, den unrealistischen politischen Vorstellungen gewisser Führergestalten folgend, durch ein Selbstmordattentat oder ähnliche Verhaltensweisen »opfert«, ist nicht in Übereinstimmung mit den Lehren des Islam, die Weisheit, vernunftgemäßes Handeln, Vergebung und Barmherzigkeit lehren und nicht den Tod bringen wollen, sondern Leben.

Sicherlich sollte ein Muslim seinem Namen gerecht werden, und Muslim heißt auf Deutsch: Gottergebener Mensch. Aber Gottergebenheit, also Islam, verlangt, dass man seinen eigenen Willen dem Willen Gottes unterwirft, und nicht, dass man aus einem Fanatismus heraus und aufgrund von Wahnideen sich in einen sinnlosen Tod stürzt.

Der Pfad Gottes und das Kämpfen auf dem Wege Gottes ist in unserer Zeit nicht länger eine Art jener Auseinandersetzung mit Hilfe von Schwertern oder Pfeilen, die über Jahrhunderte in allen Teilen der Welt, von den unterschiedlichen religiösen und politischen Machthabern, als Form der Politik geübt und gepredigt wurde. Was seinerzeit üblich war, ist heutzutage meist unrealistisch und unvernünftig. Die Welt unserer Zeit wird von Ideologien beherrscht. Ideen aber rottet man nicht durch Kriege aus. Nunmehr gilt es, überzeugende Argumente vorzubringen, Beweise einer völkerübergreifenden Menschlichkeit und Vorschläge zum friedlichen Zusammenleben, die von den unterschiedlichen Parteien angenommen werden können, ohne dass die eine Seite die andere übervorteilt. Es geht jetzt darum, die Überwindung von Feindschaften durch Lösungsmodelle zu erreichen, die auf den Grundlagen der unparteiischen Gerechtigkeit und des Friedenstiftens basieren. Die wirklichen Märtyrer unserer Tage sind jene, die ihr Leben dafür aufopfern, dass Wahrheit über Lüge so siegt, dass Einsichten allerseits gewonnen werden und anstelle von Unterdrückung und Hass Liebe, Mitleid und Wohlwollen das Gemüt der Menschen bestimmen. Dies entspricht der Lehre des Korans, die besagt:

»Gut und Böse sind nicht gleich. Wehre (das Böse) mit dem ab, was das Beste ist. Und siehe, der, zwischen dem und dir Feindschaft war, wird wie ein warmer Freund werden. Aber dies wird nur jenen gewährt, die standhaft sind; und keinem wird es gewährt als dem Besitzer großen Seelenadels.« (41:35,36)

Der Koran sagt auch:

»Eure Gewalttat richtet sich nur gegen euch selbst.« (10:24)

Und es heißt beispielgebend in Sure 7 Vers 86:

»O mein Volk, dienet Allah; ihr habt keinen anderen Gott als Ihn. Ein deutliches Zeichen von eurem Herrn ist nunmehr zu euch gekommen. Darum gebet volles Maß und Gewicht und schmälert den Menschen ihre Dinge nicht und stiftet nicht Unfrieden auf Erden, nach ihrer Regelung. Das ist besser für euch, wenn ihr Gläubige seid.«

Und weiter:

»Und Allah unterscheidet wohl den Unheilstifter vom Friedenstifter.« (2:222)

Sowie:

»Und ihr sollt auf Allah keine Eide schwören, damit ihr euch damit des Guttuns und Rechthandelns und des Friedenstiftens unter den Menschen enthaltet. Und Allah ist allhörend, allwissend.« (2:225)

Sicherlich haben die wahren Märtyrer, und Gott weiß am besten, wer diesen Namen verdient, einen hohen Rang im Paradies. Sie werden zu den vier Kategorien jener Gläubigen gezählt, die in das Paradies eingehen werden:

»Wer Allah und dem Gesandten gehorcht, soll unter denen sein, denen Allah Seine Huld gewährt hat, nämlich unter den Propheten, den Wahrhaftigen, den Blutzeugen und den Gerechten; und das sind die besten Gefährten.« (4:70)

Und ausführlicher heißt es über die »Blutzeugen«, d.h. Märtyrer, im Koran:

»Und sagt nicht von denen, die für Allahs Sache erschlagen werden, sie seien tot; nein, sie sind lebendig; nur begreift ihr es nicht.« (2:155)

Aber der Mythos, der sich um viele derer, die für Märtyrer gehalten werden, rankt, ist nicht immer angemessen, und oft sogar schlichtweg von machtbesessenem Kalkül.

17

Paradies ist Frieden

Während die Hölle vom Koran als Ort bezeichnet wird, in dem »Seufzen und Schluchzen« sein wird (11:107), »Rasen und Brüllen« (25:13) sowie »Stöhnen« (21:101), werden die Menschen im Paradies von der Hölle weit entfernt sein und »nicht den leisesten Laut davon hören, während sie in dem verweilen, was ihre Seele begehren« (21:102,103), »dort hören sie weder eitles Gerede noch Lüge.« (78:36) Ihr »Verzeichnis« ist, im Gegensatz zu dem der Höllenbewohner, das in »Sidschin« (Gefängnis) ist, in »Illijun« (83:19,20). Es wird als »ein geschriebenes Buch« bezeichnet, das »die Erwählten« Gottes »schauen« oder bezeugen werden (83:21,22). Über die Bedeutung des Wortes »Illijun« gibt es unterschiedliche Ansichten, wahrscheinlich aber meint es etwas, das »hoch« wurde, womit die erhöhten Ränge der Paradiesbewohner gemeint sein können. Es kann aber auch »Freiheit« bedeuten, was darauf hinweist, dass die Rechtschaffenen sich im Paradies frei bewegen können.Über diese Glückseligen, die dort »keine Müdigkeit berühren« wird (15:49), heißt es weiter:

»Denen, die auf ihren Herrn hören, wird das Gute; die aber nicht auf Ihn hören – hätten sie auch alles, was auf Erden ist, und noch einmal soviel dazu, sie würden sich gerne damit loskaufen. Diese sind es, die eine schlimme Abrechnung haben werden, und ihre Bleibe ist die Hölle. Welch ein elender Ruheplatz! Ist denn der, der weiß, dass das, was zu dir von deinem Herrn hinabgesandt ward, die Wahrheit ist, gleich einem, der blind ist? (Jedoch) nur die mit Verstand Begabten wollen es bedenken. Sie, die den Bund Allahs halten und den Vertrag nicht brechen; und die, welche verbinden, was Allah zu verbinden geboten, und vor ihrem Herrn erbeben und Furcht haben vor dem Schlimmen der Abrechnung;

und die standhaft bleiben im Verlangen nach dem Wohlgefallen ihres Herrn und das Gebet verrichten und von dem, was Wir ihnen gegeben haben, im verborgenen und öffentlich spenden und das Böse durch das Gute abwehren – diese sind es, denen der Lohn der Wohnstatt wird: Gärten der Ewigkeit. Dort sollen sie eingehen und (auch) wer rechtschaffen ist von ihren Eltern und ihren Frauen und ihren Kindern. Und Engel sollen zu ihnen treten aus jeglichem Tor: »Friede sei auf euch, weil ihr standhaft wart; sehet, wie herrlich ist der Lohn der Wohnstatt!« (13:19–25)

Mit den hier Beschriebenen sind jene also gemeint, die keine Selbsterhöhung anstrebten (28:84) und sich ihrer Unzulänglichkeit bewusst waren, die sich nach besten Kräften bemühten, in Demut das Gute zu tun und Böses zu vermeiden, die ständig danach trachteten, an sich zu arbeiten, um begangene Fehler und Sünden nicht zu wiederholen, um stattdessen innerlich zu wachsen. Mit den Toren, aus denen Engel treten werden, können zum Beispiel die verfeinerten sieben Sinne gemeint sein, da an anderer Stelle im Koran gesagt wird, dass die Hölle »sieben Tore« hat (15:45).

Damit können zum einen die sieben äußeren Sinneswahrnehmungsorgane gemeint sein: Sehen, Hören, Geruch, Geschmack, Tastsinn, Schmerzempfinden und Temperatur; zum anderen aber bezeichnet die Zahl sieben im Arabischen auch, symbolisch betrachtet, eine unbestimmte, aber sehr große Anzahl, so dass, auf diese Weise gedeutet, mit den »sieben Toren« all jene Untaten, Bosheiten und Sünden bezeichnet werden, die einen Menschen in die Hölle führten. Gleichermaßen würden dann die, nicht näher, was ihre Anzahl betrifft, erklärten Tore des obigen Verses all das Gute bedeuten, das einen Menschen in das Paradies brachte.

Dort werden sie mit dem Gruß: »Frieden« empfangen (Salam, das auch in der muslimischen Begrüßungsformel, die eigentlich ein Gebet ist, auftaucht: »Assalam-o-alaikum«, d. h. der Friede Gottes sei mit dir). »Tretet darein in Frieden, geborgen«, heißt es im Koran dazu (15:47), oder: »›Frieden‹ – eine Botschaft von einem erbarmenden Herrn.« (36:59) Über diejenigen, die zu den herausragenden Gläubigen gezählt werden, heißt es sogar:

»Sie werden dort (im Paradies) kein eitles Geschwätz noch sündige Rede hören, nur das Wort: ›Frieden, Frieden.‹« (56:26,27)

Sie genießen die besondere Nähe Gottes, der ihnen im Diesseits schon ein Paradies gewährte, indem er ihnen Frieden im Herzen schenkte, einen Frieden, der im Jenseits sozusagen verdoppelt wird. Gläubige, die sich stärker den weltlichen Belangen widmeten, wird der Gruß: »Friede sei mit dir, der du zu denen zur Rechten gehörst.« (56:92)

Über die zuvor Erwähnten aber wird gesagt:

»Wenn er (der gläubige Mensch) nun zu denen gehört, die (Gott) nahe sind, dann (wird er) Glück (genießen) und Duft (der Seligkeit) und einen Garten der Wonne.« (56:89,90)

Beiden aber »ist eine Wohnstatt des Friedens bei ihrem Herrn, und Er ist ihr Freund um ihrer Werke willen.« (6:128)

Und weiter:

»Und (wenn) zu den Rechtschaffenen gesprochen wird: ›Was (denkt ihr) von dem, was euer Herr herabgesandt hat?‹, sagen sie: ›Das Beste!‹ Für die, welche Gutes tun, ist Gutes in dieser Welt, und die Wohnstätte des Jenseits ist noch besser. Herrlich fürwahr ist die Wohnstatt der Rechtschaffenen: Gärten der Ewigkeit, die sie betreten werden; Ströme durchfließen sie. Darin werden sie haben, was sie begehren. Also belohnt Allah die Rechtschaffenen. Sie, die die Engel in Reinheit sterben lassen. Sie sprechen: ›Friede sei mit euch! Tretet ein in den Himmel für das, was ihr zu tun pflegtet.‹« (16:31–33)

Dieser Friedenszustand entspricht ihrem Seelenfrieden, einer felsenfesten Gewissheit und dem unerschütterlichen Glauben, also all dem, was sie im Diesseits an inneren Werten erlangen durften. Eine vollkommene Harmonie erfüllt ihr Wesen, eine vollkommene Übereinstimmung ihrer selbst mit dem Willen Allahs, denn dies war ihr Leben, ihre Religion, der Islam, daher, wenn wir das arabische Wort Islam ins Deutsche übersetzen: die vollendete Unterwerfung eines Menschen unter den Willen des allbarmherzigen, gnadenreichen, allgerechten und liebevollen Schöpfers der Himmel und der Erde.

Eine solche Seele wird mit dem Ausdruck »Nafs-e-mutmainna«, d.h. »beruhigte Seele« oder »Seele im Friedenszustand« bezeichnet. In Sure 89, Verse 28–31, heißt es dazu:

»(Doch) du, o beruhigte Seele, kehre zurück zu deinem Herrn, befriedigt in (Seiner) Zufriedenheit! So tritt denn ein unter Meine Diener, und tritt ein in Meinen Garten!«